나란 인간

잘 안다고 착각하지만,
제대로 모르는
존재

나란 인간

황상민 지음

푸른숲

이 책은 2014년 여름, 대학로 벙커원을 달군 〈황상민의 집단상담소-WPI 워크숍〉에서 나온 핵심적인 이야기를 모아 엮은 것입니다. 오고 가는 문답식 대화를 통해 사람들이 가장 궁금해 하는 WPI(Whang's Personality Inventory)의 5가지 성격유형과 그 특성을 자연스럽게 알 수 있도록 했습니다. 이 책을 읽으면 WPI 검사를 하기 전이라도, 자신의 성격을 미리 점쳐볼 수 있을 겁니다. 또 워크숍이라는 방식을 통해, 각기 다른 사람들이 자신의 고민을 털어놓는 것도 볼 수 있을 것입니다. 이 책에는 '한국 사람들의 대표적 고민'을 WPI의 프레임으로 바라보고 해소하는 장면을 담았습니다. 인생의 순간순간 '단말마'의 비명을 내지르게 만드는 소소한, 하지만 당사자들에게는 다급한 문제들에 대해서 '촌철살인'이라는 방식을 통해 '한마디'의 답도 찾아보았지요. 워크숍 현장의 뜨거운 열기를 생생하게 전달하기 위해 다소 거칠고 투박한 말투를 그대로 살렸습니다. 간혹 날선 표현이 그대로 나오는 것은 '현장감'으로 생각해주세요. 그리고 책을 덮으실 때, 반드시 WPI 검사를 해보시기 바랍니다. 나를 이해하고, 내 주위 사람들을 이해하기 위한 귀중한 첫걸음이 될 겁니다.

당신은 한마디로 누구입니까

성격 읽어주는 남자

저는 호기심이 많고, 단순하고 반복적인 일은 무척 싫어하는 편입니다. 그래서 관심사가 자주 바뀌고, 머릿속은 늘 '뭐 색다른 일 없나'를 궁리합니다. 그렇다 보니 연구 주제도 새롭게 바뀌곤 하지요. 그런 제가 30년 넘게 심리학이라는 한 분야에 몸 담아온 것은 사람의 마음을 탐색하는 일이 늘 새롭고 즐거웠기 때문입니다. 다양한 주제와 영역에 있는 '인간의 마음'을요. 그런데 어쩌다 '성격'에 꽂혔을까요? 계기는 단순했습니다.

10년도 훨씬 전쯤, 국립수목원을 갔습니다. 거기서 우리를 안내하던 연구원 한 분이 이런 말을 했습니다.

"저는 이 수목원에 있는 나무와 식물들을 모두 알고 있습니다."

아니, 수목원에 나무가 적어도 수십만 종은 될 텐데 설마? 하는 생각이 들었죠. 그런데 그 연구원은 정말 모든 나무들에 대해 알고 있는 듯 했습니다. 제가 가리키는 나무가 무엇이든 바로 이름이 뭔지, 원산지는 어딘지, 언제 꽃이 피고 열매가 열리는지, 준비라도 해놓은 것처럼 줄줄 대답했지요.

신기하고 놀라웠습니다. '식물을 연구하는 학자이니, 식물에 대해 아는 것이야 당연하지'라고 생각하려고도 했습니다.

그런데, 뭔가 이상한 기분이 들었습니다.

학교로 돌아오는 차 안에서도 그 기분을 떨쳐버릴 수가 없었던 저는 옆에 앉은 대학원생에게 넋두리처럼 말했습니다.

"아까 그 연구원이 수목원에 있는 다양한 식물들에 대해 뭐든 척척 이야기하는 모습이 참 놀라웠어요. 나도 그 친구가 식물을 연구한 시간만큼 인간에 대해 연구한 심리학자인데……. 내 주변 사람들을 척 보기만 해도 이 사람은 이렇고 저 사람은 저렇다고 얘기할 수 없는 걸까요?"

20년을 공부한 식물학자는 식물에 대해 속속들이 알고 있는데 20년을 연구한 심리학자는 왜 사람의 마음을 알지 못하는 걸까? 뭐가 잘못된 걸까? 그 연구원과 나의 차이점은 뭘까?

당시 제 머릿속에는 이런 생각들로 가득 찼습니다. 몇 달 동안, 이 생각에서 벗어나지 못해 참 우울하게 지냈습니다.

그때부터 저는 '인간을 알기 위한 심리학'을 연구하기 시작했습니다. 주위에 있는 다양한 사람들의 특성을 파악하고, 그들의 행동과 심리가 이떤 방식으로 나타나는지에 대한 탐색이었죠. 그러기 위해선 기존의 접근법과는 다른 패러다임의 연구법을 찾아야 했습니다. 그때까지 배워온 심리학은 인간의 행동과 마음을 쪼개고, 또 쪼개어 가장 보편적이고 기본적인 요소를 찾아내려는 목적이 강했습니다. 그렇다 보니, 정작 전체적인 인간을 제대로 보기 힘들었지요. 사람을 있는 그대로, 전체로 읽을 수 있기 위해 여러 가지 시도를 해보았습니다. 그동안 배운 것을 다 버린다는 마음으로 새롭게 생각해보고 연구하기 시작했어요.

제가 하고자 했던 연구는, '인간의 마음은 이렇다'는 것을 밝히는 일반적인 것이 아니라 '내 마음'과 '네 마음'의 특성과 차이를 콕 짚어 읽어내는 일이었습니다. 수목원의 연구원은 "저 나무가 뭐예요?" 하고 물을 때, "그냥 나무예요"라고 대답하지 않았습니다. 그 나무에 대해 매우 자세히, 그 특성을 누구나 알 수 있도록 이야기했죠.

저도 인간에 대해 "무릇 인간의 마음이란······." 하는 식의 보편타당한 대답이 아니라 "그 사람은 어떤 사람이며, 어떤 경우에 어떻게 행동할 것이다"라고 구체적으로 이야기해주고 싶었어요. 왜 엄마랑 사이가 안 좋은지, 무슨 일을 해야 좋을지, 지금 남자친구와 결혼해도 될지, 왜 자꾸 다른 사람 눈치를 보는지 등 특정한 상황에서 고민하는 사람들의 문제를 구체적으로 이해하고 해결하는 방법을 말해주고 싶었지요.

이처럼 인간을 있는 그대로 보면서, 구체적인 상황에서 어떻게 행동하는지를 알기 위해 만든 것이 바로 WPI Whang's Personality Inventory라는 '성격검사'입니다.

성격은 마음과 다르다?

사람들은 성격을 '사주팔자'처럼 타고나는 것이라고 생각합니다. 하지만, 이것은 성격의 본질을 오해한 것입니다. 즉 '인간이란 어떤 존재인가, 혹은 인간은 어떤 속성을 가지고 태어나는가'와 같은 마음의 근본적인 특성을 '성격'과 혼동한 경우입니다. 성격은 분명 어떤 사람의 개인적인 특성을 나타내지만, 그것들은 밀랍된 채로 진공상태에 있지 않습니다. 일상생활 속에서 한 개인이 속한 사회의 산물로서 환경과 결합해서 나타나지요.

한 사람의 '마음Mind'을 그 사람의 '성격'이라고 부른다면, 그 마음의 정체란 바로 그 사람이 현재 살아가는 삶의 모습이라고 할 수 있습니다. 그 사람의 마음을 읽는다는 것은 현재 그 사람의 특성뿐 아니라, 그 사람이 무엇을 위해 어떻게 살아가야 한다는 것도 알려줄 수 있어야 합니다. 바로 한 개인이 처한 상황 속에서 그 사람의 특성이 각기 다른 방식으로 표현되는 것을 확인하는 것이지요.

일반적인 성격검사와 달리, WPI는 현대 심리학에서 정리한 성격의 핵심 속성을 확인한 후에, 그것을 각 개인에게 적용할 때 가장 잘 드러날 수 있도록 설계했습니다. 성격에 대해 탐구한 많은 심리학자들의 연구결과를 개별적인 한 사람의 마음을 읽는 것에 종합적으로 응용한 경우라고 할 수 있습니다.

WPI에 대해 한국인의 특성을 가장 잘 반영한, 한국인을 가장 잘 이해할 수 있는 성격검사라고 하는 이유도 여기에 있습니다. 심리학이라는 '과학'을 기반으로 하되, 연구 주체인 제가 속한 '한국 사회와 한국인'의 특성과 환경을 고려했기 때문이죠.

'나, 그리고 우리'를 위한 공존 사용설명서

WPI 검사를 하고 수많은 사람들과 워크숍을 해보았습니다. 그때마다 '내가 이럴 줄 몰랐다'거나 '내 아내가 이럴 줄 몰랐다'는 반응이 놀라울 정도로 터져 나왔습니다. 그 말은 무엇일까요? 나 자신조차 나를 모르고 살았고, 내 아내가 어떤 사람인지 모르는 채로 결혼생활을 하고 있었다는 의미인데, 이것이 얼마나 위험한 일인가요?

자동차를 사면 사용설명서를 함께 줍니다. 그런데 어느 버튼을 눌러야 트렁크가 열리고, 선루프가 열리는지 알기 위해 깨알 같은 매뉴얼을 읽는 사람이 몇 명이나 될까요? 그렇게 하는 사람은 거의 없을 겁니다. 이전에 알고 있던 정보를 기초로 이것저것 눌러보고, 또 사용하면서 자동차에 대해 조금씩 더 알아가는 것이 일반적이지요. 사람들이 살아가는 방법도 이와 크게 다르지 않습니다. 자신의 삶에 대한 설명서가 있다는 생각은 하지 않고, 그냥 그때그때 부딪치는 다양한 사건을 겪으면서, '나란 존재는, 나란 인간은 이런 사람이구나.' 하고 생각합니다.

WPI는 '인간 성격 사용설명서'입니다. 하지만 일반적인 매뉴얼처럼 '이렇게 혹은 저렇게 하세요'라고 알려주지는 않습니다. 자신의 특성을 있는 그대로 보여주는 WPI 프로파일을 통해 '자신을 알고 현재의 삶을 파악할 수 있도록' 하는 데 목적을 두었습니다. 살면서 겪은 다양한 경험을 반추하고 그것을 프로파일과 연결해보는 것이 WPI를 잘 활용하는 길입니다.

지금 당장 들춰보지는 않지만, '사고'가 나면 다시 한번 살펴보는 것이 사용설명서입니다. WPI도 힘든 상황, 이해하기 어려운 상황에 직면한 분들께 자신의 심리 상태와 기본적인 성향을 살펴볼 수 있는 도구로서 유용합니다. 살면서 문득 떠오르는 다양한 의문과 고민, 갈등의 본질을 이해하고 결과적으로 해결하고 싶은 사람들에게 이 책이 나와 우리를 이해하는 '공존의 해법서'가 되었으면 합니다.

많은 분들이 'WPI가 정말 저를 이해하는데 도움이 되었어요'라고 말합니다. 심지어 WPI 프로파일을 해석하다 보면 저더러 '족집게' 같다고 하는 분들도 많습니다. 누군가는 저를 '하버드 점쟁이'라고 부르더군요. 분명 과학자인데 성격을 읽어주는 일도 하니, 점쟁이와 비슷하게 보였나 봅니다. 아무리 '점쟁이' 혹은 '족집게'라고 불려도 제 연구 활동은 과학적인 프레임 속에서 이루어집니다. 심리학이라는 과학적 도구를 통해 인간의 성격을 분석하는 것이니 '족집게'라는 말이 칭찬처럼 들리지는 않습니다. 하지만 그만큼 WPI가 효과적이며 각자의 삶을 이해하는데 도움이 된다는 생각에 이제는 누군가 저를 '하버드 점쟁이'로 불러도 웃어넘길 수 있습니다.

바둑에서 '수를 쓴다, 전략을 세운다'는 말을 합니다. 그래서 '이기려면 전략이 있어야 한다, 따라서 아무데나 돌을 놓을 수 없다'고 말하면 사람들은 쉽게 수긍합니다. 하지만 자기 삶을 사는데 있어 전략이 필요하다, 수가 있어야 한다고 말하면 어떨까요? 이해는 가지만 선뜻 그 의미를 파악하긴 어려워합니다. 바둑보다 인생은 너무 긴데다, 매일 지뢰밭 터지듯 새로운 상황이 업데이트 되는 상황에서 자기 삶의 수를, 마치 바둑을 두는 사람처럼 알아야 한다는 생각을 하기란 쉽지 않기 때문입니다.

이 책에서 말하는 '성격'은 바둑의 수와 같은 것입니다. 각기 다른 사람들이 자신의 삶에서 스스로 만들어 가거나 사용할 수 있는 전략, 그것이 성격입니다. 자신의 성격을 제대로 알면 나름의 인생 전략을 세울 수 있겠지요. 이 책을 접하는 여러분 모두 WPI를 통해 인생이라는 바둑판에서 '신의 한수'를 찾기 바랍니다.

정신이 번쩍 나게 만드는 셜록 황의 촌철살인_로맨티스트를 위하여

3장 휴머니스트
—— 사람 좋다는 말에 소리 없이 운다

 정신이 번쩍 나게 만드는 셜록 황의 촌철살인_ 휴머니스트를 위하여

4장 아이디얼리스트
—— 이상을 꿈꾸는 외톨이

 **정신이 번쩍 나게 만드는 셜록 황의 촌철살인_** 아이디얼리스트를 위하여

5장 리얼리스트
—— 너무 착해 허무한 카멜레온

6장 에이전트
—— 삶은 일을 하는 과정이다. 오로지 일!

7장 WPI는 내 마음의 레시피

1

성격은
내 삶의 전략

한국인의 성격
{ WPI의 구조 }

자기평가				
리얼리스트 realist	**로맨티스트** romantist	**휴머니스트** humanist	**아이디얼리스트** idealist	**에이전트** agent
릴레이션 relation	**트러스트** trust	**매뉴얼** manual	**셀프** self	**컬처** culture
타인평가 (중요하게 여기는 것)				

자기평가

나는 어떤 종족일까

리얼리스트

기본욕구 안정적인 현상 유지, 진실한 관계 유지, 타인을 돕고 지원하기.

강점 원만한 인간관계와 배려, 공감, 인내, 수용성, 안정, 준비 및 조직화.

약점 우유부단, 열린 사고 부족, 변화에 저항, 타인 의존성.

로맨티스트

기본욕구 감정, 감성 등 사적인 영역이 침해받지 않는 것.

강점 감성적, 세심함, 겸손, 자제심, 협조력.

약점 비사교성, 의존성, 감정 표현에 서툶.

휴머니스트

기본욕구 재미있는 활동, 사회적 인정과 관심, 사소한 것으로부터의 자유로움.

강점 사교성, 친화력, 설득력, 유머, 낙천성, 자유로운 인간관계.

약점 지나친 자유분방, 충동적, 디테일에 약함, 말이 많음, 일에 관심이 적음.

아이디얼리스트

기본욕구 자유로운 아이디어, 도전적인 과제, 새로운 결과 성취.

강점 상상력, 창의력, 주도적, 자유로움, 전문성.

약점 타인에 대한 관심이 적음, 배려 부족, 팀워크와 공동체 의식 약함.

에이전트

기본욕구 질 높은 과제 완수, 자율적으로 일할 시간.

강점 일에 집중, 계획성, 분석적, 철저함, 정확함, 우수한 품질, 자율성.

약점 비판적, 감정 표현이 무딤, 계획이 어긋날 때 융통성 부족.

나를 찾아 떠나는 시간

벙커에 오신 걸 환영합니다. 남들 다 즐겁게 노는 금요일 밤에 어두컴컴한 계단을 내려오면서 '내가 여길 왜 왔지?' 하고 후회하진 않았나요? 몇 시간 뒤 여러분은 정말 잘 왔다는 걸 알게 될 겁니다.

'성격'을 뭐라고 생각하세요? 성격은 내가 누구인지 말해주는 특성입니다. 저는 연세대학교 심리학과 황상민 교수란 명함을 갖고 있지만 그게 제 특성은 아니지요. 저는 누구보다 수줍음이 많고 혼자 있기를 좋아합니다. 또 알고 싶고 해보고 싶은 일이 많아 늘 새로운 꿈을 꾸는 소년 같은 사람이랍니다. 이렇게 말하니 여러분이 상당히 비웃는데 WPI를 알고 나면 저를 이해하게 될 거예요.

　나는 누구인가? 나는 어떤 성격의 사람인가? 나는 다른 사람에게 어떻게 보일까? 직장에서의 나와 집 안에서의 나는 정말 같은 사람인가? 누구나 알고 있다고 생각하지만 사실 잘 모르고 살기 십상입니다. 경영학에서는 '전략'을 이기는 방법이라고 말합니다. 그럼 성공적인 인생을 살아가는 전략은 무엇일까요? 바로 내 특성, 내 성격을 아는 겁니다. 나를 안다는 것은 곧 내 성격을 안다는 말과 똑같습니다. 어떤 곤란한 상황에 처했을 때 또는 복잡하게 얽힌 문제를 풀어야 할 때, 내 특성은 실마리를 풀어가는 중요한 단서입니다.

　프랑스의 철학자 데카르트는 부잣집에서 태어났지만 몸이 상당히 허약했어요. 아버지가 부자라 일할 필요가 없었던 그는 매일 느직이 일어나서 이런저런 공부를 하거나 글을 쓰며 살았지요. 아버지가 죽은 뒤에도 그는 재산 관리를 남에게 맡기고 네덜란드의 암스테르담으로 이주해 아무것에도 얽매이지 않고 자유롭게 지냈어요.

당시 암스테르담은 새로운 사상과 예술의 본거지였지요. 그런 곳에서 혼자 실컷 생각하며 글만 쓰고 살았으니 얼마나 좋았겠어요? 데카르트는 '이게 뭐지?', '그다음엔 뭐가 되지?', '생각해봐, 그럼 이게 나오지?' 하고 마치 말을 하듯 생각을 발전시켜 여러분이 잘 아는 "나는 생각한다, 고로 나는 존재한다" 같은 명제를 만들어낸 것이지요.

데카르트가 굉장히 유명해지니까 스웨덴 여왕이 "데카르트 선생, 우리 왕실에 와서 나 좀 가르쳐줘"라고 했어요. 평민이 여왕의 스승이 되다니 진짜 대단하지 않나요? 당시 스웨덴은 러시아보다도 강국이었어요. 데카르트가 좋다구나 하고 스웨덴 왕궁에 갔는데 여왕이 공부시간을 새벽 다섯 시로 잡았어요. 그때까지 아침 일찍 일어난 적이 없던 데카르트가 일주일에 세 번씩이나 새벽 다섯 시에 여왕을 가르치러 도서관으로 간 거예요. 여왕의 도서관은 영하 20도, 30도로 내려갈 만큼 엄청나게 추웠어요. 전기가 없던 그 시절의 도서관에서는 화재의 염려 때문에 불을 피울 수 없었지요.

결국 데카르트는 스웨덴에 간 지 일 년도 되지 않아 폐렴에 걸려 죽고 말았어요. 데카르트는 철학을 하면서 부자 아버지의 돈으로 평생 유유자적하며 혼자 자유롭게 지냈어야 해요. 안타깝게도 그는 훌륭한 철학적 지식을 자기 삶의 전략에 적용하는 데 실패한 거지요.

데카르트의 이야기가 너무 막연하게 들리나요? 그럼 여러분과 동시대를 살고 있는 분의 이야기를 해보죠. 얼마 전 어떤 디자이너가 상담을 하러 왔어요. 어릴 때부터 예술적인 감각이 뛰어나 열심히 공부해서 디자이너가 됐대요. 대학을 졸업하고 옷을 만드는 회사에 들어갔는데 어느 날부터 자기가 쓰레기를 만들고 있다는 자괴감에 빠져버렸나 봐요. 그럴 수 있어요. 누구나 자신에 대한 확신을 잃어버리면 그런 감정에 빠질 수 있어요.

그런데 이분이 어디 가서 상담을 받았더니 "왜 그러고 사느냐? 허접하게 살지 말고 너만의 작품을 만들면서 자유롭게 살라"고 했다는 거예요. 자유롭게 살라! 네 작품을 만들어라! 너답게 살라! 얼마나 멋진 말이에요? 듣기만 해도 가슴이 설레지요.

그래서 그 디자이너는 직장을 그만두었어요. 세상을 뒤엎을 만큼 무언가 위대한 작품을 구상하겠다는 생각으로 남쪽의 땅 끝 마을로 내려갔지요. 한데 반년이 넘도록 아무런 구상도 떠오르지 않았고 무얼 해야 할지도 모르는 상황에서 그나마 있던 자신감도 점점 사라져버린 거예요. 견디다 못해 얼마 전에 저를 찾아왔어요. 당연히 WPI 검사부터 했지요. 프로파일이 어떻게 나왔겠어요? 안타깝게도 그분은 예술적인 감성이 발달하긴 했지만 창작을 하고 자기만의 길을 갈 만큼의 강한 셀프는 없었어요. 상담해준 분이 디자이너의 성격을 제대로 알았다면 직장을 그만두라는 해법은 제시하지 않았겠지요.

많은 사람이 인생의 답을 찾아 헤맵니다. 안타깝게도 삶에서 답은 정해져 있지 않아요. 그렇다고 답이 없는 것은 아닙니다. 답은 있어요. 그

답은 내가 무엇을 문제라고 생각하는지, 내가 삶의 문제를 얼마나 제대로 알고 있는지에 따라 달라집니다. 여러분이 고민하는 문제는 시각에 따라 문제이기도 하고 장점이기도 합니다. 여러분의 성격을 찾아내는 WPI는 문제를 바라보는 시각을 바꿔줍니다.

세상에는 다섯 가지 성격의 종족이 산다

심리학에서는 이미 30년 전에 사람의 성격을 구성하는 요인이 다섯 가지라는 것을 알아냈습니다. 그런데 30년이 지난 지금까지도 '넌 어떤 성격이야!'라고 충분히 설명해주지 못해요. 성격이 고정불변으로 있는 게 아니라 상황에 따라 변화무쌍하니까 학자들이 손을 탁 놔버린 거예요. 그래서 여러분은 아직도 1940년대에 캐서린 브릭스 아주머니와 그 딸이 만든 MBTI 검사를 통해 성격을 파악하고 있지요. '나는 지도자형이네!', '나는 예술가형이네!' 하는 식이죠. 그래서 예술가가 됐어요? 지도자가 됐나요? MBTI로 측정한 성격도 그 나름대로 재미는 있어요. 내가 어떻다는 말을 들을 수 있으니까요. 하지만 내 삶이 행복한지 불행한지, 일을 잘할지 못할지, 결혼생활이 행복할지 불행할지 전혀 말해주지 않아요. 그런데 삶의 전략을 제공해주지 못하는 심리검사가 무슨 의미가 있을까요?

TIP

MBTI

심리학 교육을 받지 않은 캐서린 브릭스와 그녀의 딸 이사벨 마이어스가 융의 이론을 바탕으로 1940년대에 만든 성격검사. MBTI는 일반인에게 수많은 흥밋거리를 제공했음에도 불구하고 개인의 성격에 대해 일관성 있는 결과를 제공하지 못한다는 비판을 받기도 했다. 그렇기에 심리학에서 성격을 연구하는 학자들은 MBTI가 특정 성격 이론이나 성격에 대해 의미 있는 개념을 제공한다고 생각하지 않는다. 일반적으로 MBTI는 1921년에 나온 융의 성격유형을 기초로 만들었다고 주장하지만, 사실은 MBTI 검사와 융의 검증받지 않은 미완성 성격 이론을 임의적으로 연결한 것뿐이다. 여하튼 MBTI는 1975년 미국의 CPP 사가 인수한 뒤 상업적으로 크게 히트한 대표적인 성격검사다.

WPI

연세대학교 심리학과 황상민 교수가 10여 년에 걸친 인간 심리 탐구와 적용을 통해 개발한 성격 및 라이프스타일 진단 툴. 사람들을 리얼리스트, 로맨티스트, 휴머니스트, 아이디얼리스트, 에이전트의 다섯 가지 성격유형으로 분류한다.

WPI 프로파일

'내가 생각하는 나-자기평가'와 '타인이 생각하는 나-타인평가'의 모습을 체크한 리스트를 검사해서 만든 성격의 MRI. 리얼리스트-릴레이션, 로맨티스트-트러스트, 휴머니스트-매뉴얼, 아이디얼리스트-셀프, 에이전트-컬처의 갭이 얼마나 벌어지는가에 따라 성격의 안정성과 불안정성이 나타난다.

숨어 있던 내 민낯과의 만남

팟캐스트로 〈황상민의 집단상담소-WPI 워크숍〉을 들은 분은 이미 대한민국에는 심리적으로 리얼리스트, 로맨티스트, 휴머니스트, 아이디얼리스트, 에이전트, 이렇게 서로 다른 종족이 산다는 걸 알고 있을 겁니다. 여러분이 지금 갖고 있는 각자의 프로파일에서 빨간 선(이 책에 등장하는 프로파일에서는 갈색 선으로 표시했다-편집자주)으로 그린 '자기평가'가 본인의 성격을 보여주고 있지요.

기본적으로 인간의 성향은 로맨티스트나 휴머니스트, 아이디얼리스트가 아닐까 생각합니다. 감성적이고 예민한 사람은 대개 로맨티스트고요, 상당히 이성적이거나 뜬구름 잡는 이야기를 해대는 사람은 아이디얼리스트입니다. 그리고 '같이 있으니까 정말 좋다!'고 하면서 여러 사람과 으쌰으쌰 하는 사람은 휴머니스트지요.

10대나 20대를 상대로 WPI를 확인해보면 로맨티스트와 이이디얼리스트, 휴머니스트가 거의 비슷한 비율로 나와요. 학생들에게서 에이전트는 나오기가 쉽지 않아요. 에이전트 성향은 직업을 가지면서 뚜렷이 나타나기 시작하지요. 이들은 일에 목숨을 거는 로봇이라 그 숫자는 많지 않아요. 30대를 넘어서면서 압도적으로 많이 나타나는 성향은 리얼리스트예요. 40대가 넘어가면 거의 절반이 리얼리스트로 나와요. 이 말은 뭐냐하면 리얼리스트 성향은 기본적인 성향이라기보다 본인의 사회 환경이나 속한 집단에 자신의 성향을 맞추며 사는 거라고 보는 것이 훨씬 더 정확해요. 모나지 않은 모습으로 타인과의 관계를 중요시하며 살아가는 우리 사회의 특성에 맞춰 성격이 변하는 거지요. 이렇게 해서 이 세상엔 리얼리스트, 로맨티스트, 휴머니스트, 아이디얼리스트, 에이전트라는 다섯 종족이 살고 있어요.

두 번째로 타인평가에 체크했는데 여기서 많이들 헷갈렸죠? '다른 사람이 보는 나? 그럼 내가 하면 안 되겠네.' 하면서 주변 사람에게 대신 체크하게 했다는 사람도 있는데 엉뚱한 수고를 한 거예요.

우리는 인생에서 수많은 사람에게 다양한 이야기를 들으며 삽니다. 그런데 어떤 사람의 얘기는 내 귀에 들어오고 어떤 사람의 얘기는 한 귀로 흘려버려요. 왜 그럴까요? 수많은 얘기 중에서 내가 관심이 있거나 중요하다고 생각한 것은 기억에 남고 나머지는 무시해버린 거예요. 그래서 '다른 사람이 생각하는 나'는 내가 무엇을 중요하게 생각하는지 보여줍니다. 여러분이 받은 프로파일에 파랗게 그려진 선(이 책에서는 회색 선으로 표시했다-편집자주)들이죠.

릴레이션, 트러스트, 매뉴얼, 셀프, 컬처 중에서 한국인에게 가장 뚜렷하게 나타나는 가치는 릴레이션입니다. '인간관계가 좋아야 해', '관계를 잘 맺어야지.' 하는 얘기 많이 들으시죠? 그다음이 트러스트인데 이것 역시 중요하지요. '믿음직한 사람이 되어야 한다', '신뢰를 잃어서는 안 된다'고 하잖아요. 또 매뉴얼은 '나는 성공해야 해!'라고 믿거나 '인간이라면 이렇게 살아야지.' 하는, 흔히 규범이라고 말하는 것이에요. 자기 나름대로 의지하는 삶의 공식이나 스펙 같은 게 매뉴얼로 나타나기도 해요. 그리고 셀프는 자기 자신에 대한 생각이나 뚜렷한 의지가 있는 걸 말합니다. 마지막으로 컬처는 자기만의 취미를 갖고 멋진 스타일을 추구하며 풍요로운 인생을 사는 거지요.

여러분은 지금 같은 성향의 사람끼리 한 테이블에 앉아 있습니다. 소곤소곤 소개팅을 하는 분위기인가 하면 동창회에 온 것처럼 시끌벅적한 테이블도 있고, 아직까지 서로 말 한마디 나누지 않은 사람도 있어요. 테이블마다 성격이 다르다는 걸 알겠죠?

여러분이 받은 프로파일은 우선 봉투 안에 넣고 같은 테이블에 앉아 있는 분들의 얼굴을 한번 보십시오. 대체 이 사람들하고 나하고 비슷한 게 뭐란 말인가, 궁금하지 않나요? 이제부터 같은 테이블에 있는 사람들끼리 이야기를 나눠보고 자신이 앉은 테이블의 특성이 무엇인지 찾아내 앞에 놓인 종이에 적어주십시오. 여러분이 공통적으로 갖고 있는 특성이 바로 여러분의 성격입니다.

이제부터 제가 셜록 황이 되어 여러분의 마음을 읽어낼 겁니다. 벙커의 열기가 달아오르면 족집게 점쟁이가 되어 작두를 탈지도 몰라요. 오늘밤 여러분은 WPI의 놀라운 세계를 경험할 겁니다. 이 워크숍이 몇 시에 끝날지 모르지만 벙커를 나갈 때, 여러분은 지금까지와 전혀 다른 눈으로 자신을 바라볼 겁니다. 왜냐고요? 비로소 자신의 민낯과 마주할 테니까요.

타인평가

내가 중요하게 생각하는 가치는 무엇인가

릴레이션Relation | 관계

특성 사교적, 외향적, 활동적, 개방적 태도. 유쾌하고 활동적인 모습을 지향.

상황 사람들에게서 에너지를 받으며 사람들 간 침묵이나 고립을 견디지 못함.

경험 혼자 무언가를 하기 힘들어하며 끊임없이 전화를 하거나 SNS에 접속, 모임을 가짐.

트러스트Trust | 믿음

특성 신뢰와 책임감. 성실하고 자기주장이 강하지 않으며 정서적으로 안정되어 있음.

상황 주위 사람들에게 믿음직스럽고 책임감 있는 모습을 보이고 싶어하는 성향.

경험 새로운 방식이나 변화를 좋아하지 않고 긴박한 상황에 대한 대처가 원활치 않음.

매뉴얼Manual | 규범

특성 관리, 통제하려는 속성이 강하며 기존의 틀이나 규범을 준수하려 함.

상황 자기만의 틀에 맞추려다 보니 고집을 강하게 부리는 경우가 많아 유연성이 떨어짐.

경험 자기 스타일을 찾지 못할 경우 불안해하고 통념적 규범이나 해결책에 의존.

셀프Self | 자아

특성 개성이 강하며 남들이 보기에 '그래, 너 잘났다!' 등의 반응을 쉽게 일으킴.

상황 무엇보다 자기 자신이 중요. 남들에게 자신을 이해시키려는 노력을 크게
하지 않고 혼자서도 잘 지냄.

경험 타인에 대한 관심과 몰입도가 떨어지고 호기심이 여기저기로 자주 옮겨감.

컬처Culture | 향유

특성 지적, 문화적, 감성적, 예술적 향유를 중요하게 생각하며 여유롭고
멋진 문화적 삶을 지향.

상황 생존이나 성공의 문제보다 '즐기느냐'가 중요.

경험 취향이나 코드가 잘 맞으면 다른 사람들과도 스스럼없이 잘 어울림.

2

로맨티스트

제발 내 마음을 읽어줘

당신이 바로 로맨티스트

나는 때때로 수줍어하며 내성적이다.

나는 잘 모르는 사람 앞에서는 긴장하는 경향이 있다.

나는 다른 사람을 도울 때 보람을 느낀다.

나는 이따금씩 게으르다. 자연경관에 감탄하거나,

그 속에 빠진 나 자신을 상상하곤 한다

타인과의 교감을 통해 존재감을 얻는 타입. 대중의 인정을 받으면 자신의 가치가 올라간다고 생각한다. 세상에 대한 막연한 기대와 두려움으로 걱정이 많아 사춘기 소녀의 모습을 보인다. 자기 확신이 강해서 일에 꽂히면 강하게 밀어붙인다. '너, 해봤어? 나는 해봤어.' 하는 스타일.

수줍은 성질쟁이들

황상민___ WPI 워크숍을 하면 로맨티스트부터 발표할 때가 많아요. 로맨티스트는 태생이 공주와 왕자라 대접해주지 않으면 금방 삐쳐요. 삐치면 인터넷이 시끄러워져요. 인터넷에 온갖 글을 가장 많이 올리는 사람들이 로맨티스트예요. 그분들을 섭섭하게 만들면 WPI가 검색어 1위가 될지도 몰라요. 다들 웃는데 웃자고 하는 얘기가 아니에요. 여러분은 이제 로맨티스트의 달콤함 뒤에 숨은 민낯을 생생하게 경험할 겁니다. 로맨티스트의 대표 분, 나와 주세요.

로맨티스트1 ─ 안녕하세요. 로맨티스트 남자입니다. 우리 테이블은 처음에 아무도 말을 꺼내지 않아 무척 불편했어요. 서로 발표도 하지 않으려고 해서 어쩔 수 없이 제가 나왔습니다. 자기 자신에 대해 말하기보다 다른 사람이 말을 하면 "아, 저도 그래요!"라고 했어요.

황상민 ─ 로맨티스트는 수줍어하고 긴장을 많이 하기 때문에 남들 앞에 나서지 않는 특성이 있어요. 그런데 여러분, 지금 발표하는 이분의 모습이 억지로 떠밀려 나온 분 같아요? 전혀 그렇지 않죠? 로맨티스트는 먼저 나서지는 않지만

먼저 나서지는
않지만 멍석
깔아주면 누구보다
잘하는 사람

멍석을 깔아주면 누구보다 잘하는 사람들이에요. 의외로 이분들이 무대 체질이에요. 수줍어하는 반면에 다른 사람의 관심을 받는 걸 상당히 즐기기도 합니다. 그래서 연예인이나 예술 활동을 하는 분들 중에 유난히 로맨티스트가 많습니다. 여러분 주변에 연주나 노래를 잘하는 분이 있으면 로맨티스트이기 쉬워요. 어때요, 지금 떨리세요?

로맨티스트1 ─ 나오기 전에는 엄청 긴장했는데 지금은 견딜 만합니다.

황상민 ─ 보셨죠? 로맨티스트는 뭐든 하기만 하면 잘해요. 지금 이분 차림새는 어때요? 상당히 감각적이죠? 로맨티스트는 타고난 멋쟁이에요. 그래서 연애도 잘해요.

로맨티스트1 ─ 우리는 왜 이 자리에 참석하게 되었는지 얘기했는데요, 모두들 고민이 많아서라기보다 '나를 더 잘 알고 싶어서'라고 했습니다.

황상민 ─ 로맨티스트는 유난히 나를 알고 싶다는 마음이 강해요. 우리나라의 수많은 점집을 먹여 살리는 분들이지요. 오늘 워크숍 참석자

도 절반이 로맨티스트예요. 힐링이나 정체성에 관한 책을 가장 많이 사보는 심리학계의 영원한 고객이죠.

로맨티스트1__ 다들 굉장히 예민하다고 했어요. 또 친구 관계에서는 친구가 먼저 연락해주길 바라고요. 남 앞에 서면 목소리가 떨리고 늘 불안하다고 했어요.

황상민__ 로맨티스트는 완벽주의적인 성향이 있어요. 그래서 자기가 한 일이 완벽하다고 느끼기 전에는 끝냈다고 하질 않아요. 저희 연구원들 중에도 로맨티스트가 많은데 일을 맡기면 도무지 내놓지를 않아요. 머리를 싸매고 엄청 열심히 한 걸 아는데도 아직 안 됐다는 거예요. 제가 무조건 내놓으라고 하면 마지못해 내놓는데 그게 생각보다 훨씬 그럴듯해요. 세상에 완벽이 어딨어요? 완벽하길 바라니 마음이 불안해서 내놓질 못하는 거예요. 밤을 꼴딱 새워가며 일하는 것도 로맨티스트의 특성이에요.

로맨티스트1__ 하기 싫은 일을 미뤄두고 게으름을 피우다가 막판에 몰아쳐서 해낸 뒤 희열을 느끼기도 한답니다.

황상민__ 이런 특성은 남자 로맨티스트에게 더 많이 나타나요. 로맨티스트는 좀 게을러요. 사실 로맨티스트가 무언가를 해야 하는데 미룬다는 건 감정적으로 동하지 않았다는 말이에요. 그럴 때 스스로 마음을 다져서 할 수 있느냐? 거의 안 돼요. 자기의 감성으로는 안 되지만 자기 마음에 공감하는 어떤 사람이 강제로 시키면? 돼요! 아무리 피곤하고 힘들어도 사랑하는 사람이 원하면 갑자기 힘이 나서 그 일을 하게 되잖아요? 그런 식으로 내게 기대하는 원인이 있으면 책임을 다하기 위해 멈췄던 능력이 작동하는 게 로맨티스트예요.

로맨티스트1 ___ 또 남의 시선을 많이 의식하고요. 많이 긴장하고, 낯가림이 심하고, 싫증을 빨리 내고, 논리적으로 따지는 걸 싫어한다고 했어요.

황상민 ___ 표현은 다양하지만 다 예민하고 감정기복이 심하다는 얘기예요.

로맨티스트1 ___ 평소에 얌전하다가도 갑자기 욱한다고 했습니다. 그리고 이건 제 특성인데, 친구들이 마음에 들지 않는 행동을 하면 곧바로 말해버립니다. 숨기지를 못해요.

황상민 ___ 로맨티스트는 자기 맘에 들지 않으면 성질을 부려요. 감성이 통하면 꽤 다정하고 자상하지만 통하지 않으면 한 성질 해요. 로맨티스트가 성질을 부리면 상당히 무서워요. 우리 집에 로맨티스트 꼬마가 있는데 온 식구가 꼼짝하지 못해요.

감성이 통하면
다정하고 자상,
통하지 않으면
한 성질

로맨티스트1 ___ 누군가가 내 마음을 이해해주면 좋지만 그렇지 않으면 기분이 상한다는 말에 모두가 이구동성으로 '나도 그렇다'고 했어요.

황상민 ___ 로맨티스트의 핵심적인 특성은 누군가가 내 마음을 잘 읽어주면 엄청나게 좋아하고, 또 그런 사람과는 좋은 관계를 맺었다고 생각하는 거예요. 반대로 자기가 싫어하는 사람은 나와 통하지 않으니까 내 마음을 모른다고 생각해요. 내 마음을 모르는 인간을 싫어하기도 해요.

로맨티스트1 ___ 내 마음을 몰라주면 누구나 싫어하지 않나요?

황상민 ___ 좋지는 않지만 그냥 그런가 보다 하지요. 로맨티스트가 오해하는 게 있는데요. 내가 싫어하는 사람은 내 마음을 모른다, 그러니까 내가 자기를 싫어하는 것도 모른다고 생각해요. 정말 모를까요? 로맨티스트의 얼굴에는 싫고 좋은 게 금방 나타나요. 표정만 그런가요? 행동도 아주 까칠해져요 그래놓곤 '저들은 내 마음을 모를 것이다'라고 믿어요.

로맨티스트1 ─── 누가 칭찬하면 기분이 좋아서 더 열심히 하는데, 안 좋은 소리를 들으면 금방 기분이 가라앉아 아무것도 하기 싫다고 했어요.

황상민 ─── 로맨티스트한테는 싫은 소리를 하면 안 돼요. 저도 로맨티스트와 일할 때는 속에서 열불이 나도 싫은 소리를 하지 않으려고 애를 써요. 저도 전에는 이걸 몰라서 대학원생들 사이에서 원성이 자자했어요. 아이디얼리스트인 저를 가장 열 받게 만드는 이들 중엔 로맨티스트가 많아요. 저는 왜 이걸 모르냐는 말 대신 '너는 머리를 장식으로 달고 다니니?'라고 했어요.

이런! 다들 엄청난 야유를 보내는데 사실 저 같은 아이디얼리스트한텐 별로 대단한 말도 아니에요. 그런데 로맨티스트는 충격을 받고 다 쓰러져요. 로맨티스트 중에는 외모가 잘생긴 사람이 많아요. 아름다운 용모에 소녀 같은 감수성까지 있으니 그런 말조차 받아들이지 못하죠. 여러분 주위에 로맨티스트가 있으면 무조건 칭찬해주세요. 로맨티스트는 칭찬을 받아야 에너지를 얻어요. 로맨티스트가 갖고 있는 소년·소녀적 감성은 그 사람에게 중요한 자산이에요. 귀한 보물처럼 인정해줄 필요가 있어요.

> 로맨티스트가 갖고 있는 소년/소녀적 감성은 중요한 자산

로맨티스트1 ─── 교수님, 질문이 있는데 해도 되나요?

황상민 __   걱정 말고 하세요. 로맨티스트는 이렇게 마음이 약해요.

로맨티스트1 __   제가 로맨티스트인데 여자친구도 로맨티스트거든요. 같은 성향끼리 연애를 해도 괜찮나요?

황상민 __   로맨티스트의 특징은 내 마음을 읽어줘~ 하는 거예요. 로맨티스트는 자기 마음을 스스로 표현하지 못해요. 그렇다고 그걸 무시하면 큰일 나요. 로맨티스트가 바라는 것은 '말하지 않은 내 마음을 네가 좀 읽어줘~.' 하는 거예요. 이렇게 말하니 휴머니스트들이 어이없다고 비웃는군요. 에이전트나 아이디얼리스트는 아예 돌아버려요. 그렇지만 로맨티스트에겐 이게 제일 중요해요. 내 마음을 네가 읽어줘야만 우리는 공감한다, 우리는 통한다고 느껴요.

로맨티스트1 __   그런데 서로 예민하다 보니 신경이 많이 쓰여요.

황상민 __   그게 바로 로맨티스트들의 달콤 쌉싸름한 연애예요. 서로 내 마음을 읽어줘~ 하면서 밀당을 한다는 얘기 아니에요? 이분, 오늘 밤 솔로들 가슴에 불을 지르시네……. 로맨티스트는 본래 연애를 위해 태어난 종족들이에요. 두 분의 연애에는 조금도 문제될 것이 없는데 중요한 조건이 있어요. 로맨티스트끼리 연애를 하려면 서로의 환경이 웬만큼 좋아야 해요. 경제적으로 심하게 쪼들리면 관계가 힘들어져요.

로맨티스트1 __   경제적으로 어려우면 누구나 관계가 힘들지 않나요?

황상민 __   꼭 그렇진 않아요. 저 같은 아이디얼리스트는 가난의 밑바닥으로 떨어져도 별로 개의치 않아요. 그러나 본래 공주와 왕자의 운명을 타고난 로맨티스트는 그런 상황을 견디는 게 엄청나게 힘들어요. 상황이 나빠지면 두 사람은 상당히 비극적인 연애를 할 위험성이 있어요. 그

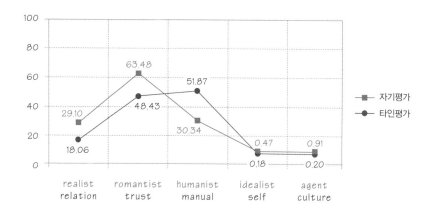

런데 두 분, 직장은 있지요? 그렇다면 걱정할 것 없어요.

지금 발표하는 분은 트러스트가 높은 전형적인 로맨티스트예요. 여기에다 매뉴얼도 높아서 보고서 형식에 맞춘 정교한 일을 잘할 거예요. 아마 직장에서 엄청나게 꼼꼼하고 정확하다는 평을 들을 겁니다. 그렇죠?

로맨티스트1___　　네, 맞습니다.

황상민___　　로맨티스트가 제일 중요시하는 건 트러스트죠. 로맨티스트에게 트러스트는 소통하고 공감한다는 얘기와 같아요. 로맨티스트의 성향과 트러스트가 일치하면 주변 사람들과 공감대를 형성해 비교적 안정적인 상황이라고 볼 수 있죠. 이분의 모습이 아주 편안해 보이죠? 바로 그 때문이에요.

마음속엔 온갖 걱정이 가득

로맨티스트2　　심각한 문제가 있는 건 아니지만 미래에 내가 어찌될지, 또 우리 사회는 어떻게 될지 걱정이 많다고 했어요.

황상민　　하늘이 무너질까 봐 걱정을 했군요. 그런 걱정이 다 쓸데없다는 건 알고 있죠? 로맨티스트는 믿음, 인정, 책임감 같은 것에 목숨을 걸어요. 거기에다 완벽주의 성향까지 있어서 강박증이라고 할 정도의 성향을 보이죠. 세상의 모든 고민을 홀로 지고 사느라 힘든 분들이에요.

로맨티스트2　　우유부단해서 결정을 내리기 힘들고 너무 소극적이라고 했고, 남들이 나를 어떻게 생각할지 신경이 쓰인다고도 했어요.

황상민　　로맨티스트는 인간관계에 대해 노심초사해요. 마음을 놓지 못한다고나 할까, 안절부절못하는 게 있어요. 그러다 보니 마음에서 불안이 떠나질 않아요. 이런 성향은 트러스트와 갭GAP(자기평가와 타인평가 사이의 차이)이 있건 없건 마찬가지로 나타나요. 우리 회사가 무너지지 않을까? 내가 저 인간과 오래갈까? 쓸데없는 잔걱정이 많아요. 특히 로맨티스트 어머니들이 온갖 잔소리를 해대는 건 다 걱정이 많아서 그런 거예요. 이제부터 어머니가 잔소리를 하면 신경질 부리지 말고 '아, 우리 엄마가 로맨티스트구나. 어쩔 수 없는 일이네.' 하고 넘기세요.

> 로맨티스트 어머니들이 온갖 잔소리를 해대는 건 걱정이 많아서

로맨티스트2　　저는 잔소리를 전혀 하지 않는데요?

황상민　　훌륭하세요. 입 밖으로 하지 않을 뿐이지 속은 엄청 시끄러워요.

로맨티스트2 ___ 그리고 자신감이 없다고들 했어요. 저도 그게 고민이고요.

황상민 ___ 발표하는 분 프로파일 좀 볼까요? 갭이 엄청나네요. 로맨티스트 성향은 높은데 트러스트는 바닥이에요. 이건 내가 중요하게 생각하는 것은 제대로 하지 않고 엉뚱한 것에 몰두한다는 의미예요. 흔한 말로 지금 삽질을 한다는 거죠. 게다가 컬처가 과도하게 높으니 지금 한량으로 지낸다는 건데…… 아이디얼리스트가 바닥이고 셀프가 떨어져 있

━━━ **설록 황의 심리 코멘터리**

WPI 프로파일에서 갭이 크다는 것은 어떤 의미일까?

'자기평가'와 '타인평가' 사이의 격차를 갭이라고 한다. 자기평가는 한 개인의 기본적인 심리적 성향이나 행동 특성을 나타낸다. 타인평가는 실재 삶에서 보이는 현재 자신의 삶에서 중요하다고 생각하는 가치나 라이프스타일을 반영한다. WPI에서 자기평가와 타인평가의 일치 여부는 매우 중요하다. 갭이 크다는 것은 지금의 현실이 자신의 심리적 성향이나 행동 특성과 일치하지 않는다는 의미다. 이 경우 사람들은 자기 삶이 비교적 힘들다고 생각한다. 특히 자신을 대표하는 기본 성향에서 갭이 뚜렷하게 나타나면 심리적 문제가 강하게 두드러진다. 개인의 본성이 자기 삶에 부합하지 않고 억압되거나 과잉 작동한다는 뜻이기 때문이다.

반면 WPI에서 자기평가와 타인평가가 일치한다는 것은 현재 자신의 기본 성향이 현실 속에서 자연스럽게 나타난다는 뜻이다. 이 경우 현재 자기 삶의 방식에 큰 불만이 없을 뿐 아니라 뚜렷한 심리적 갈등을 느끼지 않는다. 혹시 기본 성향에는 갭이 없지만 여전히 심리적 갈등이나 삶의 혼란을 경험하고 있다면 전체 프로파일에서 단서를 찾아야 한다.

는 상황이니 지금은 딱히 뭐라 할 것 없이 좋지 않은 상황이네요.

로맨티스트2 ___ 네, 맞습니다. 아무것도 하지 않고 있어요.

황상민 ___ 앞으로는 무얼 하고 싶으세요?

로맨티스트2 ___ 이것저것 건드리고는 있는데…….

황상민 ___ 그러면 어떻게 되는지 아시죠?

로맨티스트2 ___ 어떻게 되는데요?

황상민 ___ 삽질로 끝나요. 로맨티스트는 자기 감성의 영향을 많이 받기 때문에 이것저것 건드릴 가능성이 참 커요. 제 나름대로 능력도 있고 무엇보다 감이 있어서 그때그때 관심이 가는 게 달라지는 대신 싫증도 빨리 내요. 그게 망하는 지름길이에요. 예술적 감성이 있으니 이것도 해보고 싶고, 저것도 해보고 싶잖아요? 뭐든 해보는 건 좋은데요, 그렇게 시간을 흘려보내면 잘한다고 내세울 필살기가 없어요. 그러면 인간관계로 먹고살아야 하는데 예민한 로맨티스트가 인간관계를 잘 맺을까요? 더 이상 미루지 말고 길을 정하세요.

로맨티스트2 ___ 어떤 여자 분이 물어봐달라고 부탁한 건데요. 연애할 때 상대를 존중하느라 맞춰주다 보면 지쳐서 연애를 끝내고 싶어지는 게 고민이래요.

황상민 ___ 완전한 자기 착각이에요. 본인은 상대에게 맞춰준다고 생각하지만 상대방은 로맨티스트 애인한테 맞춰주느라 죽을 듯이 힘들어요. 그래서 로맨티스트와의 연애는 좋을 때는 참 좋은데, 오래가면 갈수록 서로를 지치게 할 위험이 있어요. 결혼할 사람이라면 후딱 결혼하세요. 아시겠죠?

걱정마라, 충분히 매력적이다

로맨티스트3 ─── 우리 테이블에는 나는 로맨티스트가 아닌 줄 알았다, 로맨티스트라고 해서 의외였다는 사람이 모였어요.

황상민 ─── 로맨티스트라고 하니까 어땠어요?

로맨티스트3 ─── 싫었어요. 감성적이라고 하니까 유치해 보이고…….

황상민 ─── 바로 지금 그 모습이 감성적이고 유치한 거예요. 이런 말 듣고 쌩~ 하고 삐치면 진짜 로맨티스트인데, 어떠세요?

로맨티스트3 ─── 별로요, 괜찮아요.

황상민 ─── 이분은 휴머니스트 성향이 비교적 높은 로맨티스트 같네요. 프로파일을 보면 로맨티스트가 맞아요. 그런데 릴레이션이 과도하게 높아요. 로맨티스트가 이렇게 관계를 높이다 보니 자신이 휴머니스트 같기도 하고 리얼리스트 같기도 한 모호한 상태가 된 거예요.

로맨티스트3 ─── 로맨티스트는 인간관계에 신경 쓰면 안 되나요?

황상민 ─── 로맨티스트가 자기 성향을 제치고 관계에 매달리면 결과가 어떨 것 같아요? 주위 사람들하고 관계가 좋으세요?

로맨티스트3 ─── 잘하려고 해요.

황상민 ─── 본인 생각이에요? 아님 남들이 그렇게 인정해주나요? 인간관계가 그리 좋을 수는 없어요. 왜냐하면 주위 사람들을 마음 편히 대하지 못하거든요. 인간관계가 좋아야 한다는 생각에 여러 사람과 관계를 맺지만 실상 본인은 그들을 잘 믿지 않아요. 굉장히 신경질적이거나 예민하게 보이기 쉬워요.

로맨티스트3____ 그런 소리를 듣긴 해요. 그럼 로맨티스트 성향을 버려야 하나요?

황상민____ 아니, 자기 성향을 왜 버려요? 감성적이고 예민한 성격은 상당히 매력적인 거예요. 그걸 버리지 말고 자기 성향을 강점으로 쓰세요. 로맨티스트는 누구보다 다정한 사람이거든요. 다정한 친구, 다정한 이웃, 다정한 남편과 아내를 누군들 마다하겠어요? 다만, 본인이 섬세하고 예민하게 느낀다고 해서 그 틀을 남한테까지 적용하진 마세요. 까탈스럽게 지적질만 하지 않으면 돼요. 그리고 뭐든 '그래, 넌 그런 것도 할 수 있구나. 참 좋구나.' 하며 남을 받아들이세요. 본인 이야기는 그만하고 무슨 말씀을 나눴는지 발표해주세요.

까탈스럽게 지적질만 하지 않으면 돼요

로맨티스트3____ 제 얘기만 해서 죄송하네요. 아무튼 우리도 두 분 말씀에 거의 동의했고요. 정말 서로 이해하거나 친한 사람에게만 진심을 표현한다, 그런 관계가 아니면 아예 감정 표현을 하지 않고 숨긴다는 얘기가 있었어요.

황상민____ 역시 감성적이라 그래요. 진짜 친한 사람이 누구예요? 나와 감성이 통하는 사람, 내 감성을 받아주는 사람이잖아요? 반대로 감성이 통하지 않으면 아예 마음을 닫아버리죠. 연애할 때 그 사람이 없으면 하루도 못 살 것 같은데 막상 헤어지고 나면 마음이 싹 바뀌는 것도 로맨티스트예요. 특히 남자 로맨티스트가 그러기 쉬워요.

로맨티스트3____ 셀프가 낮아서 고민이란 말을 많이 했어요.

황상민____ 로맨티스트 중엔 셀프가 낮은 사람이 많아요. 그래서 조금만 뭐라고 하면 금방 '제가 잘못했어요. 용서해주세요.' 하며 자책하는 모드가 돼요. 로맨티스트는 셀프가 높은 경우가 드물어요. 왜냐하면 로맨티스트한테 중요한 것은 트러스트거든요. 아이디얼리스트 성향이 동시

셀프를 높이면 자존감이 올라갈까?

이 질문은 일단 우문이다. 셀프를 단순히 '자기를 존중하는 마음'으로 생각하기 때문이다. 셀프가 낮은 것은 자존감이 낮기 때문일 수도 있지만, 자신을 뚜렷하게 인식하지 않기 때문일 수도 있다. 자존감이 낮은 사람도 셀프가 꽤 높을 수 있다. 자신의 셀프를 얼마나 뚜렷하게 드러내는가? 셀프가 높은 것은 자존감이 아니라 자신의 특성을 뚜렷하게 인식하고 그것을 있는 그대로 드러낸다는 것을 의미한다.

이런 질문을 하는 사람일수록 어떤 문제에 봉착할 때, 막연히 '내게 자신감만 있으면 다 해결할 수 있어'라고 생각할 가능성이 크다. 나 자신을 분명히 알리고 또 그것을 드러내기 위해서는 셀프를 높여야 한다. 그러나 셀프를 높이겠다는 작정을 한다고 해서 셀프가 올라가는 것은 아니다. 오히려 셀프를 높이기 위해 자신을 뚜렷이 드러내면 낼수록 문제의 핵심을 파악하지 못하고 독불장군이 되기도 한다.

셀프를 높이는 일은 '자신에 대한 인식'을 명확히 하는 것과 관련이 있기 때문에 WPI의 모든 유형에게 중요하다. 하지만 대부분의 유형에서 핵심적 가치는 셀프가 아닌 다른 것이 좌우한다. 아이디얼리스트에게는 셀프를 높이는 것이 중요할 수 있다. 셀프가 아이디얼리스트로서의 특성을 유지하거나 자기 삶을 제 나름대로 살아가게 해주는 기본적인 힘이기 때문이다. 반면 리얼리스트가 무작정 셀프를 높이려 할 경우 본인의 삶을 더 곤란한 지경으로 몰고 간다. 또 휴머니스트의 과도한 셀프는 규범적 성향을 더욱 고집스럽게 보이게 한다.

에 높기 전에는 셀프가 크게 높을 필요는 없어요. 셀프가 낮다고 슬퍼할 건 없어요. 로맨티스트는 주위 사람들이 자기를 인정하고 믿어준다고 생각할 때 자존감이 높아지고 주위 사람들이 자기를 구박하거나 야단을 치면 자존감이 떨어져요.

로맨티스트3 ─── 아까도 나온 것 같은데 주위의 시선에 신경을 많이 쓴다고 했어요.

황상민 ─── 로맨티스트는 친구나 자기한테 중요한 사람이 자신을 어떻게 생각하는지에 신경을 많이 써요. 그리고 거기에 부응하려 상당히 노력을 기울이죠.

로맨티스트3 ─── 그런데요, 교수님. 우리 테이블에 질문하고 싶어 하는 분이 있거든요?

황상민 ─── 질문하실 분? 말씀하세요.

로맨티스트4 ─── 저는 인간관계가 어렵지 않은데 로맨티스트라고 나와서 설명을 듣고 싶어요.

황상민 ─── 휴머니스트 같은 말씀을 하시네요. 프로파일을 봅시다. 로맨티스트가 만빵인데 매뉴얼이 높고 셀프도 높은 편이에요. 로맨티스트가 이렇게 매뉴얼이 높으면 인간관계가 어려워요.

로맨티스트4 ─── 아니에요, 사람들하고 잘 지내거든요.

황상민 ─── 정말 인간관계가 좋다고 느끼세요? 본인 나름대로 인간관계를 좋게 한다고 애쓰며 여기저기 돌아다니지만 삽질인 경우가 십중팔구예요.

로맨티스트4 ─── 로맨티스트라고 다 인간관계가 나쁜 건 아니잖아요?

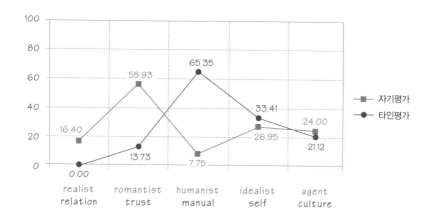

황상민__ 로맨티스트인데 매뉴얼이 만빵이다 보니 본인 나름의 기준이 있어서 지나치게 꼼꼼하고 고지식해요. 그러니 주위 사람들이 좋아하겠어요? 상당히 부담스럽거나 답답하게 느껴서 가까이 하길 꺼려해요. 주위 사람들이 본인을 이해해주지 않아 고민한 적이 있나요?

로맨티스트4__ 아니요, 저는 제가 잘한다고 생각하고 또 살아가는 데 별로 어려움을 못 느껴요.

황상민__ 그러세요? 놀라운 일이네요. 말씀하시는 분은 내일 당장 주위 분들한테 커피 한 잔씩 사세요. 이런 프로파일을 갖고도 인간관계에 별반 어려움을 못 느낀다면 주위 분들이 엄청나게 참아주고 있다는 얘기예요.

로맨티스트4__ 제가 그렇게까지 싸가지가 없는 건가요? 그럼 이대로 살면 안 되는 거네요?

황상민__ 그렇죠. 이제부터라도 상당히 인간적인 정을 보여주세요. 로맨티스트의 감성이 있기 때문에 인간적인 정을 표현하는 건 얼마든지 잘할 수 있어요. 그러니까 '저 인간이 어땠는데?' 하는 생각을 지워버리고 '하느님, 안녕하세요?' 하는 심정으로 대하세요.

자, 이제 로맨티스트란 종족이 어떤지 대강 아시겠죠? 그럼 이들은 어떤 고민을 하는지 들어봅시다.

[고민1] 첫사랑을 잊고 싶어요

고민녀 —— 첫사랑을 잊지 못해 괴롭습니다. 어떻게 해야 하나요?

황상민 —— 두 번째, 세 번째 사랑을 만나면 되죠. 그런데 잘 안 된다는 거지요?

고민녀 —— 네, 벗어나질 못하겠어요.

황상민 —— 첫사랑과 헤어진 이후 다른 사람을 만나지 않았나요?

고민녀 —— 아니요, 만나봤지만 마음이 가는 사람이 있어도 잘 표현하지 못하는 성격 때문에…….

황상민 —— 다 놓쳤군요. 본인만 그런 게 아니에요. 나이가 이만큼 든 저도 후회할 때가 있어요. 왜 그때 그 사람에게 다가가지 못했을까? 물론 다가갔다고 해서 크게 달라지진 않았겠지만 그래도 다가갔으면 그러지 않은 것보다는 낫지 않았을까? 그런 마음이 들거든요. 조금 위로가 되세요?

고민녀 —— 아니요.

황상민 —— 마음에 드는 사람이 있으면 다가가야 하는데 그걸 못한다는 걸 이미 알고 있잖아요? 그럴 때는 할 수 없어요. '나는 당신이 마음에 듭니다'라고 쪽지를 보내세요.

고민녀 ─ 그러다 답이 없으면 어떡해요?

황상민 ─ 그때는 '세상에 남자가 너밖에 없냐?' 하고 돌아서면 돼요.

고민녀 ─ 정말 그래도 괜찮을까요?

황상민 ─ 꼭 잘되리란 기대는 하지 마세요. 실제로 어떤 사람한테 호감을 갖고 '저 사람과 나는 인연이다. 우리는 잘될 거야'라고 생각하면 상대방도 호감을 가질 확률이 높아요. 하지만 100퍼

호감을 표시했는데
반응이 없으면
내 탓이 아니라
그 사람 탓

센트 그런 건 아니지요. 내가 어떤 사람한테 호감을 표시했는데 상대가 반응이 없으면 좋지 않은 상황에 놓여요. 그럴 땐 '저 사람은 나와 감정을 교류할 상황이 아니구나. 그러니 내 탓이 아니라 그 사람 탓이다'라고 생각하세요. 그럼 그만이에요.

[고민2] 싱글맘으로 살아갈 수 있을까

고민녀 ─ 교수님, 저는 로맨티스트인데 제 남편은 저와 정반대 성향 같아요. 그래선지 정말 맞는 게 하나도 없어서 사는 재미가 없어요. 성향이 다른 사람들이 만나면 원만한 결혼생활이 불가능한가요?

황상민 ─ 한마디로 대답할 질문이 아닌 것 같네요. 일단 프로파일을 봅시다. 로맨티스트만 만빵이고 나머지는 다 떨어져 있어요. 남편이 왜 정반대 성향이라고 생각하죠? 의외로 로맨티스트일 가능성도 있어요. 남편이 꼼꼼한가요?

고민녀 ── 네. 상당히요.

황상민 ── 그렇다면 남편은 로맨티스트일 가능성이 커요. 오히려 지금의 모습을 보면 질문하는 분이 로맨티스트가 아닌 것처럼 느껴져요. 본인이 로맨티스트라는 사실에 공감하나요?

고민녀 ── 네, 아까 테이블 대표로 나온 분들이 하는 말씀에 다 맞장구를 쳤어요. 근데 그분들과 조금 다른 게…… 저는 겉과 속이 너무 달라요. 심지어 제가 저를 속인다는 생각도 들거든요.

황상민 ── 그렇다면 마음속에 로맨티스트 성향을 감춘 채 다른 사람한테는 리얼리스트 모드로 지내는 거예요. 혹시 남편은 아내가 꼼꼼하다고 생각하나요?

고민녀 ── 업무적으로는 꼼꼼하다고 해요.

황상민 ── 집 안에서 깔끔하게 정리정돈을 잘하세요?

고민녀 ── 전에는 그랬는데 요즘은 아니에요.

황상민 ── 서로 관계가 좋지 않아서겠지요? 남편이 삐쳐서 집에 잘 들어오지 않나요?

고민녀 ── 삐치기는 곧잘 삐치는데 집에는 잘 들어와요.

황상민 ── 다행이네요. 남편은 전형적인 로맨티스트에요. 지금 어떤 상황이냐 하면 '내 기분 좀 알아줘요, 내 기분 좀 존중해줘요.' 하고 서로 요청하는 상태예요. 또 네가 내 기분을 알아주지 않으니 나도 너를 무시하겠어, 이러는 상황이지요. 그렇죠?

고민녀 ── 맞아요, 그래서 힘들어요. 같은 로맨티스트끼리는 맞지 않나요?

황상민 ─ 같은 로맨티스트끼리 살아도 아무 문제없어요. 다만 서로의 감정을 인정해주면서 칭찬하는 모드로 살아야 잘 지낼 수 있어요. 혹시 경제적으로 힘드세요?

고민녀 ─ 그런 건 아니에요.

황상민 ─ 그럼 왜 남편의 감정을 지지해주지 않으세요?

고민녀 ─ 서로 해주지 않다 보니 나쁜 감정이 많이 쌓여서…….

황상민 ─ 이제는 누군가가 먼저 해야 해요. 남편을 믿고 본인이 결혼생활을 유지해야 한다는 책임감을 더 느끼셔야 해요. 로맨티스트가 트러스트와 갭이 큰 건 본인의 역할에 대해 책임감을 크게 느끼지 않아서 그런 거예요. 남편이 먼저 내 마음을 알아주고 내게 공감해주길 바라는데 그게 안 되니까 실망이 쌓였어요. 지금이라도 남편의 마음에 공감해주세요. 마음에 들지 않는 건 모른 척하고 조금이라도 괜찮은 건 열 배 이상으로 공감해주세요.

고민녀 ─ 싫은데 어떻게 그래요?

황상민 ─ 아이가 있으세요?

고민녀 ─ 네, 다섯 살이에요.

황상민 ─ 그럼 남편은 '네 살이다' 생각하고 키우세요.

고민녀 ─ 꼭 그렇게 하면서까지 함께 살아야 하는 건지…….

황상민 ─ 행복하게 살고 싶다면 꼭 그렇게 해야 해요.

고민녀 ─ 근데 너무 불행하거든요, 옆에 있으면.

황상민 ─ 그렇게 하지 않기 때문에 불행한 거예요. 아이를 위해서라도 그렇게 해야 해요. 지

남편은 '네 살이다' 생각하고 키우세요

금까지는 내 감성을 충족시키기 위해 살아왔지만 이제는 아이에 대한 책임을 생각할 때가 되었어요.

고민녀— 그럼 제가 지금까지 아이나 남편보다 제 위주로 살았다는 건가요?

황상민— 그럼요, 그 부분을 인정해야 해요. 본인은 현실에 맞춰 힘들게 살았다고 하지만 실제로는 남편에게 마치 귀한 딸처럼 대우받기를 원하는 마음이 컸던 거예요. 저는 이런 이야기를 하는 걸 참 싫어하는데……. 어린 시절에 다른 사람에게 사랑이나 관심을 충분히 받지 못해서 남편한테 그런 사랑과 관심을 얻을 수 있을 거라 기대하고 결혼했을 거예요. 그런데 아이를 낳은 이후에도 충분히 해소되지 않은 것 같네요.

고민녀— 그걸 어떻게 아세요? 전 말하지 않았는데…….

황상민— 프로파일에 그렇게 나와 있어요. 프로파일을 보면요, 로맨티스트 성향만 남고 나머지는 다 바닥이에요. 자라면서 자신감도 없었고 다른 사람과의 관계에서 상당히 억눌렸을 가능성이 커요.

고민녀— 저 혼자 아이를 키우면서 싱글맘으로 살 수 있을까요?

황상민— 꼭 이혼하고 싶어요? 애가 없으면 그리 해도 돼요. 하지만 싱글맘으로 살긴 쉽지 않아요. 그건 애가 애를 키우는 상황이죠. 싱글맘이 아니라 소년·소녀 가장이라고 불러야 맞을 거예요. 무슨 말인지 아시겠죠?

[고민3] 화가 나면 부르르 떨어요

고민녀— 화가 나면 진정되지 않고 잠도 오지 않아요. 감정이나 분노를 조절하는 방법이 있을까요?

황상민__　　　로맨티스트는 예민해지면 부르르 떠는 경우가 있어요. 먼저 감정을 조절하겠다는 생각을 버리세요. 그리고 본인과 생각이 잘 통하는 누군가를 찾으세요. 그 사람에게 본인의 얘기를 실컷 하고 공감을 받아서 자기감정이 충족되는 경험을 하세요. 부르르 떨어봤자 본인 심장에 좋지 않고 혈압만 올라가요.

고민녀__　　　그런 사람이 없는데 어떻게 해야 하나요?

황상민__　　　지금도 제 말에 부르르 떨었지요? 부르르 떠는 사람은 부

어린 시절의 경험, 과거의 트라우마가 성격에 영향을 미칠까?

사람의 성격은 타고난 본성이나 기질만으로 이뤄지지 않는다. 개인의 성격은 그 사람이 놓여 있는 상황과 관계의 영향을 받는다. 어린 시절의 경험이 성격에 영향을 미치는 부분은 분명 있다. 그러나 그 경험과 상처의 영향력은 각 개인이 그걸 어떤 방식으로 이해하고 수용하느냐에 달려 있다. 즉, 본인이 의식적으로든 무의식적으로든 어떤 의미를 어떻게 부여하느냐에 따라 과거의 트라우마가 작동하는 방식이 달라진다. 개인이 자신의 경험에 의미를 부여하는 방식은 삶의 가치나 라이프스타일에 따라 다르게 나타난다. 이것은 WPI의 타인 평가를 통해 드러난다.

자신의 성격과 삶의 문제를 과거의 경험이나 상처 등에 귀인(歸因)하는 것은 바람직하지 않다. 과거는 분명 우리 삶의 일부지만 그것은 과거일 뿐, 미래마저 과거에 얽매이도록 놓아둘 필요는 없다. 미래는 현재를 과거로 삼는다.

르르 떠는 상황에 대해 이야기하면 할수록 더 부르르 떨어요. 진짜로 살이 떨리거든요. 가장 좋은 방법은 무시하는 거예요. 무시하는 가장 좋은 방법은 자기감정이 아니라 다른 감정으로 대치하는 거고요. 그러니까 자기 마음을 잘 이해해주는 사람하고 풀어야 해요. 감정을 억누르는 게 아니라 무시하라는 거예요. 억누르는 거하곤 달라요. 정말 아무하고도 그런 감정을 나누지 않으세요?

고민녀——　　사실은 정신과 상담을 받고 있어요.

황상민——　　효과를 못 봤나요?

고민녀——　　아까 마음껏 이야기하라고 하셨는데…… 의사는 짧은 시간 내에 얘기를 하라고 해요.

황상민——　　그렇죠. 병원에선 길게 이야기할 수 없지요. 상대가 꼭 정신과 의사일 필요는 없어요.

고민녀——　　그런데…… 지금 이야기할수록 자꾸 더 떨려요. 더 이상 얘기를 못 하겠어요.

황상민——　　자기 문제를 갖고 계속 이야기하기 때문이에요. 정신과 의사에게 본인이 겪은 문제와 고통을 이야기할 때는 어때요?

고민녀——　　그때도 떨려요. 그래서 말을 잘 못하겠어요.

황상민——　　지난 일을 이야기하면서 부르르 떠는 상황은 로맨티스트 입장에서 결코 좋은 일이 아니에요. 과거에 많은 고통을 겪은 로맨티스트가 저를 찾아오면, 저는 먼저 과거의 고통을 회상하는 얘기는 하지 말라고 해요. 대신 고통스럽지 않은 과거의 기억이나 좋았던 이야기를 해줄 수 있느냐고 물어봐요. 그리고 그걸 계속 다루면서 과거에 겪은 고통과 연결해 왜 고통스러운 순간이 생겼는지 설명해줘요. 그런 세션이 한 번 정도 지나면 과거에 고통만 있었던 게 아니라 비교적 좋은 것도 있었다는 사실을 깨닫지요. 그러면 고통이나 괴로운 기억에 몰입할 필요가 없어져요.

고민이나 안타까움은 과거의 문제가 아니라 지금 느끼는 문제거든요. 그런데 사람들은 대부분 과거의 아픈 기억을 끄집어내고 상처를 드러내면 현재의 문제를 해결할 수 있다는, 프로이트 할아버지의 답답한 생각을 지금까지도 믿고 있어요. 그렇다고 과거가 지금의 내 삶과 생활에 아무런 영향을 미치지 않는다는 의미는 아니에요. 과거는 과거만큼 영향을 미칠 뿐 현재 생활을 좌지우지할 만큼은

> 고민이나 안타까움은
> 과거의 문제가 아니라
> 지금 느끼는 문제

아니에요. 그런데도 왜 정신분석의 틀에서 현재의 문제를 해결하느라 고통을 받아야 할까요? 과거의 문제를 하소연하는 동안 로맨티스트의 민감성은 급격히 치솟고 결국 부르르 떠는 일이 벌어져요. 과거의 기억을 무시하자는 게 아니에요. 자기 나름대로 준비한 상태에서 조심스레 접근해야 한다는 얘기지요. 이제 이해가 가시죠?

고민녀___ 그런…… 거…… 같아요.

황상민___ 지금의 어려움은 어쩌면 과도하게 과거에 빠져 있기 때문이 아닌가 싶네요. 힘들겠지만 현재의 문제와 과거를 분리할 수 있을지 한번 생각해보세요. 사실 로맨티스트는 본인의 의지로 그렇게 하기 힘들어요. 로맨티스트가 자기 감성을 있는 그대로 해석하거나 받아들이기는 어렵거든요. 쉽기는, 과거의 경험이나 기억을 가지고 계속 감정을 반복하

는 것이 가장 쉽지요. 로맨티스트는 이런 걸 잘하고 또 잘하니까 자꾸 하죠? 그러다 보니 화가 치솟아 부르르 떨고 억제하지 못해요. 이럴 때는 의사를 만나 약을 먹는 것도 도움을 주지만 지금 본인의 모습은 약을 먹기 때문일 가능성이 더 커요. 약을 먹은 지 얼마나 되었어요?

고민녀—   한 달이에요.

황상민—   약을 먹고 증상이 좀 완화되었나요?

고민녀—   별로…….

황상민—   그럼 이렇게 해보세요. 본인의 이야기에 동요하지 않고 공감해줄 만한 사람이 주위에 있나요? 정 없으면 목사님이나 신부님, 스님이라도 찾아가 하소연하세요. 며칠 우는 경험을 하면 편하게 이야기할 수 있을 거예요. 낯선 사람이어도 상관없고요. 그 정도의 상대도 찾기 어려우면 벙커에 앉아 사람들이 이야기하는 거 들으세요. 그것도 괜찮은 방법이에요.

[고민4] 칭찬에 목말라요

고민녀—   남의 주목을 받는 건 바라지도 않지만 너무 무시당하는 것 같아요.

황상민—   칭찬받고 싶어요?

고민녀—   네, 저를 인정해주고 '그래, 네가 잘한 거야'라고…… 이런 제가 너무 싫어요. 비굴한 감정이 창피스러워요.

황상민—   그게 뭐 어때서요? 내 마음과 존재를 인정해달라는 것은 전혀 부당한 요구가 아니에요. 그건 로맨티스트의 기본적인 인권이라 할 정도예요. 주위에서 본인을 인정해주지 않는 사람이 있군요.

고민녀 — 네.

황상민 — 결혼할 거 아니면 그 사람을 만날 이유가 없어요. 힘들면 만나지 마세요.

고민녀 — 어떻게 그렇게 해요?

황상민 — 내가 살려면 그렇게 해야 해요. 자기 팔자 자기가 꼰다는 말 아세요? "엄마랑 사는 게 죽을 만큼 힘들어요." 하는 사람들도 있어요. 그럼 어떻게 해야 해요? 엄마에게서 독립하면 되지요? 마찬가지예요. 본인을 인정하지 않는 사람에게서 벗어나세요. 그래도 하늘이 무너지지는 않아요.

고민녀 — 제가 너무 별난가요? 모자란 건가요?

황상민 — 아뇨, 지극히 전형적인 로맨티스트의 고민이에요. 로맨티스트는 칭찬을 받아야 힘이 나요. 본인이 별나다고 자책감을 느낄 것 없어요.

자녀가 공부를 못하거나 하는 짓이 맘에 들지 않으면 부모님들이 "넌 왜 하는 게 그 모양이냐? 넌 잘하는 게 뭐냐?" 하며 야단을 치잖아요? 자녀가 로맨티스트라면 그렇게 야단치지 말아야 해요. 예민한 자녀는 사실 키우기 힘들어요. 푸념하듯 하는 말도 로맨티스트 자녀에게는 가슴을 찌르는 비수가 돼요. 특히 여자아이는 그 말을 듣는 순간 부모를 거의 원수처럼 생각해요. 그래서 두고 보자 하는 마음으로 공부하는 아이들도 있어요. 엄청나게 과외해서 성적을 올리지요. 그런데 이런 경우는 드물고요,

푸념도 로맨티스트에게는 가슴을 찌르는 비수

반항하는 심정으로 부모가 바라는 것을 극단적으로 거부하고 거꾸로 나가는 경우가 많아요.

로맨티스트에게는 있는 그대로를 인정해주는 기본적인 예의를 지켜야 해요. 휴머니스트, 에이전트, 리얼리스트는 명심하세요! 특히 아이디얼리스트는 주위에 로맨티스트가 있으면 물로 보려 하는 못된 버릇이 있는데 그건 마음 약한 로맨티스트에 대한 예의가 아니에요.

[고민5] 셀프를 높이고 싶어요

고민남— 남 앞에 나서는 게 두렵고 일부러 부반장이 될 정도로 1인자보다 2인자가 편해요. 참 바보 같지요? 어려서부터 이런 성격이 너무 싫었어요. 고칠 수 있나요?

황상민— 로맨티스트가 본래 예민하고 소심한 특성을 보인다는 건 알고 있죠?

고민남— 네, 아무래도 제 셀프가 낮아서 그런 것 같아요. 셀프를 높이고 싶어요.

황상민— 로맨티스트는 예민하고 소심한 것을 두고 셀프 탓을 많이 해요. 예민하고 소심한 것은 셀프가 낮기 때문이다, 셀프가 낮으니 자신감이 없고 자존감이 떨어진다, 이렇게 생각해요. 다른 사람에게 "넌 너무 예민해. 담대하게 너 자신의 자아를 높여봐!" 이런 말 많이 들었죠? 그런데 오늘 프로파일을 받아보니 진짜 셀프가 많이 떨어지는 거예요. 그걸 보는 순간 '역시 셀프의 문제였어. 그러니 이제부터라도 셀프를 높여야지!' 하셨죠?

고민남— 네, 맞아요. 당연히 그래야 하는 것 아닌가요?

황상민— 아뇨, 성적 잘 받으려는 심리에서 헛다리 짚은 거예요. "영어 성적은 낮은데 국어랑 수학은 웬만큼 나왔다. 그러니 영어 성적 좀 올려봐!" 이런 얘기 들어봤지요? 다 높아야 좋다고 생각하니까. 그러나 프로파일을 그런 식으로 보면 절대로 아니 되옵니다!

로맨티스트는 트러스트를 중점적으로 봐야 해요. 로맨티스트와 트러스트 사이에 상당히 갭이 있지요? 본인은 자기 나름대로 일을 열심히 하는데 주변에서 그걸 충분히 인정해주지 않아 자기 확신이 없는 거예요. 그래서 눈치를 보고 자신이 눈에 띄지 않게 하려고 2인자가 되어 숨는 거죠.

고민남— 네, 맞아요. 그런데 정말 셀프랑 상관없어요?

황상민— 셀프는 본인의 아이디얼리스트 성향만큼이면 돼요. 아이디얼리스트는 셀프를 자존감으로 해석하지만 다른 사람은 자기주장이나 생각을 뚜렷이 표현하느냐 하지 않느냐 정도로만 해석하면 돼요. 지금 높

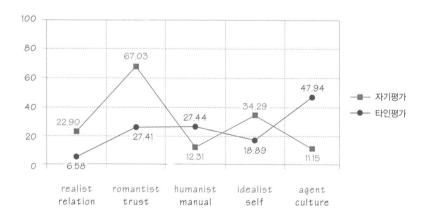

여야 할 것은 셀프가 아니라 트러스트예요.

남들 앞에 나서지는 않더라도 최소한 내 책임은 다하고 있다는 정도는 알릴 필요가 있어요. 그걸 스스로 못 하겠다면 스피커 역할을 해줄 사람을 만드세요. 그건 나쁜 게 아니에요. "저 사람이 앞에 나서진 않지만 일을 꼼꼼하게 잘하고 믿을 만해!" 이 정도 이야기만 해주면 돼요. 주위의 인정을 받으면 트러스트는 자동적으로 올라가기 시작해요.

[고민6] 로맨티스트인데 오너가 될 수 있을까요

고민남—— 사업을 하려고 하는데 로맨티스트라서 걱정이에요. 이런 성격으로 오너가 될 수 있을까요?

황상민—— 히틀러는 사람을 이끌었나요, 이끌지 않았나요?

고민남—— 설마, 히틀러가 로맨티스트란 말씀이세요?

황상민—— 그럼요, 박정희 대통령도 로맨티스트고 MB도 로맨티스트예요.

고민남—— 로맨티스트는 남 앞에 나서는 걸 싫어하는데 어떻게 국민을 이끌어가지요?

황상민—— 사람을 이끄는 방법은 성격마다 달라요. 리더십이 다른 거지요. 로맨티스트는 사람들이 간절히 바라는 감성에 호소하는 방법으로 사람을 이끌어요. 그것이 바로 히틀러가 사용한 방법이에요. 게르만 민족의 우월성, 민족의 자부심으로 독일 국민의 가슴에 불을 지폈지요.

고민남—— 그럼 저도 기업의 리더가 될 수 있겠네요?

황상민—— 당연히 될 수 있지요. 무슨 사업을 하려는지 모르겠지만 일단 사람의 마음을 얻으려 노력하세요. 나와 함께 일할 사람들에게 영양가 있는 무언가를 제공하고 그들의 마음을 사로잡으세요. 로맨티스트는 그렇게 해야 해요. 다른 사람의 마음을 공짜로 얻을 수 있다고 생각하는 사람은 휴머니스트예요. 사실 그것도 공짜는 아니지요. 남다른 오지랖을 제공하니까요.

고민남— 제가 무얼 제공해야 하나요?

황상민— 로맨티스트의 남다른 열정이나 감성을 보여주면 얼마든지 사람을 이끌 수 있어요.

[고민7] 남의 눈치를 너무 봐요

고민남— 로맨티스트는 타인의 시선을 많이 의식한다고 하셨는데 제가 정말 그래요. 이런 제가 너무 싫어 미치겠어요.

황상민— 아이디얼리스트는 그걸 너무 무시해서 눈치가 없단 소리를 듣지만 누구나 남의 시선을 의식해요.

고민남— 제가 하는 행동이나 말을 주변 사람들이 어떻게 생각할지 떠올리면 잠이 안 올 정도예요.

황상민— 그걸 일반적으로 눈치를 본다고 해요. 사실 로맨티스트가 다른 사람의 눈치를 보는 게 일반적인 건 아니에요. 로맨티스트는 자기 감성을 중요시하기 때문에 남들이 '도도하다'고 생각할 수 있어요. 만약 로맨티스트인데 셀프가 낮으면 다른 사람을 많이 의식해요. 로맨티스트는 기본적으로 다른 사람에게 번듯하

다른 사람이
자신을 우습게보거나
찌질하게 여기는 걸
못 견뎌

게 보이고 싶어 해요. 다른 사람이 자신을 우습게보거나 찌질하게 여기는 걸 못 견뎌요. 그래서 주변 사람들이 자신에 대해 나쁜 소리를 할까 봐 신경을 쓰죠.

고민남— 그걸 개선할 수는 없나요?

황상민— 좋은 질문이에요. 앞으로는 누군가에게 질문할 때 속으로 재지 마세요. 이렇게 물을까 저렇게 물을까 고민하지 말고 지금처럼 그냥 내뱉어요. 그러지 않던 사람이 갑자기 그러면 처음엔 "쟤, 좀 돈 거 아냐?" 하는 소리를 들을지도 몰라요.

고민남— 그럼 어떡해요? 안 되잖아요?

황상민— 아뇨, 안 될 것 하나 없어요. '너희는 송곳 같이 예리한 내 질문을 전혀 이해하지 못하는구나. 멍청한 것들 같으니라고!' 하면서 무시하세요.

고민남— 어떻게 그래요?

황상민— 할 수 있어요. 한번 해보면 아주 쉬워요. 그렇게 하다 보면 어떨 것 같아요?

고민남— 자신감이 좀 생기지 않을까요?

황상민— 맞아요. 그러면 눈치를 덜 봐요. 셀프가 낮은 로맨티스트는 무슨 일이 생기면 '내 잘못이야'라고 먼저 자책해요. 그래서 점점 더 자신감을 잃어요. 앞으로는 내가 뭘 잘못했다는 생각을 하지 말고 저 사람이 내 말을 못 알아듣는다고 생각하세요. "쟤, 또라이 아냐?" 소리를 들을 정도로 맘대로 해보세요. 그래봤자 남들 절반만큼 할 뿐이에요.

[고민8] 무슨 일을 해야 할지 모르겠어요

고민남—— 대학을 졸업해야 하는데 겁이 나서 못하겠어요.

황상민—— 졸업할 땐 누구나 겁이 나요. 그런데 어떤 점이 제일 겁나나요?

고민남—— 인턴을 해보니까 일이 저랑 맞지 않는 것 같아요. 아무도 가르쳐주는 사람도 없고 알아서 하라는데 뭘 알아서 하라는 건지…… 계속 욕만 먹었어요.

황상민—— 인턴에게 자율권을 주는 훌륭한 회사에 갔나 봐요. 대개 인턴은 단순한 일을 하지 않나요?

고민남—— 아뇨. 뭘 자꾸 만들어보라는데 배운 적도 없는 제가 어떻게 만들어요?

황상민—— 제 주변에도 로맨티스트 성향의 연구원이 많아요. 로맨티스트에게 "네가 알아서 찾아와 봐!" 하면 일주일이 지나고 열흘이 넘어도 소식이 없어요. 그렇다고 아무 일도 하지 않은 건 아니에요. 자기 딴에는 도서관도 뒤지고 책방도 뒤져요. 그래도 뭘 찾아야 하는지 모르니까 삽질만 하는 거죠.

로맨티스트한테 일을 시킬 때는 하나하나 차분하게 설명해줘야 해요. 그러면 꼼꼼하게 정리를 해 와요. 왜 그럴까요? 로맨티스트의 성향이 불안하다고 했잖아요. 이건 이렇게, 저건 저렇게 하라는 지시를 받으면 불안이 없어지거든요. 그래서 로맨티스트는 새로운 걸 찾아내는 창의적인 일보다 단순하고 반복적인 작업에 알맞아요.

고민남—— 그럼 제가 맞지 않는 일을 한 건가요?

황상민 ─ 그 일이 뭔지 모르니까 제가 뭐라고 할 수는 없어요. 일을 시작하기 전에 일에 대해 명확한 설명을 들었으면 훨씬 나았을 거란 얘기죠.

고민남 ─ 저는 어떤 일을 해야 해요?

황상민 ─ 어떤 일이든 맡겨만 주면 차분하게 잘할 수 있어요. 사실 누구나 20대 초중반에는 자기가 무슨 일을 할 것인지 자기 성향에 맞춰 안정적으로 훈련을 받아야 해요. 대한민국에서 그 경험을 가장 잘 쌓게 하는 곳이 군대지요. 의과대학 같은 데도 그렇죠. 로맨티스트는 제 나름대로 재주가 많은데 그걸 직업으로 전환하기가 상당히 어려워요. 디자이너나 컴퓨터 프로그래머, 의사 같이 테크니컬한 것을 잘 수련하면 일하기가 좋지요. 무슨 공부를 했나요?

고민남 ─ 사회학입니다.

황상민 ─ 네, 글로 먹고사는 일이 좋겠네요. 부럽게도 로맨티스트에게는 감이 있어요. 다른 성향의 사람보다 훨씬 감이 발달했어요. 그래서 감성을 갖고 글을 쓰거나 그림을 그리는 일을 누구보다 잘할 수 있지요.

하지만 하느님은 한 사람에게 모든 걸 주지는 않아요. 새로운 걸 만들어내는 능력은 그다지 높지 않답니다.

MB 대통령이 로맨티스트의 전형이에요. 왕회장이 '이거 해!' 하면 '예! 알았습니다!' 하고 몰아붙여 눈에 띄는 결과를 만들어내잖아요. 로맨티스트는 결과를 내는 데 상당히 뛰어나요. 그런데 대통령이 되어 '마음대로 해보세요!' 하니까 어떻게 됐어요? 자기가 평생 해온 땅파기만 했잖아요. 자기가 로맨티스트라는 것을

다른 성향의 사람보다 훨씬 감이 발달

모르고 뭔가 새로운 것을 하겠다고 나선 거지요.

고민남___ 그럼 로맨티스트는 평생 남이 시키는 일만 해야 해요?

황상민___ 그런 말이 아니고요, 이래서 말이 참 어려워요. 로맨티스트도 얼마든지 새로운 일을 할 수 있어요. 그러나 그 새롭다는 것이 그동안 자기가 해온 것 안에서 새로운 거지, 생판 다른 걸 만들기는 힘들단 얘기예요. 얘기가 다른 데로 샜는데, 대학 졸업하고 직장을 가지세요. 로맨티스트라 처음에 적응하는 데 어려움은 있겠지만 곧 익숙해지고 그럼 또 누구보다 착실하게 일을 잘할 수 있어요.

[고민9] 휴머니스트 엄마와 사이가 좋지 않아요

고민녀___ 저는 로맨티스트고요, 엄마는 휴머니스트인 것 같은데 사이가 좋지 않아 걱정이에요.

황상민___ 엄마가 간섭을 많이 해요?

고민녀___ 엄청나게 못살게 굴어요. 거의 매시간마다 카톡을 보내고요. 남자친구를 만날 때는 10분마다 연락하는 것 같아요.

황상민___ 그럼 그때마다 대답해요?

고민녀___ 아뇨. 처음엔 답을 좀 보내다가 몇 번 계속 오면 꺼버려요. 그러다가 집에 갈 때 켜보면 발신인에 엄마, 엄마, 엄마…… 숨 막혀 죽을 거 같아요.

황상민___ 엄마가 왜 그러는 줄 알아요?

고민녀___ 저를 걱정하는 거겠죠. 사고를 치지는 않을까 하고…….

황상민___ 휴머니스트 성향의 엄마는 계속 딸하고 관계를 맺고 싶어 하는 거예요.

고민녀___ 관계를 맺으려면 뭔가가 통해야 하잖아요. 저랑 엄마는 정말 한 가지도 통하는 게 없어요. 제가 말하면 엄마는 절대로 못 알아들어요. 그리곤 계속 엄마 마음대로 다다다다 말하세요.

황상민___ 엄마의 말에 따님은 공감을 하나요?

고민녀___ 전혀 아니죠. 엄마는 빤한 소리만 해요. 하나 마나 들으나 마나예요.

황상민___ 따님은 엄마가 공감해주지 않는다고 하면서 본인도 엄마한테 공감해주지 않네요.

고민녀___ 목소리도 듣기 싫어요. 엄마가 전화하면 소리를 다 죽여놔요.

황상민___ 엄마가 많이 화가 난 상태일 것 같네요, 그렇죠?

고민녀___ 네, 어떤 날은 저한테 퍼붓다 말고 물건을 집어던지기도 해요. 어제는 화가 나서 밥도 주지 않고 드러누웠어요.

황상민___ 그럼 본인은 어떻게 했어요?

고민녀___ 저도 말하지 않고 그냥 잠만 자고 나왔어요. 그랬더니 아까는 또 '니가 정말 내 딸이냐? 우리가 가족 맞냐?' 하고 카톡을 보냈어요. 이런 말도 안 되는 문자를 볼 때 제 기분이 어떨지 엄마는 생각하지도 않나 봐요.

황상민___ 지금은 따님이 상담하고 있지만 대개는 휴머니스트 엄마들이 로맨티스트 딸을 데리고 상담하러 와요. 휴머니스트 엄마로선 로맨티스트 딸의 감성을 도무지 이해할 수 없거든요. 무슨 말만 해도 금이 가버릴 것처럼 예민하니 키우기가 엄청 힘들지요. 본인의 어머니도 그랬을 거예요.

고민녀 ── 그럼 엄마가 제 마음을 몰라주는 게 엄마의 성향 때문이에요?

황상민 ── 그렇죠. 휴머니스트는 로맨티스트의 예민한 감성을 짐작도 못 해요. 그러니 엄마한테 공감을 얻으려 하지 말고 차라리 벽에 대고 이야기를 하세요. 엄마한테 공감받기를 포기하면 오히려 마음이 편해질 거예요. 본인이 마음을 터놓고 이야기할 사람이 없나요? 남자친구가 공감해주지 않나요?

고민녀 ── 아직 사귄 지 얼마 되지 않아서…….

황상민 ── 엄마한테는 최소한의 말만 하고 지내봐요. 그리고 엄마한테 '나 지금 어디 있어'라고 소재 정도만 알려줘도 엄마는 딸하고 관계가 계속 이어지니 만족할 거예요. 엄마를 잊지 않고 있어, 여기 엄마 딸이 있어, 하는 걸 원하는 거거든요.

고민녀 ── 지금은 그것도 하기 싫어요. 생각만 해도 속이 터질 거 같아요.

황상민 ── 그럼 방법은 엄마에게서 벗어나 독립하는 거예요. 엄마랑 떨어져 살 자신 있어요? 물론 경제적인 도움도 전혀 받지 않아야 해요.

고민녀 ── 그러고 싶어요. 하지만 방값이 비싸서…….

황상민 ── 로맨티스트는 마음이 통하거나 필요하지 않으면 아무리 떠밀어도 하지 않아요. 로맨티스트 성향은 자기하고 비슷한 연배나 친구에게는 다 퍼주는데, 자기보다 위에 있는 사람에게는 관심이 없어요. 이것 역시 로맨티스트의 특성이에요. 본인이 왜 엄마에게 그렇게 냉정한지 답이 되겠어요? 독립은 자유를 가져다주지만 반드시 그 대가를 치러야 해요.

[고민10] 남편을 칭찬하기가 힘들어요

고민녀—　제 남편도 로맨티스트인 것 같아요. 둘 다 예술 계통 일을 하고 있고, 사이는 좋은 편인데 조금 곤란할 때가 있어요. 남편은 무언가를 만들면 그걸 꼭 저한테 보여주고 칭찬을 기대해요. 그런데 저는 칭찬받는 것은 좋아하는데…….

황상민—　하는 것은 힘들어하죠?

고민녀—　네, 어떻게 아세요?

황상민—　본인 셀프가 너무 높아요. 칭찬을 하면 남편이 올라가는 게 아니라 본인이 깎인다고 생각하고 있어요.

고민녀—　아, 제가요? 저는 그냥 별로 칭찬할 만한 것 같지 않아서……. 그런데요, 남편은 제가 영혼 없는 칭찬을 하면 별로 좋아하지 않아요.

황상민—　남편도 감이 있는데 그걸 다 알아채지요.

고민녀—　적절한 칭찬을 해야 하는데…… 결과가 항상 좋지는 않으니까 뭘 보여주면 겁부터 나요.

황상민—　영화 〈her, 그녀〉를 보았나요? 먼저 그 영화를 남편과 함께 보세요. 영화의 주인공이 다큐멘터리 작품을 만들어서 남편에게 보여주는데, 남편이 작품의 진가를 알아보지 못하고 엉뚱한 소리를 해요. 그래서 결국 두 사람은 헤어져요. 지금 두 분 사이에서 중요한 것은 서로의 일을 어떻게 공감해주는가 하는 거예요.

고민녀 —— 어떻게 해야 해요?

황상민 —— 연습이 필요해요. 그런데 남편을 상대로 원하는 대답을 찾아내는 연습을 할 수는 없잖아요? 그럴 때는 자연스럽게 물어봐요. "이 작품은 어떤 마음으로 한 거야?" 남편이 무슨 대답을 하든 열 배, 스무 배로 감동하세요. 알겠죠? 로맨티스트는 타인과의 교감을 통해 존재감을 얻는 종족이에요. 그걸 충족시키면 돼요.

[고민11] 로맨티스트 성향에 맞는 일을 하고 싶어요

고민남 —— 딱딱하고 단조로운 일을 하려니 진이 빠져요. 방향을 바꿔 로맨티스트 성향을 발휘할 수 있는 일을 해야 할까요?

황상민 —— 로맨티스트가 갖고 있는 착각이에요. 로맨티스트에게는 자기 감성을 공유하는 일이 가장 좋죠. 한데 감성을 공유할 일이 거의 없으니 로맨티스트는 대부분 자기 감성을 죽이고 그 일을 사랑하는 마음으로 살아가요. 그러면서 이런 일은 나한테 맞지 않는다고 생각해요. 안타깝게도 로맨티스트 성향에 맞는 일은 따로 없어요. 예술적인 활동이 성향에 맞긴 한데 그것도 즐길 때는 좋지요. 창작을 해서 먹고사는 일이 되면 로맨티스트는 돌아버리려고 해요.

고민남 —— 그러면 이대로 지내야 해요?

황상민 —— 로맨티스트는 자기가 하는 일이 무엇이든 좋아하면 잘해요. 그래서 어떤 일을 하느냐

자기가 하고 있는 일이 무엇이든 좋아하면 잘해

가 아니라 그 일을 좋아하는가를 먼저 생각해야 해요. 그 일을 하면서 내가 긍정적인 피드백을 받는지 자문해보세요. 인정받는 상황을 만드는 게 중요하지 어떤 일을 하는가는 중요치 않아요.

고민남— 그럼 제 인생이 너무 불행하잖아요.

황상민— 아뇨, 그 일을 해서 불행한 게 아니라 그 일을 좋아하지 않아서 불행한 거예요. 앞으로는 하는 일에 연애 감정을 느껴보세요. 얼마든지 그렇게 할 수 있어요.

[고민12] 결혼도 연애도 모두 스트레스일 뿐

고민녀— 서른여섯 살이에요. 친구들은 모두 결혼하는데 저는 연애도 잘 안 되고 스트레스만 받아요. 로맨티스트는 연애를 위해 태어난 종족이라고 하셨는데 저는 로맨티스트가 아닌가 봐요.

황상민— 로맨티스트가 만빵이에요. 그런데 릴레이션과 트러스트, 매뉴얼이 서로 엇비슷하게 높죠? 관계, 믿음, 규범 이 세 가지 단어를 한번 연결해보세요. 어떤 느낌이 오나요?

고민녀— 좀 딱딱해요.

황상민— 그렇죠? 내가 어떤 사람과 새로운 관계를 맺는 데 믿음과 규범을 따르겠다, 그러면 그 관계가 쉽게 맺어지겠어요? 안 되겠죠? 남자가 손이라도 잡으려 하면 우리가 결혼을 약속한 뒤에 손을 잡아야 하는 거 아니냐고 할 것 같지 않아요? 남자 입장에서는 이 여자가 진짜 나한테 관심이 있는지 없는지 그걸 알아채기가 쉽지 않아요.

고민녀— 제가 너무 방어적이라 연애가 안 되는 건가요?

황상민__　　　본인이 방어를 해서 연애가 힘든 게 아니라 남자가 본인한테 강하게 들이대지 못하는 게 문제예요. 괜찮은 남자가 강하게 들이대면 얼마든지 받아들일 준비가 되어 있지요? 솔직히 말해 봐요, 그렇죠?

고민녀__　　　네, 맞아요.

황상민__　　　이제 '어떻게 하면 남자가 더 적극적으로 들이대게 할 수 있을까요?'라는 질문을 던져야죠. 그렇죠?

고민녀__　　　네, 그런데 제가 소개팅을 나가면 한 번 이상 만나지 않거든요.

황상민__　　　한 번 이상 만나주지 않는데 어떻게 들이대요? 이런 황당한 일이 있나. 전화번호는 주나요?

고민녀__　　　네, 근데 제가 전화번호를 받아도 그 번호를 저장하지 않아요.

황상민__　　　낯선 전화가 걸려오면 받지도 않죠?

고민녀__　　　네.

황상민__　　　이래놓고 지금 연애가 안 된다고 하면 날더러 어떡하라는 말이에요? 한마디로 남자가 접근할 기회를 원천적으로 차단하고 있군요.

고민녀__　　　그럴 생각은 아닌데…….

황상민__　　　연애를 혼자 하면 되겠네요. 훌륭하세요. 그런데 정말 연애를 하고 싶어요?

고민녀__　　　네.

황상민__　　　결혼도 하고 싶고요?

고민녀__　　　그럼요. 나이가 있는데요.

황상민 ─ 솔직히 말해 이젠 '저 사람이다!'라고 마음이 꽂혀 결혼할 가능성은 상당히 떨어진다는 걸 알고 있죠? 옛날에는 그런 사람이 있었죠?

고민녀 ─ 네, 있었어요.

황상민 ─ 그런데 가면 갈수록 그럴 가능성이 없다는 사실에 상당히 분개하고 있죠, 그렇죠?

고민녀 ─ 맞아요, 지금 마음은…….

황상민 ─ 웬만큼 괜찮은 인간도 지금은 내 눈에 차지 않아요. 그냥 한 대 쥐어박고 싶어요. 저게 감히 나를 만나러 나왔다는 것만 생각해도 싫은 거예요. 그렇죠?

고민녀 ─ 네, 정말 그래요.

황상민 ─ 듣고 있는 제가 진짜 울고 싶어요. 본인이 상당히 매력적이고 괜찮은 분이긴 하지만 본인한테 '돌격 앞으로!' 할 만큼 필사적인 남자는 별로 없어요. 본인이 원하는 잘난 남자일수록 더 그래요. 그리고 과거의 그 남자는 이미 흘러갔어요.

고민녀 ─ 그럼 어떡해요?

황상민 ─ 프로파일을 보면서 뭐가 문제인지 찾아보세요. 그럼 답이 나올 거예요. 로맨티스트가 고민하는 문제는 대개 스스로 만들어내요. 그리고 자기가 만든 문제 때문에 괴로워 죽어요.

자기가 만든 문제 때문에 괴로워 죽어

나는 왜 바리공주로 살까? 내 인생은 왜 이리 비극적이야? 이러면서 스스로에게 연민의 감정을 느껴요. 누군가가 "너무 힘들겠다. 우리 같이 힘들어하자" 이러면 마치 인생의 구원을 얻은 듯 황당한 일을 벌이는 게 로맨티스트예요. 땅 끝 마을도 가고, 하늘 끝 동네도 가고, 여러 동네를 왔다 갔다 하면서 어디에 가면 내가 받아들여질까? 어느 동네에서 나를 이해해줄까? 이렇게 사서 고민하는 사람들이에요.

[고민13] 너무 우울해요. 어떻게 극복해야 할까요

고민녀— 너무 우울해서 견딜 수가 없어요. 못 마시는 술도 마셔보고 종교에도 의지해보고 훌쩍 여행도 가보고 심리학책도 읽고 연애도 해봤어요. 그래도 극복이 안 돼요.

황상민— 병원에 가봤나요?

고민녀— 별로 도움이 될 것 같지 않아서 안 갔습니다. 심리 상담을 받고 싶은데 비용이 비싸다고 해서 오늘 이렇게…….

황상민— 잘했어요. 병원에 가면 약을 주고 약을 먹으면 도움은 되겠지만 몸에는 어떨까요? 그런데 언제부터 그렇게 우울했나요?

고민녀— 8년 전에 오랫동안 사귀던 남자와 헤어졌어요. 갑자기 큰 병이 생긴 남자친구가 일방적으로 연락을 끊어버렸거든요.

황상민— 그리곤 못 만났나요?

고민녀— 아뇨, 다시 만나긴 했는데 연락을 끊은 것에 대한 배신감으로 제가 먼저 이별을 이야기했습니다.

황상민— 그때의 선택에 대한 후회가 8년이 지나도록 사라지지 않고, 그로 인해 극심한 우울감에 시달린다는 거죠?

고민녀— 네, 〈색다른 상담소〉를 즐겨 들으면서 교수님을 신뢰하게 되었습니다. 저를 깨우칠 촌철살인의 한마디를 해주세요.

황상민___　　　　로맨티스트의 전형적인 연애 사연이자 고민 상담이기도 하네요. 제가 촌철살인의 한마디를 던지면 본인의 문제가 나아질 거라고 하는데요, 그 한마디를 듣고 진짜 큰일 날까 걱정이 되어 말하기가 힘드네요. 사귀던 남자가 병에 걸려 사라졌다가 다시 나타났는데 나한테 아무 말도 하지 않고 사라졌다가 나타났다는 것 때문에 화가 나서 그 남자하고 관계를 끊은 거죠? 그런데 남자가 병에 걸려서 떠난 걸까요, 아님 본인이 차인 걸까요? 사실 이렇게 물으면 안 되는데 워크숍 도중이라 시간이 없어서…….

고민녀___　　　　그게…….

황상민___　　　　얘기를 들어보면 우울감으로 엄청 고생하는 것 같은데 프로파일을 보면 그렇지 않거든요? 프로파일에서 로맨티스트 성향이 상당히 뚜렷하게 나타났어요. 그러면 우울감이 아니에요. 우울할 땐 로맨티스트 성향이 다른 유형과 거의 비슷하게 나타나요. 그러니까 정신과에 갈 이유가 없어요. 물론 정신과에 가면 우울증이라 진단하고 약을 잔뜩 주겠지요. 의사한테 상담을 받으면 과연 나아질까요?

프로파일을 보면 매뉴얼이 엄청 높아요. 컬처도 높아요. 남들이 보기에 잘난 분이에요. 상당히 반듯하고요. 그런데 모든 부분에 갭이 심해요. 게다가 아이디얼리스트와 셀프는 모두 바닥이에요.

고민녀___　　　　그럼 어떻게 되나요?

황상민___　　　　꿈이 거의 없어요. 지금 자기 삶에서 무엇이 중요하고 자기가 어디에 초점을 두고 살아가야 할지 혼란스러워 해요. 그것 때문에 우울하고 뭘 해야 할지 모르는 상황에 빠진 거예요.

고민녀 — 어떻게 해야 나올 수 있나요?

황상민 — 본인을 잘 알거나 분명한 목표 혹은 용기를 북돋워줄 분에게 상담을 받는 게 좋아요.

고민녀 — 과거의 연애 때문에 우울한 게 아닌가요?

황상민 — 과거에 연애할 때의 뿌듯함을 막연히 그리워하면서 또 다른 남자가 나타나 그때의 영광을 재현해주길 바라는 거예요. 안타깝게도 8년 전의 그 사람은 사라졌어요. 지금은 8년 전의 그 사람과 같은 반듯한 남자가 나를 구원해주리라는 기대가 이뤄지지 않는다는 걸 알기 때문에 우울하다고 느끼는 거예요. 그런 일이 다시 생기지 않는다는 걸 본인도 알아요. 그렇죠?

고민녀 — 네.

황상민 — 이제 스스로 공주가 되어야 하는 상황이에요. 그걸 스스로 못 하니까 본인을 이끌어줄 누군가에게 끌려가는 것도 괜찮아요. 정 어려우면 결혼정보 회사에 가서 나와 잘 맞는 사람 또는 내가 키울 만한 사람을 찾는 것도 나쁘지 않아요. 주위에서 나에게 조금이라도 감정이 있고, 내가 보기에 웬만하면 잡아채서 일단 결혼부터 하는 것도 좋은 일이에요. 촌철살인은 아니지만 한번 생각해보세요.

[고민14] 아이들과 소통하는 교사가 되고 싶어요

고민녀 — 교사인데요, 그냥 여러 가지로 답답해서요.

황상민 — 결혼하셨어요? 안 하셨죠? 결혼하기가 상당히 힘들다고 생각하시죠?

고민녀— 　　　네.

황상민— 　　　왜 결혼하기 힘든지 아시죠? 매뉴얼이 만빵 높아요. 이런 저런 조건에 이만큼 잘난 사람이 아니면 나랑 어떻게 결혼을 하겠어? 이런 생각을 하고 있다는 거예요. 게다가 인간에 대한 관심이 거의 없어요. 어떤 남자가 찾아와 '당신을 내 영원한 공주로 모시겠습니다!'라는 말을 1년 365일 하고도 몇 년 동안 해야만 '그래, 네 정성이 갸륵하니 내가 받아주마!'라는 심리 상태예요.

고민녀— 　　　그런 것도 프로파일에 나오나요? 신기하네요. 주변에서 저를 보고 공주병이라고……. 좀 우아한 척한다고 하는데…… 저는 잘난 남자도 그다지 끌리지 않아요.

황상민— 　　　사실은 꼭 그렇지도 않지요? 왜냐하면 셀프가 많이 떨어져 있어요.

고민녀— 　　　네, 진짜 친한 사람들은 오히려 제가 자존감이 너무 낮고 부정적이라고 해요.

황상민— 　　　셀프가 낮으니 너무 잘난 사람은 부담스럽고, 매뉴얼이 만빵이니 웬만한 남자는 눈에 들어오지 않는 상황이거든요. 그런데 그 생각이 진짜일까요? 조건 좋은 사람이 나를 좋아한다면 내가 그만한 가치가 있다고 보기 때문이고요, 형편없는 사람이 나를 좋아한다면 그 사람이 나를 형편없이 보기 때문인 거예요. 내가 형편없는 사람을 긍휼의 마음으로 받아들여 그를 훌륭하게 만들 이유는 없어요. 아시겠어요? 잘난 남자를 부담스러워하지 마세요. 충분히 잘난 남자가 접근해올 만해요.

고민녀— 근데 제 마음이 이리저리 흔들려 저도 저를 잘 모르겠어요.

황상민— 혹시 이런 얘기 들어봤어요? 우리 마음속에는 아주 사나운 늑대와 순한 늑대가 있어요. 그럼 어떤 늑대한테 먹이를 줘야 할까요?

고민녀— 당연히 사나운 늑대한테 먹이를 줘야죠.

황상민— 사나운 늑대한테요? 왜요?

고민녀— 순하게 만들려고요.

황상민— 사나운 늑대가 먹이를 먹으면 순하게 되나요? 그럼 하나만 더 물어봅시다. 사나운 늑대와 순한 늑대 중 어느 늑대가 살아남을까요?

고민녀— 사나운 늑대요.

황상민— 어떤 늑대가 살아남느냐 하면 먹이를 받아먹는 늑대가 살아남아요. 그 말은 내가 먹이를 주는 늑대가 살아남는다는 거예요. 무슨 말인지 알겠어요? 사나운 늑대한테 먹이를 주면 사나운 늑대가 살아남아 결국 나를 잡아먹어요. 본인은 지금 '사나운 늑대가 길들여져서 나한테 잘할 것이다'라는 엉뚱한 착각을 하고 그 생각을 다른 사람과의 관계나 연애에도 똑같이 적용하고 있어요.

고민녀— 그리고 제가 교사인데요. 연차가 늘수록 아이들을 다루는 노하우가 생겨야 하는데 초짜보다 못한 것 같아요.

황상민— 학생에 대한 관심은 없고 교사는 이래야 한다는 틀 속에 본인을 가두고 교사생활을 해서 그래요. 교사가 중요한 게 아니라 인간이 중요한 거예요. 학생을 대할 때 선생으로서 대하지 말고 그 학생보다 좀 더 많이 산 선배로서 인간적인 관계를 맺어보세요.

고민녀— 아이들이랑 소통이 안 되고…….

황상민___ 소통의 문제를 말하기 이전에 아이들에게 관심이 없어요. 본인을 교사라는 규범적인 틀에 가뒀어요. 그럴수록 일이 재미가 없고 관계도 힘들어져요.

고민녀___ 직장을 바꿀 생각은 없는데…….

황상민___ 지금부터라도 관심을 가지세요. 내가 교사라는 생각을 접고 나도 학생처럼 지내고 싶다고 생각해보세요. 학교는 교사라는 신분의 인간과 학생이라는 신분의 노예가 있는 공간이 아니에요. 교사의 역할을 하는 사람과 학생의 역할을 하는 사람들이 모인 공간이에요. 그런데 우리는 교사라는 주인과 학생이라는 노예, 이 두 가지 서로 다른 계급이 있다고 착각해요. 분명 서로 다른 역할을 하는 공간이거든요. 본인이 그동안 교사생활을 해온 모습이 어떤지 느낌이 오죠?

고민녀___ 네.

황상민___ 이상적인 교사가 되려고 노력할수록 학생을 이해하거나 그들과 가까워지는 것이 더 힘들어졌을 거예요. 매뉴얼을 내려놓고 다가가세요.

[고민15] 상처받는 것이 두려워요

고민녀___ 로맨티스트인데 연애가 잘 안 돼요.

황상민___ 연애를 해보긴 해봤어요?

고민녀___ 예, 해봤어요.

황상민___ 그래서 어떻게 됐어요?

고민녀___ 잘 안 됐어요.

황상민__　　뭐가 잘 안 된 것 같아요?

고민녀__　　남자들이 잘 다가오지 않아요.

황상민__　　남자들이 다가오지 않는대요. 아! 남자들 다 죽었어. 진짜 안타까워요!

고민녀__　　그럼 제가 먼저 다가가요?

황상민__　　우아한 공주님이 어떻게 다가가요? 벌들이 내게 와야지 어떻게 내가 움직여요? 그렇죠?

고민녀__　　그런 건 아닌데요. 먼저 다가갔다가 거절당하면…….

황상민__　　거절당해본 적은 있어요?

고민녀__　　아뇨.

황상민__　　아시겠죠? 하지 않아서 없는 거예요. 이전에 '저는 유부남만 좋아해요'라는 사연으로 상담을 받으러 온 분이 있었어요. 그분 사연을 보는 순간 딱 '로맨티스트의 전형!'이라고밖에 달리 생각할 수가 없는 거예요. 그분도 거절당하지 않을까라는 두려움 때문에 시도조차 하지 않았어요. 그런데 자기가 연애하지 않는다는 것에 대해 뭔가 그럴듯한 이유는 대야 하잖아요. 로맨티스트는 뭐든 반듯해야 하거든요. 그래서 자기 딴에 좀 쿨해보이는 이유라고 만든 게 '왜 유부남만 좋아하는지 모르겠다'예요. 좋아하는 유부남은 있느냐고 물었더니 없대요. "유부남을 좋아하면 안 되잖아요?" 하는데 정말…… 이게 무슨 얘긴지 알겠지요? 어떤 남자가 찾아와 '당신을 평생토록 공주로 모시겠습니다!'라는 말을 주구장창 해야지만 '그래, 네

다가가세요.
거절당해도
괜찮아요.
거절하는 그 인간이
멍텅구리인 거예요

노력이 가상하니 받아주마!'라는 심리 상태인 거예요.

고민녀___ 제가 그런 심리예요? 설마……. 몰랐네요.

황상민___ 연애가 잘 되지 않는 이유를 알겠죠? 마음에 드는 사람한테 다가가지 않아서 그래요. 다가가세요. 거절당해도 괜찮아요. 거절하는 그 인간이 멍텅구리인 거예요.

[고민16] 이젠 결혼하고 싶어요

고민녀___ 교수님, 저는 제가 아이디얼리스트인 줄 알았거든요. 그런데 로맨티스트로 나와서 너무 당황스러워요.

황상민___ 왜 아이디얼리스트라고 생각했어요?

고민녀___ 제가 평소에 이기적이다, 냉정하다, 이런 말을 많이 들었거든요.

황상민___ 그건 로맨티스트가 트러스트가 낮을 때 듣는 말이에요.

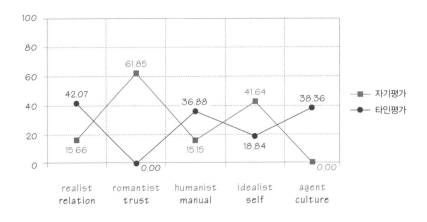

아주 까칠하거나 재수 없게 군다는 거지요.

고민녀 ― 제 프로파일 보셨어요?

황상민 ― 아뇨, 아직 못 봤는데요.

고민녀 ― 보신 줄 알았어요. 제 트러스트가 완전 바닥이거든요. 그걸 어떻게 아셨는지…….

황상민 ― 놀라울 거 없어요. 그런데 고민이 뭐죠?

고민녀 ― 제가 로맨티스트면 그 장점이 드러나야 좋은 거잖아요. 어떻게 하면 좋아요?

황상민 ― 이미 로맨티스트의 장점을 충분히 발휘하고 있어요. 연애는 하고 있나요?

고민녀 ― 네, 연애는 계속하는데 남자친구보다 다른 데 관심이 더 많아요. 취미생활 같은 거요. 그래선지 남자친구랑 오래가지 않아요.

황상민 ― 그런데 왜 연애를 해요?

고민녀 ― 남자친구가 잘해주잖아요.

황상민 ― 이제 알겠죠? 얼마나 이기적인 마음으로 연애를 하는지? 남자친구가 없으면 견디기 힘든 타입이에요. 가정상비약처럼 항상 비치해둬야 하는 존재가 남자친구인 거예요.

고민녀 ― 하긴 연애를 끊이지 않고 했어요. 남자친구가 없으면 불안하거든요. 그런데 이제 나이가 있으니까 결혼하고 싶어요.

황상민 ― 그럼 하세요. 남자친구도 있는 분이 무슨 걱정이에요?

고민녀 ― 지금 남자친구 말고요. 또 생길까요?

황상민 ― 그럼요. 주위에서 괜찮은 남자 한 명 딱 찍어서 전심전력으로 잘해주면 석 달 안에 결혼할 수 있어요.

고민녀 ___ 　　　　정말요? 인생 말아먹을까 봐 걱정이었는데…….

황상민 ___ 　　　　그동안 쓸데없는 고민하느라 수고했어요. 이래서 로맨티
스트는 복 받은 종족이에요. 누구나 눈 딱 감고 석 달만 노력하면 결혼할
수 있는 놀라운 능력을 지녔거든요. 로맨티스트는 다른 종족한테 없는 감
이 있는데 그 감을 그냥 두면 썩어요. 감을 가장 잘 활용하는 방법은 다른
사람에 대한 감을 표현하는 거예요. 상대에 대해 긍정적인 표현을 하거
나, 다른 사람이 나에 대해 긍정적으로 표현하는 것에 적극적으로 반응할
때 훨씬 친밀한 인간관계를 맺을 수 있어요. 로맨티스트는 상담이나 다른
사람 이야기에 공감하고 기쁨과 슬픔을 나누는 걸 잘해요. 연애도 어느
종족보다 잘하고요.

로맨티스트를 위하여

:: 대인기피증이 생길 때 마음의 평화를 얻는 방법이 있을까요?

주위에 있는 사람에게 있는 그대로 신경질을 부리고 제멋대로 하는 것 외에는 없어요. 로맨티스트에게는 감성을 표현하는 것이 숨 쉬는 길이거든요. 물론 주위 사람들에게 양해를 구하든지 아니면 나중에 본인이 부린 신경질에 대해 충분한 보상을 해야겠지요. 로맨티스트의 경우, 스스로 '마음의 평화'를 얻으면 다른 사람에게는 '도도하거나 오만한' 사람으로 인식되기 십상이에요.

:: 로맨티스트의 어린 감성 말고 곱게 늙으려면 어떤 수련이 필요한가요?

어린 감성을 잘 유지하면서 나이를 먹으면 소녀처럼 곱게 늙어요. 특별한 수련이 필요 없어요.

:: 어떤 타입과 결혼하는 게 좋을까요?

로맨티스트한테 다른 사람의 성향은 중요하지 않아요. 자신의 감성을 누군가가 공유하거나 공감해주는 것이 더 중요하지요. 하지만 일차적으로 본인의 까탈스럽고 예민한 성격을 잘 받아주는 휴머니스트가 대박이에요. 물론 휴머니스트는 로맨티스트의 미묘한 감성을 제대로 파악하지 못하기에 로맨티스트 혼자 열을 받으면서 지낼 가능성이 커요. 그래도 누군가가 자기 성질을 받아줄 수 있다는 게 어디예요.

:: 혼자 있는 게 좋아요.

지금 감정이 상했다는 의미예요. 본인의 마음을 읽어줄 사람을 적극적으로 찾으세요.

:: 소심한 성격을 대담한 성격으로 바꿀 수 있나요?

그것은 황상민이 장동건 되는 것보다 어려워요.

:: 고민은 없고요. 그냥 애들을 잘 키우고 싶어요.

지금 자녀들과 연애를 하는 심리 상태란 얘기예요. 남편이 유기견이 될지도 모르니까 남편도 멍멍이만큼은 신경을 써 주세요.

:: 로맨티스트와 잘 맞는 직업이 있나요?

로맨티스트는 본인의 감성을 잘 발휘하는 일은 뭐든 잘 맞아요. 예술 쪽이나 글쓰기면 더 좋아요.

:: 오래된 연애라 설렘이 없어요. 연애의 설렘을 느끼기 위해 양다리를 걸치고 싶지만 소심해서 그러기도 어려워요.

로맨티스트는 여러 남자가 동시에 접근하면 양다리를 걸칠 수도 있지만 그게 쉽지는 않아요. 그럴 때는 남자를 빨리 바꾸는 게 방법이에요.

:: 사람들이 차갑다고 오해를 해요.

로맨티스트는 순수하고 섬세해요. 그건 마치 얼음을 순수하고 섬세하다고 느끼는 것과 마찬가지예요. 그래서 차가워요.

:: 어떤 사람과 사이가 굉장히 나빠요. 그런데 자주 마주쳐야 해요. 어떻게 해요?

로맨티스트는 주위 사람들에게 믿음을 주려고 노력해요. 그리고 자기가 노력한 만큼 상대도 자기에게 믿음을 주기를 바라요. 그러나 그건 막연히 그러리라는 통념이고요, 실제로 인간은 그렇지 않아요. 내가 어떻게 해주든 상관없이 상대는 자기가 해주고 싶은 대로 할 가능성이 커요. 그러니까 내가 어떤 사람에게 잘해주는 건 그저 내 특성이라고 생각하는 게 좋아요. 그럴 때 만일 상대에게서 좋은 피드백이 오면 대박이지요. 아니라면 그 사람이 기분이 좋지 않거나 멍청한 거죠. 그렇게 생각하세요.

:: 남자친구가 저한테 지친대요.

로맨티스트 여성은 남자에게 기대지 않고 많은 것을 바라지 않는다고 말하지만 그 기준치가 휴머니스트 여성보다 열 배 이상 높아요. 또 로맨티스트 여성은 간을 보고 요리조리 피해 다니기 때문에 남자가 지쳐서 포기할 위험성이 높아요.

:: 저한테 상처를 입었다는 말을 많이 들어요. 저는 착한데……

로맨티스트는 트러스트에 갭이 많이 생길 때 신경질을 부리거나 짜증을 많이 내요. 로맨티스트가 세상을 보는 기본적인 시선은 불안이에요. 혹시 내가 다른 사람 때문에 피해를 당하지 않을까? 하는 불안이 있기 때문에 '나는 당신을 해치지 않아요.'라는 식의 표현을 끊임없이 하지요. 그래서 로맨티스트는 자기가 착하다고 생각해요.

:: 타로나 사주, 점을 굉장히 좋아해요.
특히 로맨티스트와 리얼리스트 여성이 좋아해요. 리얼리스트는 본인에게 사건이 터지면 점을 보고, 로맨티스트 중엔 일상적으로 재미삼아 즐기는 사람이 많아요.

:: 일할 때 일보다 사람이 누구냐가 중요해요.
'정말' 같은 '거짓말'이에요. 휴머니스트는 진짜 사람이 좋아서 사람과의 관계에 의미를 두지만, 로맨티스트가 사람이 좋다고 하면 여기엔 나를 인정해주고 내게 공감해주는 사람이라는 의미가 포함돼 있어요. 뉘앙스가 달라요.

:: 그냥 느끼는 대로 하는 말인데 저한테 상처를 받는대요.
숨은 의도가 없다는 건 본인 생각이지요. 로맨티스트는 확실한 의도를 갖고 상대에게 상처를 주는 데 비교적 능해요.

:: 큰며느리인 엄마의 넋두리를 들어주며 자랐는데 이제 또 사춘기 아들의 신경질을 받아줘야 하니 억울해요.
로맨티스트 엄마는 아들의 투정을 연애하는 심정으로 받아줘요. 그렇다고 억울해하진 마세요. 이담에 며느리한테 갚으면 돼요. 그게 싫으면 아들의 투정을 받아주지 않으면 돼요.

3

휴머니스트
사람 좋다는 말에 소리 없이 운다

당신이 바로 휴머니스트

나는 사람들과 얘기하는 것을 즐기며 잘 웃는다.
나는 다른 사람의 작은 선물이나 호의에 쉽게 감동한다.
나는 다른 사람의 감정에 공감을 잘하는 편이다.
나는 다른 사람을 도울 때 보람을 느낀다.
나는 대체로 믿음직하다.

이렇게 만난 것도 인연인데
동호회나 만들까?

끝나고 맥주 한잔하면서
얘기하자!

사람들과의 좋은 관계를 통해 존재감을 얻는 타입. 타인에 대해 관심이 많고 순발력이 좋아 다양한 인간관계를 맺는다. 사교성 짱! 친화력 짱! 유머감각 짱! 주변에 늘 사람이 꼬이고 카드 값도 그만큼 나간다. 그래도 지구를 지키기 위해 오늘도 출동 중이다.

로맨티스트의 이야기를 듣는 동안 휴머니스트 테이블에서 난리가 났어요. 도대체 무슨 사연이 저리 복잡한 거야? 당최 무슨 말인지 알아듣지도 못하겠네! 아이고, 저런 걸 무슨 고민이라고 상담을 하는 거야? 속이 터진다, 터져! 뭐 이러셨죠? 아니라고요? 아니긴 뭐가 아니에요? 엉덩이가 들썩거리고 어수선해서 우리 연구원들이 몇 번이나 눈치를 주던데. 휴머니스트는 그런 눈치를 몰라요. 그래서 사람 좋다는 소리를 듣는 거지 사람이 좋기는 뭐가 좋아요? 웃지 마세요. 여러분의 이야기를 들을 때 다른 종족들도 그래요. 성미 급한 휴머니스트의 대표 분, 어서 나와 주세요.

사람은 좋지만 내 뜻에 따라줘야

휴머니스트1 ___ 안녕하세요? 저는 휴머니스트고요. 교수님의 말씀처럼 정말 미치는 줄 알았어요.

황상민 ___ 뭐가 그리 미칠 것 같았어요?

휴머니스트1 ___ 고민을 말하는 걸 보면 상당히 심각해 보이는데 막상 들어보면 별것 아니고…….

황상민 ___ 지금 괴로워 죽겠다고 말하는데 별것 아니라고요…?

휴머니스트1 ___ 아, 말하고 싶으면 하면 되고요. 잊고 싶으면 잊으면 되지 않나요?

황상민 ___ 지금 터져 나오는 비명 들리죠? 이래서 휴머니스트가 '단무지' 소리를 듣는 거예요. 로맨티스트는 휴머니스트를 보면 속이 터져요. 사람이 어찌 저리 둔할 수 있나? 저러고도 사람인가? 그렇죠? 웃지 마세요. 나와 다른 종족을 이해하기가 얼마나 어려운지 지금 그 생생한 현장을 보고 있는 거예요. 그래도 다들 웃으시네? 지금은 아무것도 아니에요. 이따가 아이디얼리스트랑 에이전트 이야기를 들어봐요. 저들이 진짜 같은 인간 맞나 싶을 거예요.

한국 사회에서
가장 잘 살 수 있는
종족은 휴머니스트

아이디얼리스트인 저는 휴머니스트가 상당히 부러워요. 한국 사회에서 어떤 사람이 가장 잘 살 수 있느냐고 물으면 저는 휴머니스트라고 대답해요. 다른 사람과 잘 지내고 그 나름대로 리더십도 있거든요. 인간관계가 좋으니 사람에 대한 스트레스를 상대적으로 덜 느껴요. 저로선 도저히 따라갈 수 없는 장점이죠. 자, 이제 휴머니스트들은 자신의 특성을 뭐라고 이야기하는지 들어봅시다.

휴머니스트1 ─── 일단 우리는 '불의'를 보면 못 참고요.

황상민 ─── 이건 좀 짚고 넘어가야 할 것 같네요. 지금 자신을 마치 정의의 사도인 것처럼 얘기하는데 정확히 말하면 매뉴얼이 높은 휴머니스트의 특성을 말하는 거예요. 매뉴얼이라는 게 규범, 틀이라고 했잖아요? 불의라는 것은 나하고 틀이 맞지 않으면 불의예요. 내 마음에 들지 않으면 적이고 비정상인 거예요. 이게 모두 정의의 화신인 휴머니스트들이 하는 말이에요.

휴머니스트1 ─── 그리고 말이 많고요, 진행을 잘하는 사람이 많다고…….

황상민 ─── 내가 가장 부러워하는 얘기네요. 남들 앞에 나가 태연하게 말을 잘하는 분이 많아요.

휴머니스트1 ─── 이기적이라는 말을 듣는다는 분이 좀 있었고 이타적이라는 말을 듣는 분도 있었고요. 좋은 사람이 아닌데 좋은 사람인 척한다고…….

황상민 ─── 맞아요. 음흉한 인간들이에요. 휴머니스트가 인간성 좋다는 말을 들을 때마다 저는 '저런, 인간에 대해 무지한 인간들! 저렇게 속고 살다니!' 이런 생각할 때가 많아요. 이건 웃자고 하는 소리예요. 성질 부리진 마세요.

이쯤에서 여러분은 같은 말도 사람의 성향에 따라 그 속뜻이 사뭇 다르다는 걸 눈치 챘을 거예요. 사실 이걸 알아채는 게 상당히 중요해요. 뉘앙스가 다른 말을 곧이곧대로 듣다가는 괜스레 나중에 속았다느니 그런 인간인 줄 몰랐다느니 하는 소리를 하게 돼요.

휴머니스트가 사람 좋다는 말을 듣는 것은 '그래그래, 좋은 게 좋은 거지 뭐.' 하면서 까다롭게 굴지 않는다는 거지, 상대의 마음을 이해하고 공감해주는 게 아니에요. 로맨티스트의 기대를 갖고 사람 좋은 걸 바라면 안 돼요.

휴머니스트1 ___ 어휴! 그런 걸 어떻게 다 생각하고 살아요? 그럼 로맨티스트만 그런 게 아니라 다른 종족들도 다 다르게 생각한다는 거잖아요?

황상민 ___ 어쩌면 좋아요? 아직 시작도 하지 않았는데 휴머니스트는 미치려고 해요. 미치지 말고 잘 들으세요. 우리가 흔히 "저 사람은 참 착해!"라고 말할 때는 그렇게 말하는 사람의 기준에 따라 그 의미가 다 달라요. 그건 아시죠? 몰라도 안다고 하세요. 그래야 워크숍이 진행되지 그렇지 않으면 오늘 밤을 새워야 해요.

휴머니스트1 ___ 네, 안다고 치고요.

황상민 ___ 로맨티스트는 자기 마음을 잘 읽어주는 사람을 착한 사람이라고 해요. 자기랑 잘 통하면 착한 거예요. 또 멋있고 예쁘면 착하다고 해요. 휴머니스트는 자기랑 친하면 착하다고 해요. 관계가 좋으면 착한 거예요. 그럼 아이디얼리스트는 뭘 착하다고 생각할까요? 특

휴머니스트는 자기랑 친하면 착하다고 해요

이한 것, 뭔가 남다른 걸 착하다고 해요. 리얼리스트는 남의 뜻에 잘 맞춰주는 게 착한 거예요. 내 의지는 상관없어요. 에이전트는 일을 잘하면 착해요. 이렇게 말하면 설마? 하겠지만 곰곰이 생각해보세요. 내가 누구한

테, 어떤 상황에서 착하다는 소리를 들었는지 또 내가 누구를 착하다고 생각하는지 그럼 내 성격이 나와요.

휴머니스트1__ 맞는 것 같아요. 그래서 우리가 거절을 못 하나 봐요. 친하게 지내야 하니까. 거절을 못 하니 어쩔 수 없이 잘 받아줘요. 그런데 이게 쌓이면 폭발해서 그동안 쌓아온 관계가 다 뒤틀려요.

황상민__ 거절을 못 하는 게 아니고 기본적으로 오지랖이 넓은 거예요. 상대방이 말하기도 전에 다 챙겨 주려고 해요. 그런데 그게 좀 무리해서 망가지거나 상대방이 건방진 모습을 보이면 폭발하지요. 그래도 휴머니스트는 웬만하면 끝까지 잘해요. 사람이 좋거든요. 웃지 마세요. 진심이에요.

휴머니스트1__ 추진력이 굉장히 좋다고들 했어요.

황상민__ 네, 추진력이 있어요. 왜? 무쇠처럼 앞만 보고 나아가라! 전진! 또 전진! 이게 휴머니스트거든요. 단무지 아시죠? 이렇게 말하면 상당히 싫어할지도 모르는데…… 그 나름대로 추진력은 있는데 때때로 삽질

오지랖, 추진력은 있는데 때론 삽질

일 경우가 많아요. 그래서 저 같은 사람이 옆에 있으면 휴머니스트한테 꼭 한마디 해요. "그런다고 그게 잘될 것 같아?", "지금 뭐하고 있는 건지 알기는 알아?", "왜 그걸 해야 하지?" 이렇게 묻지요. 그래서 저는 휴머니스트랑 사이가 좋지 않아요. 앞에서 뭐라고 하지는 않지만 이런 질문에 대해 보통 휴머니스트는 자기의 폼을 구겼다고 생각하지요.

휴머니스트1__ 충동적인 성향이 있고 예의를 중요시합니다.

황상민__ 네, 예의를 중요시하는 것 역시 매뉴얼적인 성향이에요.

이래야 한다 혹은 저래야 한다는 기준이 많아요. 사실 별 말도 아닌데. 조직에서 "어린 것이 건방지게 누구에게 이런 말을 해" 등의 이야기를 한다면 그를 휴머니스트로 보면 돼요. 그들이 또 어떤 경우에는 권위를 타파한다는 의미로 회사에서 자신을 사장이나 부사장으로 부르지 말고, '누구누구 님'으로 불러달라고 말하지요. 겉으로는 권위적이지 않은 척해요. 하지만 속으로는 '알아서 모셔주었으면……' 하고 생각해요.

휴머니스트1 — 좋지 않은 일을 금방 잊는다는 분이 절반이었고, 잘 잊지 못한다는 분도 반 정도 있었어요.

황상민 — 참으로 놀랍게도 좋지 않은 일을 금방 잊으려 하고 또 잘 잊어요. 그런데 한 번 사람을 찍잖아요? '저 자식 나쁜 놈, 건방진 놈.' 하면 그거 진짜 오래가요. 뒤끝 끝내줘요. 사람 좋아 보여서 그런 게 없을 것 같은 데 말이죠. 저도 학교에서 원로 교수한테 건방진 자식이라고 찍혀서 제 인생 10년이 날아갔어요.

'저 자식 나쁜 놈' 하면 그거 진짜 오래가요. 뒤끝 끝내줘요

휴머니스트를 제가 힘들게 느끼는 이유가 뭐냐? 상당히 포용력이 많은 것 같은데 꼭 그렇지도 않기 때문이에요. 휴머니스트 상사 앞에서 어떻게 행동해야 할지 참 어려워요. 로맨티스트는 마땅치 않아도 앞에서는 잘하는데 아이디얼리스트는 눈치가 없어서 제멋대로 해요.

휴머니스트 어른이 한마디 하면 '예썰!' 하고 넘기면 그만인데 "그게 뭔데요?", "그거 아닐 수도 있잖아요?", "이렇게 하는 것이 더 나은 거 같은데요?" 이러거든요. 그 자리에선 아무 말 없이 넘어가지만 속으로는 '건방진 자식'이라고 찍는 거예요. 그러면 아주 오래가요. 눈치 없는 아이

디얼리스트는 무슨 일이 있었는지 영문도 모른 채 고난의 10년을 살아가야 해요.

휴머니스트1 ——— 일은 잘 벌이는데 마무리는 우리 몫이 아니라고…… 이건 휴머니스트의 심각한 문제라고 말했어요.

황상민 ——— 그럼요, 마무리는 로맨티스트나 리얼리스트가 구시렁거리면서 하고 있어요. 아이디얼리스트는 벌써 도망갔고요. 얼쩡거리다가 한 대 얻어맞을까 봐.

휴머니스트1 ——— 다른 사람의 말에 귀를 잘 기울이지 않고 '내가 옳다'고 하는 자기주장이 강한 것 같아요.

황상민 ——— 그렇죠. 본인 생각이 옳다고 여기면 전혀 설득이 안 돼요. 이런 사람들이 돌격 앞으로! 하면 정말 못 말리죠. 조직에서는 보통 휴머니스트가 윗자리에서 그 나름대로 의사결정을 하는데, 이 경우 생각보다 주위의 다양한 의견을 경청하지 않아요. 나중에 문제가 생기면 결국 또 '소통'이 문제였다고 하지요. 엉뚱한 소통 탓을 하는 거예요.

휴머니스트가 지금 자기들 약점을 다 불고 있어요. 이들이 얼마나 사람 좋은지 알겠지요? 훌륭한 종족이에요. 계속 불어주세요.

휴머니스트1 ——— 그리고 내게는 룰이 없는데 타인에게는 룰이 있어요.

황상민 ——— 지금 말한 게 무슨 의미인지 알겠죠? 그래서 한 번 찍히면 끝장이에요.

휴머니스트1 ——— 응징을 잘해요. 당하면 당한만큼 꼭 갚아줘요.

황상민 ——— 그럼요. 휴머니스트는 보스 기질도 있고 사회생활도 잘해서 멋있긴 한데. 이들과 성향이 다른 입장에선 어떻게 대해야 할지 고민이 많아요. 휴머니스트가 보스일 때 가장 힘든 사람이 아이디얼리스트고요, 가장 잘 맞춰주는 사람이 리얼리스트예요. 리얼리스트하고 휴머니스트는 궁합이 잘 맞아요. 그런데 '좋은 게 좋은 거야.' 하고 뭉쳐 다니느라 일을 개판으로 만들어요. 이들이 늘 하던 일을 할 때는 굴러만 가면 되니까 상관이 없어요. 그런데 새로운 일을 벌이면 꼭 망해요. 특히 급격한 변화가 필요한 상황에서 새로운 틀이나 행동방식을 도입할 경우 이들은 잘하기가 참 힘들죠. 자신의 규범이나 틀에 맞추려 하니 새로운 일이 새롭게 만들어질 수가 없죠. 변화하는 흉내를 내다가 그냥 옛날의 방식을 유지하거나 포기하죠. 로맨티스트가 휴머니스트 상사를 모시면 모든 일은 로맨티스트가 하고 공은 휴머니스트가 가져가요. 아이디얼리스트는 처음에 한두 번 당하고 그냥 도망가요.

휴머니스트1__   배우는 것보다 가르치는 것을 좋아하는데 가르칠 때 말을 못 알아들으면 무지 답답하다고 했어요.

황상민__   휴머니스트는 '네 맘이 내 맘이고 내 맘이 네 맘이다'라는 생각으로 여러 사람과 잘 지내거든요. 그래서 또박또박 분명하게 말하지 않아요. "알았지?", "됐나?", "가자!" 하면 끝이에요. 그런데 배우는 사람들이 뭘 알아요? 뭐가 돼요? 어디를 가요? 미치는 거지요.

휴머니스트1__   사람들을 만날 때 네 편 내 편을 갈라 내 사람에게는 이만큼 보여주고 그렇지 않은 사람에게는 요만큼 보여주는 게 있다고 했습니다.

황상민__   휴머니스트의 가장 큰 특성이 '패거리'예요. 편을 가르는 거죠. 자기 패거리 안에 들어가면 다 내 새끼고 아니면 다 적이에요. 그래서 충성을 맹세하고 패거리에 들어가느냐 안 들어가느냐가 상당히 중요해요. 회사나 일반 조직에서 파벌은 대개 휴머니스트를 중심으로 이뤄져요. 만약 내가 휴머니스트였으면 벌써 'WPI 정당'을 만들었을 거예요.

만약 내가 휴머니스트였으면 벌써 'WPI 정당' 만들었을 거예요

휴머니스트1__ 끝으로 감정을 잘 숨기지 못하고 겉으로 드러낸다고 하더라고요.

황상민__ 그렇죠. 얼굴 표정으로 이미 모든 것을 이야기해요. 하지만 포커페이스를 하는 휴머니스트도 많아요. 특히 나이가 많거나 높은 자리에 있는 분일수록 얼굴 표정으로는 점점 더 감정을 파악하기 힘들지

— 셜록 황의 심리 코멘터리

성격은 타고나는 것일까, 만들어지는 것일까?

한 생명체로서 인간은 기본적으로 생물적인 특성을 갖고 태어난다. 그것을 심리학에서는 기질이라고 한다. 기질에는 유전적 특성이나 개개인의 고유한 특성 등이 포함된다. 똑같은 부모 밑에서 태어난 자식도 기질은 각기 다르다.

이러한 생물적 특성이 사회적 환경이나 관계 속에서 비교적 지속적이고 안정적인 행동 특성으로 나타날 때 그것을 '성격'이라고 한다. 성격은 진공 상태에서 만들어지지 않고 사람들과의 관계나 사회적 맥락, 역할 등의 영향을 받아 형성된다.

WPI 프로파일은 개인의 기본적인 기질뿐 아니라 추후 형성돼 작동하는 모습까지도 한눈에 보여준다. 즉, 성격은 한 인간의 생애를 통해 계속 발달한다.

요. 발표하신 분은 전형적인 휴머니스트인데 이야기를 나누면서 기분이
어땠어요?

휴머니스트1___ 저와 비슷한 사람이 이렇게 많다는 것이 무지 신기했어
요. 마치 거울을 보는 듯한 기분이랄까? '성격이 같다는 게 이런 거구나.'
하는 놀라운 경험을 했습니다. 무척 재미있었어요.

황상민___ 자기 모습을 안다는 건 참 힘들어요. 다른 사람을 통해
내 모습을 보는 것도 훌륭한 자기 공부지요. 수고하셨습니다.

사람 좋은 우리도 속으로는 좌충우돌

휴머니스트2___ 우리는 처음에 혈액형부터 맞춰봤는데요.

황상민___ 그럼, 그렇죠. 휴머니스트의 성격이 어딜 가겠어요?

휴머니스트2___ 예상보다 다양하게 나와서 혈액형과 성격은 별로 관련이
없다는 결론을 내렸어요. 일단 WPI로 만났으니까 이따가 대학로에서 생
맥주라도 한 잔 하자고 했습니다.

황상민___ 그렇죠! 휴머니스트는 뭐라도 하나 맞춰가지고 "우리가
남이가? 남이 아니여!" 하며 으쌰으쌰 하는 분들이에요.

휴머니스트2___ 오지랖이 넓다는 데는 대부분 동의했지만 의미는 좀 달랐
어요. 말을 못 알아듣거나 일이 잘 굴러가지 않으면 안쓰러운 마음이 생겨
서 개입하는 거지 마구잡이로 들이대지는 않는다고 했어요. 상대방의 감
정을 고려하며 개입하느냐는 얘기에 그렇다고 한 분이 반, 아니라는 분이

반이었습니다. 그리고 생각보다 말과 행동이 앞서는 경우가 많았고요.

황상민—　측은지심에서 오지랖이 나온다는 말씀이죠?

휴머니스트2—　네, 그동안 오지랖이 넓다고 생각지 않았는데 그런 말을 들으니 기분이 나쁘다는 분도 좀 있었습니다. 그리고 우리가 둔하다고 하는데 테이블에서는 오히려 예민하다고 말하는 분도 여럿 있었어요. 우리끼리 휴머니스트와 예민하다는 특성이 같이 있을 수 있는지 이야기를 나눴습니다.

황상민—　그러게요. 상당히 좌충우돌적인 휴머니스트네요.

휴머니스트2—　겉으로는 친화력이 높아 사람들과 잘 사귀지만 실제로는 드러나지 않는 긴장감이 많다고 했어요. 여러 사람과 친밀하게 지내긴 해도 정말 가깝게 뭔가를 나누는 사람은 적다고 얘기했고요. 그리고 오랫동안 만나지 못한 사람에게 먼저 연락하는 편은 아니지만 전화가 오면 어제도 만난 것처럼 반갑게 얘기할 수 있다고 했어요.

황상민—　이 휴머니스트 분들은 본인의 약점을 깊이 의식하고 커버하려는 성향이 있어요. 좀 힘들게 사는 휴머니스트네요.

휴머니스트2—　혼자 있는 게 좋다고 하는 분도 의외로 여러 분 있었습니다.

황상민—　혼자 일하는 게 편하다고 말하는 휴머니스트는 소위 '고시촌 좀비' 모드에 있다는 의미예요. 성격은 기본적으로 휴머니스트지만 매뉴얼 성향이 상대적으로 낮은 심리 상태에 있어요. 자신의 휴머니스트 성향을 잘 발휘하기보다 그것에서 벗어나고 싶은 마음이지요.

휴머니스트는 다른 사람에게서 에너지를 얻어야 살아요

어떤 유형의 사람이든 이야기할 때는 그게 자연스러운 상황에서 나온 것인지 아니면 나쁜 상황에서 나온 것인지 알아챌 수 있어야 해요. 휴머니스트는 다른 사람에게서 에너지를 얻어야 살아요. 만약 다른 사람에게 상처를 입거나 어려운 처지가 되면 잠수를 타요. 그때의 심리 상태를 고시촌 좀비라고 하지요. 폼이 망가지는 건 싫으니까 '나는 혼자 있는 게 좋아.' 하는 거지요. 잠수를 타도 오래 타지는 않고 또다시 나타나 사람들과의 관계 속에서 에너지를 얻으려고 해요. 그래서 영원한 좀비가 될 수는 없고, 좀비가 되더라도 떼거지 좀비로 지낼 위험성이 있어요. 뭉쳐야 사는 종족이거든요.

휴머니스트2 ──   사람은 잘 사귀는데 막상 연애는 잘 못해서 고민이라는 말이 많이 나왔습니다.

황상민 ──   이것 참 재미있는 일인데요. 휴머니스트는 연애를 잘 못해요. 사람을 좋아해서 인간관계를 잘 맺고 낯선 사람에게도 웬만큼 자신감이 있어요. 그런데 의외로 연애 문제를 호소하는 분이 많아요. 왜냐하면 이분들 정말 사람을 잘 보느냐? 그건 좀 떨어져요. 휴머니스트는 사람마다 다른 섬세한 차이를 알아차리거나 어떤 사람의 내면에서 일어나는 감정적 변화를 알아채는 걸 잘 못해요. 그래서 휴머니스트는 연애하는 데 어려움이 많아요.

특히 휴머니스트 여성이 "친구는 많은데 연애가 안 돼요!"라는 말을 많이 해요. 휴머니스트는 이성이 생기면 처음에 잠깐 신경을 쓰고 곧 다른 데 정신을 팔아요. 세상에 신경 써야 할 사람이 너무 많은데 이성한테 쓸 에너지가 남아나겠어요? 화려한 싱글 중에 휴머니스트가 많아요. 게

다가 남자와 여자가 만나 데이트를 하고 헤어지면 그 여자 생각이 아련하게 남아야 하잖아요? 잠도 안 오고 자꾸 생각이 나야 하는데 휴머니스트 여성은 그런 아련함을 남기기가 쉽지 않아요. 만나서 이야기하고 놀 때는 신나고 좋지만 헤어지면 친한 후배랑 만나 논 것 같은 기분이 드는 거예요. 휴머니스트 여성 여러분, 선머슴 같다는 말을 많이 듣지요?

휴머니스트2___ 그럼 휴머니스트 남자도 연애하기가 어려운가요?

황상민___ 사람을 잘 사귀니 시작은 잘해요. 그런데 연애 관계를 지속시키는 데는 역시 어려움이 많아요. 로맨티스트 여성이 볼 때 휴머니스트 남자는 집적거리고 도망가는 나쁜 놈이기 십상이에요. 그런데 좀 억울하죠? 연애한다고 해서 어떻게 하루 24시간 카톡방을 들락거리며 상대에게만 집중할 수 있어요? 그런 건 아이디얼리스트도 못 해요.

휴머니스트2___ 휴머니스트로 태어나면 연애는 다 물 건너간 건가요?

황상민___ '풍요 속의 빈곤'이란 말이 딱 어울리죠. 그래도 노력하면 잘할 수 있어요. 자, 그만 슬퍼하고 계속 발표하세요.

휴머니스트2___ 주변 사람을 생각해서 문제를 해결해주지만 결국은 내가 원하는 대로 만들고 있는 것 같아 죄책감이 든다고 했습니다.

황상민___ 훌륭한 자기고백이네요. 휴머니스트는 착하지만 꼭 착한 게 아니에요. 휴머니스트의 특성은 본인이 원하는 대로 세상이 돌아가야 하고, 내 주위에 있는 인간들도 그렇게 사는 것이 마땅하고 옳은 일이라고 생각해요. 거의 전제군주와 폭군의 성향이 느껴지지 않나요? 그런데 오늘 참석한 휴머니스트는 여성이 훨씬 많은데 이런 성향이 나오다니 놀랍네요. 결혼을 했으면 남편이 힘들 것이고 결혼하지 않았으면…… 참 쉽지 않네요. 아니라고 생각하세요? 이 부분은 제가 밤을 새워서라도 토론할 수 있어요. 20년 넘게 쌓인 엄청난 정보가 제 안에 있답니다.

휴머니스트2 — 새로운 사람과의 관계에 호기심이 있다고 했습니다.

황상민 — 그렇죠. 휴머니스트는 사람들과의 관계를 통해 존재감을 얻어요. 다른 사람에 대한 관심이 높고 제 나름대로 자기표현을 잘하고 순발력도 있어요. 또 사교적이죠. 우리가 보통 외향적이라고 말하는 게 바로 휴머니스트의 특성이에요.

휴머니스트2 — 싫어하는 사람과는 관계를 빨리 정리해버린다는 이야기도 나왔습니다.

황상민 — 이게 참…… 말로는 관계를 정리한다고 하는데 또 만나요. 만나서 꼭 한마디 해요. 휴머니스트는 뒤끝이 있어요. 그래서 조직에서 휴머니스트 상사한테 한 번 걸리면 사는 게 진짜 힘들어져요.

설록 황의 심리 코멘터리

무엇이, 생긴 대로 나답게 사는 것인가?

우리는 누구나 열심히 살아가고자 한다. 하지만 자신의 '기본 꼴'이 무엇이고 삶의 욕망이 왜 그렇게 나타나는지 아는 상태에서 열심히 사는 것과 그것을 모르는 상태에서 열심히 사는 것은 전혀 다른 결과를 초래한다.

WPI 성격 프로파일에서 자기평가와 타인평가의 갭이 거의 나타나지 않으면 곧 '나답게 살고 있다'는 의미로 볼 수 있다. 그것은 사회 환경 속에서 자신의 기본적인 성향을 자연스럽게 드러내며 잘 살고 있다는 뜻이다.

휴머니스트2___ 표정 관리가 잘 안 된다고 했고요. 싫은 소리를 들으면 마음에 오래 담아둔다는 분들도 있었어요.

황상민___ 표정 관리를 못 하는 건 여기 오신 휴머니스트들이 젊어서 그래요. 30대 후반만 돼도 표정 관리를 상당히 잘해서 속을 모르겠다, 음흉하다는 말을 듣기 시작하지요.

휴머니스트2___ 우유부단한 것을 싫어한다고 했는데…….

황상민___ 휴머니스트는 카리스마가 있는 모습을 보이길 좋아하고 또 잘해요. 집단에서 리더십을 발휘하는 사람은 대개 휴머니스트예요. '나를 따르라~' 해서 '예썰!' 하고 가다가 '이게 아닌가?' 하면 '그게 아니에요?', '그럼, 저기로 가자!', '이것도 아닌데요', '에이, 모르겠다. 그럼 여기서 놀자 뭐~' 이래서 휴머니스트 뒤를 쫓아다니면 헷갈릴 때도 많아요. 휴머니스트를 따라다니는 로맨티스트나 아이디얼리스트는 거의 돌아버리죠.

> 집단에서 리더십을 발휘하는 사람은 대개 휴머니스트

휴머니스트2___ 회의를 할 때 나와 전혀 다른 의견을 채택해도 웬만하면 받아들인다고 했어요.

황상민___ 다른 사람의 의견을 받아들이는 것 같긴 한데 본인의 의견이 거부당하면 마음에 상처를 입고 많이 불편해해요. 그래도 쉽게 잊는 성향이 있어서 본인의 의견이 뭐였는지 금방 까먹고 잘 넘어가요. 그게 휴머니스트에게는 별로 문제가 되지 않는데 휴머니스트와 같이 일하는 로맨티스트나 아이디얼리스트는 엄청 혼란스러워 해요. "저 사람이 처음엔 그렇게 말하지 않았어?" 하면서 흥분하지요. 경우에 따라서는 속았다는 생각까지 들 수 있어요.

휴머니스트2___   마지막으로 권위적인 부분이 내 안에 있다고 했고 그런 성향을 어떻게 조절할 수 있는지 궁금해 했어요.

황상민___   휴머니스트는 위아래, 소위 말해 질서를 상당히 중요시 해요. 넓은 인간관계의 네트워킹에 상당히 신경을 쓰지요. 그래서 권위적 인 성향이 강하지만 그런 분이 권위적인 성향을 조절하는 것은 쉽지 않 은 일이지요.

휴머니스트는 기본적으로 사람에게 관심이 많아서 항상 주위 사람에 게 신경을 씁니다. 또 그들에게 좋은 인상을 주려고 여러 가지로 애를 써 요. 사람을 만나면 가족 관계도 열심히 묻고 요즘 사는 게 어떤지도 물어 요. 그러니 다들 좋은 사람이라고 하지요. 하지만 사람 좋단 소리가 어디 거저 나오겠어요? 휴머니스트의 개인적인 고민을 한번 들어보지요.

[고민1] 갭 투성이인 나, 뭐가 잘못인가요

고민녀___   저는 아이디얼리스트인 줄 알았는데 휴머니스트라고 해 서 놀랐어요. 왜냐하면 진짜로 혼자 있는 걸 좋아하거든요.

황상민___   심리적인 고민이 있을 때 그럴 수 있어요.

고민녀___   프로파일을 받아보고 속이 상했어요. 제가 보는 나와 타 인이 보는 내가 왜 그렇게 다른 거예요?

황상민___   정말 갭이 크네요. 휴머니스트 성향은 뚜렷한데 매뉴얼 은 바닥이고…… 릴레이션에 신경을 엄청 쓰고 있는데 결과는 볼 게 없 고…… 뭘 해야 할지 모르겠고 분주히 찾아 헤매도 갈 길은 보이지 않는

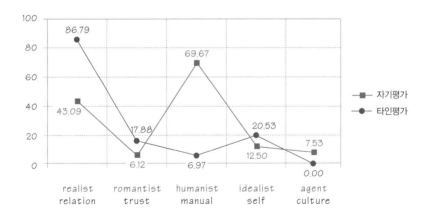

전형적인 대학교 4학년 여학생 프로파일이에요.

고민녀__　　　졸업한 지 오래됐는데요.

황상민__　　　심리적으로 상당히 혼란스럽죠? 지금 과도하게 주위 사람을 의식하면서 살고 있어요. 다른 사람이 나를 어떻게 보는지는 내 삶에 별로 중요하지 않아요. 내 앞에서는 상당히 친한 것 같지만 돌아서면 그 사람의 삶에서 나는 그다지 중요치 않아요. 나한테 정말 중요한 사람이 누구인가에 초점을 둬야 해요.

휴머니스트가 다양한 사람과 관계를 맺는 건 자연스런 일이에요. 그러나 많은 사람과 관계를 맺을수록 본인은 점점 더 허망해져요. 나라는 존재에 대한 에센스가 없어져요. 인간관계를 통해 에너지를 얻는 건 장점이지만 본인의 매뉴얼 성향을 뚜렷이 해야 해요. 매뉴얼 성향이란 본인이 인정받을 수 있는 전문성 같은 거예요. 남들에게 보여줄 확실한 뭔가가 있어야 하지요. 남자친구 있죠?

고민녀___ 네. 있습니다.

황상민___ 남자친구한테 잘해줘요? 전혀 그렇지 않죠?

고민녀___ 사실 뭐 그다지…….

황상민___ 여러 남자에게 두루두루 잘해줘 봤자 아무 소용없어요. 본인과 결혼할 남자에게만 확실하게 잘해주세요. 그리고 빨리 결혼하세요. 그럼 본인의 삶에 방향성이 생겨서 매뉴얼이 좀 올라갈 거예요.

[고민2] 고만고만한 삶이 지루해요

고민녀___ 사는 게 재미가 없고 모든 일에 의욕도 없어요. 자존감이 낮아서 그런 것 같다는 생각을 했는데 프로파일에도 셀프가 낮게 나왔어요.

황상민___ 셀프를 높이고 싶단 말이죠? 그럼 사는 게 재미있을까요?

고민녀___ 그렇잖아요, 셀프가 낮아 자신감이 없는 거니까.

황상민___ 오늘 어설픈 WPI 해석가가 엄청 많네요. 본인의 프로파일을 잘 보세요. 셀프가 낮지만 아이디얼리스트 성향과 거의 일치하잖아요? 셀프를 다락같이 높여 대선에라도 출마할 거 아니면 아무 문제없어요. 셀프가 높으면 사는 게 즐거울까요? 조금 있으면 셀프가 높아서 사는 데 엄청 힘든 인간들이 정체를 드러낼 거예요.

고민녀___ 그럼 제 삶이 왜 이렇게 지지부진한 걸까요?

황상민___ 매뉴얼이 떨어져 있어서 그래요. '난 이런 사람이야.' 하고 남들 앞에 번듯하게 내보일 뭔가가 있어야 하는데 그게 없어서 삶이 재미없고 의욕도 없어요. 본인이 하고자 하는 것을 좀 더 파고드세요. 그래서 전문성이 생기면 삶이 멋있어져요. 지금 불안하시죠?

고민녀—— 예, 많이요.

황상민—— 본인의 문제는 사실 무얼 해야 할지 모른다는 거예요. 그러니 파고들 무엇도 없고 뭘 찾는다 해도 열심히 하기가 쉽지 않아요. 그렇죠? 그걸 어떻게 아느냐 하면 본인의 아이디얼리스트 성향이 너무 낮아요. 아이디얼리스트가 바닥이면 목표로 하는 어떤 걸 더 잘할 이유가 없어요. 쉽게 말해 야망이나 꿈, 이상…… 이런 것 없이 웬만한 것에 만족하고 사는 상태예요. 의욕이 없어 고민이라고 하지만 실상은 아쉬운 것도 없어요. 결혼했어요?

고민녀—— 아뇨, 아직.

황상민—— 결혼도 하지 않았는데 왜 아쉬운 게 없을까? 남자친구는 있고요?

고민녀—— 아뇨, 없어요.

황상민—— 직장은 다니세요?

고민녀—— 네, 다닙니다.

황상민—— 직장생활은 잘하세요?

고민녀—— 네, 잘하고 있어요. 그런데 제가 언제쯤이면 회사에서 인정을 받고 잘나갈 수 있을지, 그런 가능성이 없다면 이쯤에서 회사를 옮겨야 할지가 정말 궁금해요.

황상민—— 진짜 점쟁이를 찾아 워크숍에 오셨네요. 지금 직장에서 내가 없으면 우리 회사가 망한다는 생각이 들 정도로 인정을 받았으면 좋겠는데

막연한 기대로는
아무것도 바뀌지
않아요

잘 안 되고 있는 게 불만이란 거죠? 그런 인정을 받으려면 남과 다른 무언가를 만들어야 하잖아요? 그런데 말이죠, 아이디얼리스트 성향이 낮은 거로 봐서는 치열하게 고민하는 수준은 아니에요. 하늘에서 우주선이 떨어지면 우주의 기를 받기를 기대하는 수준이지 내가 구체적으로 어떤 변화를 일으키겠다는 생각이 없어요. 이렇게 살다가는 5년 후, 10년 후에 내가 엄청 비참하게 될 거야 하는 위기의식을 스스로 만들고 돌진해보든지……. 그런데 지금 상황으로는 매뉴얼을 올리기가 쉽지 않아요.

고민녀—　　　그럼 앞으로도 이렇게 지지부진하게 살아야 해요?

황상민—　　　왜 본인의 삶이 지지부진하다고 생각해요? 지금의 삶에 별로 아쉬움이 없는데……. 그래도 삶을 바꾸고 싶다면 본인이 가장 부러워하거나 멋있어 보이는 사람이 누군지 찾아보세요. 그 사람의 삶을 내가 정말로 간절히 원하는지 스스로에게 물어보세요. 그런 목표가 있으면 삶을 변화시킬 계기를 찾을 수 있어요. 막연한 기대로는 아무것도 바뀌지 않아요.

[고민3] 친구의 기대를 맞춰주지 못해 힘들어요

고민녀—　　　얼마 전에 10년 지기와 관계가 끊어졌어요. 제가 잘못해서 그런 것 같아 마음이 좋지 않아요.

황상민—　　　일이 잘못되거나 관계가 나빠지면 본인에게도 문제가 있다고 생각은 해요. 휴머니스트의 규범적 입장에서 어느 정도 인정하는 특성 중 하나예요. 그런데 막상 "그래, 네가 문제였어"라고 하면 화를 내요. 그럼 정

휴머니스트의
삶의 방식에는
'폼생폼사'가 있어

말로 본인에게 문제가 있다고 생각하는 걸까요? 아니에요. 본인에게 문제가 없다는 걸 인정받고 싶은 거예요. 그래서 휴머니스트 앞에서 문제 운운하면 무척 싫어해요. 휴머니스트의 삶의 방식에는 '폼생폼사'가 조금 있는 것 같아요. 그건 그렇고, 본인이 무얼 잘못했다고 생각해요? 좀 더 참고 끝까지 받아줬으면 관계가 끊어지지 않았을 거라고 생각하나요?

고민녀— 네, 제가 늘 받아주던 친구였거든요. 어릴 때부터 친구가 많았는데 특히 예민하고 여린 친구들이 저를 좋아했어요. 그런 친구들은 늘 저에게 본인의 고민이나 힘든 점을 털어놓고 공유하려 했고요. 제 나름 대로는 늘 받아주고 이해해줬지만 친구들은 항상 서운해 했어요. 그러다 보니 저도 지치고 관계가 서먹해지곤 했죠. 제 어떤 부분이 문제일까요?

황상민— 친구들의 이야기와 고민을 들어주었는데 시간이 지나면 그 친구들과 관계가 서먹해진다고요? 사실 휴머니스트는 이런 고민을 많이 해요. 사람이 좋으니 이 친구 저 친구 고민이 생길 때마다 휴머니스트에게 털어놓지요. 고민을 들어준다는 게 에너지가 보통 소비되는 일이 아니에요. 그런데 그 많은 친구들에게 에너지를 나눠주다 보면 어떤 일이 생기겠어요? '괜찮아, 괜찮아. 사는 게 다 그런 거지 뭐~.' 하거나 '야! 한 잔 하고 풀어!' 하는 게 대부분이죠. 이야기를 털어놓는 사람 입장에서는 친구의 대응이 별로 진정성이 없게 느껴져요. 사실 그렇게 하기도 참 힘들어요. 그런데 상대방은 자기감정을 진지하게 읽어준다는 느낌이 들지 않아요. 그래서 슬쩍 삐쳐요. 서먹한 관계가 되는 건 그 때문이지 본인 잘못은 아니에요.

고민녀— 그럼 어떻게 해야 할까요?

황상민__ 휴머니스트를 찾아가 "내 마음을 읽어줘~" 하는 사람은 누구겠어요? 다 로맨티스트예요! 아시겠어요? 본인도 마음이 여리고 예민한 친구들이라고 했잖아요? 그럼 걱정할 것 없어요. 아이디얼리스트는 한 번 '저 사람은 아니야!'라고 생각하면 다시 찾아와도 받아주지 않아요. 휴머니스트는 찾아오는 사람을 막지 않아요. 로맨티스트는 삐쳐서 연락을 끊었다가도 시간이 조금 지나면 또 연락을 해요. 그러니까 10년 지기와는 다시 만나게 될 거예요. 본인은 아무 문제도 아니라는 것 확실히 아셨죠?

고민녀__ 네.

황상민__ 사람이 살다 보면 관계가 틀어지는 게 다반사지요. 그런데 '우리 이제부터 잘 지내보자'라면서 징징대면 비교적 감정적인 동요 없이 잘 받아주는 게 휴머니스트예요. 사실 감정적 동요가 없다기보다 감정적 동요를 구분할 줄 모른다는 게 맞아요. 이 사람 저 사람, 오는 사람 가는 사람 다 좋아하는 거예요. 이렇게 말하니 휴머니스트들이 조금 언짢은 것 같은데 그럴 거 없어요. 여러 사람과 두루두루 잘 지내는 대신 상대방의 미묘한 감성이나 내밀한 에센스를 찾아내는 능력은 좀 떨어져요. 하느님이 얼마나 공평한 줄 아시겠죠? 개성이 다른 수많은 사람과 좋은 관계를 유지한다는 건 대단히 훌륭한 일이에요. 에너지가 진짜 많이 소비되죠. 휴머니스트는 집에 가면 완전 파김치가 되어서 쓰러져요.

> 찾아오는 사람 안 막아요. 그래서 집에 가면 완전 파김치가 돼 쓰러지죠

고민녀__ 　　　　 졸업반인데요. 취업을 앞두고 너무 힘들어서 자신감을
다 잃어버렸어요. 스트레스가 쌓여 몸도 아프고 아무 일도 손에 잡히지
않아요. 얼마 전에는 유럽을 한 달간 돌아보고 왔는데 취업 때문에 여행
준비를 제대로 하지 못해서 잔뜩 고생만 했어요. 또 전에는 친구들과 관
계가 좋았는데 요즘은 남자친구에게만 매달리고……. 제가 로맨티스트
로 변한 건지 본래 성격이 그랬던 건지 궁금합니다.

황상민__ 　　　　 로맨티스트로 변하지 않았어요. 사연만 들어봐도 휴머니
스트 원단이에요. 본인의 프로파일을 보면 삽질하는 휴머니스트의 모습
이에요.

고민녀__ 　　　　 제가요? 하긴 뭐 제대로 하는 게 없지만…….

황상민__ 　　　　 릴레이션이 엄청 높죠? 휴머니스트는 기본적으로 릴레
이션이 비교적 높아요. 그런데 휴머니스트가 릴레이션이 과도하게 높으

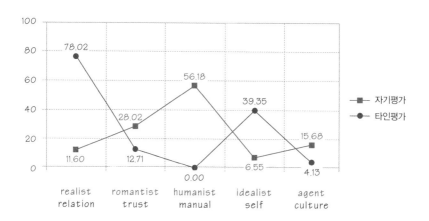

면 에센스 없이, 즉 쓸데없이 다양한 일에 집적대거나 여러 사람을 만난다는 의미예요. 그러다 보니 에너지 낭비가 많고 결국 마음은 분주하나 실속은 없는 상태가 돼요. 지금 취업 준비생인데 이래서는 진짜 직장을 제대로 찾기 힘들어요. 그런데 셀프가 엄청 높으니 자기 나름대로 기준이 있어서 까다로워요. 이거는 이래서 안 돼, 저거는 저래서 안 돼, 그렇죠?

저는 이런 프로파일을 대학교 4학년 여학생이 보이는 전형적인 유형이라고 해요. 본인 나름대로 의욕도 있고 또 뭔가를 할 수 있다는 막연한 기대도 있는데 뭘 해야 할지는 정확히 몰라요. 이 사람 저 사람 만나고 이곳저곳을 찾아보는데 정확히 초점은 맞지 않고……. 사실 많은 사람을 찾아보기 전에 본인이 지향하는 것이 무엇인지 뚜렷이 알아야 해요. 지금 매뉴얼이 바닥이잖아요? 매뉴얼이 바닥이라는 건 내세울 장점이나 본인의 필살기가 없다는 거예요.

고민녀___ 그럼 저는 취업을 못 하나요?

황상민___ 아니에요. 마음을 비우고 나를 받아줄 만한 곳에 가겠다고 하면 금방 취직할 수 있는 프로파일이에요. 왜? 무난해 보이거든요. 뭘 시켜도 잘할 것 같은 느낌을 줘요. 그러니까 취업을 너무 초조하게 생각지 않아도 돼요. 그리고 앞으로 릴레이션은 한참 줄여도 돼요. 사람을 많이 아는 게 크게 도움이 되지 않는다는 사실을 먼저 알고요, 나만의 특색이나 정체성이 드러나는 뭔가를 찾아내면 매뉴얼이 조금 올라가요. 그러면 훨씬 행복하고 즐겁게 살 수 있어요.

고민녀___ 실은 제가 인간관계에 실속이 없다는 것을 깨닫고 주변사람을 다 끊고 공부에 매진하며 열심히 바쁘게 살았거든요. 근데 그렇게 하니까 상태가 더 나빠지는 것 같더라고요.

황상민__ 공부에 매진하며 열심히 사니까

관계를 다 끊으면
고시촌 좀비가 돼요

상태가 나빠지죠. 휴머니스트가 사람을 만나는 것
은 에너지를 얻는 중요한 원천이에요. 모든 관계를 끊으라는 게 아니라
무조건 다양한 사람을 만나지 말고 본인이 지향하는 목표와 관련된 사람
을 집중해서 만나란 거예요. 관계를 다 끊으면 고시촌 좀비가 돼요. 좀비
모드로 사는데 본인 상태가 좋아질 리 없죠.

고민녀__ 그래서 그런지 아무것도 하기 싫고…….

황상민__ 그럼요. 에너지가 빠져요 놀랍게도 휴머니스트는 사람을
만나면 에너지가 생기고 혼자 있으면 에너지가 슬슬 빠져요. 앞으로 어떻
게 지내야 할지 아시겠죠? 취업 준비를 하더라도 공부만 하지 말고 취업
과 관련된 사람을 만나 새로운 정보도 얻고 에너지도 얻으면 훨씬 성과
가 좋다는 거죠.

고민녀__ 교수님, 궁금한 게 하나 더 있는데요. 밖에선 무척 활기찬
데 집에 가면 아무것도 하기 싫고 잠만 자고 싶어요. 그래서 가족과 트러
블이 있는데 어떻게 하면 좋을까요?

황상민__ 어쩔 수 없어요. 밖에서 에너지를 다 써서 그래요. 이런 특
성은 결혼해서도 똑같이 나타나요. 그래서 휴머니스트는 밖에선 좋은 사
람 소리를 듣지만 가족에게는 상당히 이기적인 사람으로 보일 수 있어요.

[고민5] 배려해주고 뒤통수 맞아요

고민녀__ 저는요, 남을 상당히 배려하거든요. 제가 셀프가 낮아서

배려를 잘한다고 생각했는데 지금 보니 매뉴얼도 낮은 거예요. 제가 피곤할 정도로 그렇게 남을 배려하는 건가요?

황상민__　배려를 한다고 생각하죠?

고민녀__　아닌가요?

황상민__　본인은 남을 배려한다고 그러는데 배려를 받는 분이 그렇게 생각할지는 모르겠네요. 제가 심히 의문이 들어요. 그리고 자꾸 셀프 이야기가 나오는데 본인의 셀프는 아이디얼리스트 성향보다 높아요.

고민녀__　그래도 점수가 낮은데요.

황상민__　WPI 프로파일에는 절대적인 기준이 있는 게 아니라 상대적인 거예요. 저를 장동건과 비교하면 그게 인물이냐고 하겠지만, 우리 어머니의 눈에는 제가 장동건 이상으로 잘생겼다는 걸 여러분도 인정하시죠? WPI는 이렇게 상대적인 특성을 보는 거예요.

프로파일을 보면 다른 사람에게 관심을 갖고 배려를 많이 하는 건 사

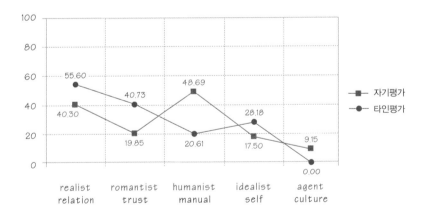

실이에요. 그런데 그 배려를 받는 사람은 쓸데없는 간섭이거나 오지랖이라고 받아들일 가능성이 있어요.

고민녀__ 배려가 아니라 오지랖이었나요?

황상민__ 본인은 배려하면서 내게 주어진 책임을 다해야 한다는 생각이 강해요. 트러스트가 꽤 높거든요. 그런데 그 마음이, 다른 사람이 이해할 수 있는 범위 안에서 나타나는 게 아니라 중구난방으로 나타날 가능성이 있어요. 그래서 나를 생각해서 배려해준다기보다 자기 기분대로 그러는 거라고 받아들일 가능성이 있어요. 어떤 상황인지 이해가 가죠? 머릿속에 주위 사람들과의 관계가 주마등처럼 주르륵 떠오르지 않나요? 엄청 고맙다고 해야 하는데 이상하게 싸한 표정으로 본인을 어이없게 했던 사람이 많았지요?

고민녀__ 그러게요. 저는 한다고 하는데 결과는 그리 좋지 않았어요. 괜히 서운한 생각이 들고 미운 생각도 났고요. 그렇다고 뭐라 할 수도 없잖아요. 속만 상하지…….

황상민__ 그게 휴머니스트의 안타까움이에요. 휴머니스트는 다른 사람에게 관심도 많고 참 좋은 사람이에요. 한데 안타깝게도 섬세한 감정을 제대로 알아채지 못해요. 그래서 내 딴에는 진짜 신경 써서 해줬는데 나중엔 "고맙지만 내가 원한 건 그게 아니야"라는 애먼 소리를 들어요. 이런 말을 들을 때 정말 배신감을 느끼지요?

> 안타깝게도 섬세한
> 감정을 제대로
> 알아채지 못해

고민녀__ 정밀 뒤통수 맞은 기분이에요. 다시는 보고 싶지 않을 정도로요.

황상민__ 그래서 안 보세요?

고민녀__ 어떻게 그래요? 알고 보니 그 사람 잘못도 아닌 걸요.

황상민__ 그렇죠? 절대로 그렇게 못 하시죠? 고민할 것 없어요. 로 맨티스트는 그 순간에 엄청 심각하지만 휴머니스트는 '아, 그랬구나.' 하고 넘기면 돼요. 고맙게도 휴머니스트는 섭섭한 것도 잘 잊어요.

[고민6] 자유의지를 갖고 예술을 하고 싶어

고민남__ 저는 자아가 상당히 강한데 어떻게 휴머니스트라는 건지 알 수가 없네요.

황상민__ 휴머니스트는 자아가 강하지 않은가요? 휴머니스트가 아니라고 하는 특성을 말씀해보세요.

고민남__ 일단 자유롭게 살고자 하는 의지가 강하고요. 자유의지가 있어서 무언가에 구속받는 걸 못 견딥니다. 대기업을 싫어해서 입사원서 한 번 써본 적이 없습니다.

황상민__ 대기업도 아마 그런 사람 싫어할 거예요. 그런데 무슨 일하세요?

고민남__ 컴퓨터 쪽에서 프리랜서로 일합니다.

황상민__ 그 모든 특성이 휴머니스트란 걸 보여주네요. 자아가 강하다고 했는데 이건 진짜 자아가 강한 것이 아니라 자아를 동경한다는 말이에요. 휴머니스트는 남들에게 번듯하게 보이는 게 중요해요. 사람들 앞에 나설 때 폼이 나야 해요. 그래서 무시당하는 느낌을 받으면 못 견뎌요. 그런데 생각해봐요, 세상에서 제일 멋있는 말이 자유예요. 게다가 의

지까지 포장을 했어요. 남들이 다 우러러보는 대기업도 싫다고 해요. 그보다 더 남에게 멋있어 보이는 게 어딨어요? 지금 엄청나게 폼 잡은 거예요. 그렇죠?

고민남—— 그래도 제 나름대로 인정받는 전문직이에요. 자격증도 있고.

황상민—— 중요한 건 직업이 본인에게 월급을 주느냐 하는 거예요. 월급을 받고 있나요?

고민남—— 그렇진 않아요.

황상민—— 여러분, 자아가 강하고 삶을 자유롭게 살고자 하는 의지가 있는 프리랜서가 엄청나게 부럽죠? 왜들 웃으세요? 어떤 느낌이 드세요? 본인은 아니라고 하지만 사람들은 이분을 보고 백수라고 불러요. 사람을 좋아하는 백수죠.

고민남—— 그렇긴 하지만 별 걱정이 없거든요. 언제라도 일하면 되니까.

황상민—— 그럼요, 그래서 휴머니스트가 훌륭한 거예요. 로맨티스트나 아이디얼리스트 같으면 이렇게 말했다가는 벌써 난리 났어요. 어떤 이야기를 들어도 좋게 받아들이는 놀라운 포용력이 휴머니스트의 장점이에요. 별 고민도 없는데 여기엔 왜 왔어요?

고민남—— 제가 하는 일을 예술 경영 쪽으로 바꿔보면 어떨까 싶어서요.

황상민—— 왕자로 태어나 조선 팔도를 떠돌며 한량으로 살았던 안평대군을 생각해보세요. 그림 나오죠? 그런데 휴머니스트가 예술적 감수성을 제대로 발휘하는 걸 본 적이 별로 없어요. 휴머니스트는 예술 그 자체보다 인적 네트워크나 정치력을 활용해 성공하는 분이 많아요. 그런 쪽을 개발해보시죠. 진짜 멋진 한량이 될 거예요.

[고민7] 이유 없이 갈구는 상사 때문에 괴로워요

고민남— 한 직장에서 10년 넘게 일했는데 상사와 트러블이 생겨 몹시 힘듭니다. 저는 제 나름대로 맞춰준다고 애썼는데 결과가 나쁘니 어떻게 해야 좋을지 모르겠어요. 저한테 맞지 않는 일을 부당하게 시키기도 하고……. 뒷담화까지 하니까 견디기가 힘드네요.

황상민— 그 상사와 10년 동안 같이 일했는데 최근에 관계가 나빠졌다면…… 그 직장상사 입장에서는 '과거엔 내가 요청하는 것을 잘했는데 얘가 요즘은……?' 하는 눈으로 본다고 할 수 있겠네요.

고민남— 최근에 갑자기는 아니고 언제부턴가 저를 좋아하지 않는다는 느낌을 받았는데 최근에 더 심해졌어요.

황상민— 본인의 프로파일을 보면 휴머니스트와 에이전트가 비슷하게 높아요. 두 가지 성향을 다 갖고 있어요. 그런데 직장상사한테 신임을 못 받으면 에이전트 성향이 견디질 못 해요. 그래서 관계가 점점 더 악화될 수밖에 없어요. 얼마나 괴로울지 알겠네요.

고민남— 어떻게 해야 할까요?

황상민— 에이전트 성향을 바꾸기는 힘들어요. 자기를 인정하지 않는 상사에게 무조건 복종하는 모드로 변하긴 어렵거든요. 그 직장은 계속 다닐 거죠?

고민남—   네, 그런데 요즘 너무 힘들어서 이직도 생각해봤어요.

황상민—   그것도 나쁘지 않아요. 상사가 본인의 능력을 인정해주지 않으면 에이전트는 반발 비슷하게 스스로 일을 망쳐버리고 무기력한 모드로 갈 위험성이 높거든요. 근데 에이전트만큼 휴머니스트 성향이 높으니까 이 두 가지를 잘 쓰면 좋은데…….

고민남—   그런데 왜 휴머니스트 성향이 발휘되지 않는 걸까요?

황상민—   본인이 지금 부하직원이라 그래요. 외통수에 걸린 상황이에요. 휴머니스트 성향은 자기 나름대로 카리스마를 발휘하면서 다른 사람을 리드해야 하거든요. 그런데 지금 상사를 모시고 있는 거니까 어렵죠. 직장상사가 휴머니스트인 아랫사람을 못마땅하게 생각하는 상황이잖아요? 그런데 아랫사람이 휴머니스트 성향을 발휘해서 "에이, 좋은 게 좋은 거잖아요? 제가 다음에 더 잘할게요!" 이런 식으로 나오니 상황이 완전 거꾸로 되어가는 거지요.

고민남—   제가 달리 뭐라고 하겠어요.

황상민—   상사는 '내가 할 말을 네가 하냐?'라고 고깝게 받아들이죠. 셀프가 상당히 높아서 본인은 할 말 다 하고 살아요. 상사 입장에서는 상당히 부담스러운 부하직원이죠. 능력은 충분히 인정하지만 고분고분하지 않으니 껄끄러워요. 게다가 휴머니스트라 다른 사람하고 잘 지내는 걸로 보여요. 결국 나한테만 고분고분하지 않으니까 '나를 무시한다'가 되어버리는 거죠. 릴레이션에 상당히 신경 쓰고 로맨티스트와 트러스트가 심하게 떨어지면 '네가 뭐라고 하든 나는 내 길을 가련다'는 스타일이 돼요. 어떤 일인지는 모르겠지만 부하 여직원이 이런 모습을 보이면 상사는 진짜 열 받아요.

고민남— 직장은 거의 다 여자 직원입니다. 상사도 여자고요.

황상민— 여자 상사면 정말 어렵네요. 부하직원은 좀 있어요?

고민남— 제가 중간관리자예요.

황상민— 부하직원한테 그 나름대로 보스 역할을 하면서 세력을 키워보면 어떨까요? 본인의 세력이 있다는 것을 상사가 인정하면 괴롭히는 모드까지는 못 갈 텐데.

고민남— 그분이 2인자라 권력이 막강해요.

황상민— 이런 경우를 보통 '날개 꺾인' 상황이라고 해요. 얼마나 어려우면 그렇게 말하겠어요. 휴머니스트면서 에이전트 성향이 강한 분이 능력을 인정받지 못하고 숨죽여 잠잠히 지내려니 진짜 힘들지요. '내가 여기를 왜 다녀?' 하는 기분이 하루에 열두 번씩 들고도 남아요. 그런데 내가 상사를 바꿀 수 없다면 이 모드로 계속 가는 수밖에 없어요. 너무 비극적이라고요? 그렇죠. 상사가 바뀌면 입지가 완전히 달라질 텐데……. 속 터질 때마다 '내가 너보다 젊으니까 누가 더 오래 버티나 보자.' 하는 모드로 지내는 것도 나쁘지 않아요. 이겨서 살아남는 게 아니라 살아남아 이기는 거거든요.

[고민8] 내 속엔 내가 너무도 많아

고민녀— 교수님, 제 프로파일 좀 봐주세요. 휴머니스트 테이블에 앉아 있지만 휴머니스트들이 말하는 것에 반도 수긍이 가지 않았어요.

황상민— 휴머니스트, 아이디얼리스트, 에이전트가 비슷하게 높은 휴머니스트네요. 혹시 결혼했어요?

고민녀 — 아뇨, 아직.

황상민 — 안 했어요? 결혼하려면 어떻게 해야 하는지 아시죠?

고민녀 — 아뇨, 모르는데요.

황상민 — 마음에 드는 남자가 나타나면 빨리 잡아 후딱 결혼하세요. 아직까지 그런 남자가 없었어요?

고민녀 — 아뇨, 있기는 있었는데 이것저것 생각하다가…….

황상민 — 생각하면 안 돼요. 그냥 결혼하세요.

고민녀 — 그러게 말이에요. 생각하지 말았어야 했는데…….

황상민 — 생각해봤자 해법이 없고 도움도 안 돼요. 이 스타일은 '돌격 앞으로!' 해서 그냥 해치워야 해요. 이런 분은 결혼도 일처럼 해치워야 해요. 결혼하면 그 나름대로 결혼생활을 잘할 수 있어요.

고민녀 — 왜요? 이유를 모르겠어요.

황상민 — 어차피 본인이 리드하는 삶이거든요. 본인이 키를 잡으면 다 잘해요. 지금 뭐가 고민이세요?

고민녀 — 감정조절을 잘 못 해요. 평소에는 이성적으로 잘하는데 마음에 들지 않는 상황이나 사람이 있으면 감정이 확 드러나서 일을 망쳐요.

황상민 — 그건 본인이 지불해야 할 비용이라 생각하고 사세요. 그래도 평소에 웬만큼 잘하고 살기 때문에 괜찮아요. 지금까지 살면서 본인이 하고 싶은 대로 하면서 살았잖아요? 사실 이런 프로파일의 사람은 제가 좀 무서워요. 생각해보세요. 휴머니스트 성향 높죠? 그러니 인간관계 웬만큼 잘하죠? 나를 무시하거나 열 받게 하지 않는 한 인간관계 잘 맺어요. 거기에 아이디얼리스트 성향이 있죠? 남들은 미처 생각하지 못하는 것을 알아채죠? 그리고 에이전트 성향이 있어서 일도 잘해요. 아쉬울 게 없어서 자존심이 하늘을 찔러요.

고민녀___ 네, 제가 하고자 하는 대로 밀고 나가는 스타일이에요. 욕심도 많고 에너지도 넘쳐요. 그러다 보니 일도 많이 하고…… 이제는 좀 단순하고 여유롭게 살고 싶어요. 그런 삶에 맞게 성격을 고치고 싶어서 여기에 왔습니다.

황상민___ 로맨티스트 성향이나 트러스트는 거의 바닥이잖아요? 릴레이션은 높고…… 본인이 이룰 수 없거나 이뤄지지 않는 상황을 상상하는 거죠. 안 될 일을 생각하고 있네요. 사업을 하면 딱 맞을 것 같고요. 그 안에서 본인이 하고 싶은 대로 하고 살면 돼요. 지금은 단순하고 여유로운 삶을 살고 싶다고 하지만 이틀만 지나면 '다시 돌아가야지!' 할 거예요.

고민녀___ 귀농하려고 하는데 안 되나요?

황상민___ 본인이 거의 자살하려는 심정으로 하지 않고는 힘들어요.

[고민9] 연하는 이제 그만!

고민녀___ 연애를 많이 하는데요, 저한테 평강공주 콤플렉스가 있는지 남자들을 다 키워서 떠나보내요.

황상민___ 평강공주 맞네요. 어쩌면 좋아요. 얼마나 키워 보내셨어요?

고민녀___ 모르겠어요. 기껏 키워놓으면 졸업해서 떠나고 또 키우면 떠나고…… 남은 게 없어요. 바보짓만 한 것 같아요. 이제 연하는 그만 만나고 싶어요.

황상민 —— 다들 웃으시는데 웃지들 마세요. 이분은 진짜 심각해요. 그렇죠?

고민녀 —— 그렇죠. 내년이면 벌써 나이가 몇 살인데…… 오죽하면 이런 자리에서…….

황상민 —— 왜 그런지 아시죠? 남자를 만날 때 본인이 연애를 주도해야 해요. 그래야 마음이 편하고 연애를 하는 것 같아요.

고민녀 —— 연상은 제가 주도하면 안 되나요?

황상민 —— 아니 그래도 돼요. 하지만 본인이 왠지 그러면 안 될 것 같다는 생각을 해요. 휴머니스트하고 같이 있는 게 매뉴얼이잖아요. 매뉴얼은 우리 사회에서 일반적으로 이래야 한다고 하는 당위성이나 규범, 틀이에요. 휴머니스트는 그 틀을 따라가야 한다고 생각해요. 그래서 나이 많은 남자 앞에서는 본인이 요조숙녀처럼 보여야 할 것 같은 생각이 들어서 자기 마음대로 주도할 수 없으니 마음이 편치 않아요. 맞죠?

고민녀 —— 네, 맞아요.

황상민 —— 그래서 연상에게는 연애 감정이 생기지 않는 거예요. 그런데 그게 다가 아니에요.

고민녀 —— 또 뭐가 문젠가요?

황상민 —— 지금 이분 태도가 상담을 받는 것 같아요? 저한테 '어디 잘 좀 찾아봐!' 하고 맞서는 것 같지 않아요? 실제로 이분은 남자한테 꿀리는 걸 죽기보다 싫어해요. 맞죠?

고민녀 —— 네, 정말 그래요.

황상민 —— 그럼요, 이제부터는 마음을 크게 먹고 괜찮아 보이는 남자에게 적극적으로 표현을 하세요.

고민녀 —— 연상한테요? 안 될 거예요.

황상민 —— 왜 안 될 거라고 생각해요?

고민녀 —— 사실은 최근에 나이 차이가 거의 없는 연하를 만났어요. 놀 때는 재미있었는데 헤어진 뒤 연락이 오지 않았어요. 제가 연락을 해서 몇 번 만났는데…… 그 사람은 절대로 먼저 연락을 하지 않아요. 그래서 저도 하지 않았고…… 그냥 끝났어요.

황상민 —— 저는 연애에 대해 잘 몰라요. 오죽하면 올해 제 목표가 연애 심리 탐색이에요. 연애 심리를 좀 더 분석해야 제가 이야기를 더 깊이 해줄 수 있는데……. 남자한테 연락하면 남자가 나와요. 그럼 남자에게 마음이 있는 거예요, 없는 거예요? 있는 거죠? 만나러 나와서 즐겁게 놀았어요. 그럼 두 사람은 끌리는 거예요, 아니에요? 끌리는 거죠?

남자가 먼저 연락하지 않아서 끝났다는데 여기엔 남자의 성격이 중요해요. 아이디얼리스트는 절대 연락하지 않아요. 에이전트는 거의 안 해요. 휴머니스트는 연락 올 때를 기다려요. 그렇다면 그 남자는 어떤 성격이었을까요? 아이디얼리스트나 에이전트였을 가능성이 커요.

고민녀 —— 그럼 제가 먼저 연락해야 했던 거네요?

황상민 —— 그렇죠. 먼저 전화해야 해요. 언제까지 전화해야 할까요? 결혼할 때까지 하면 돼요.

고민녀 —— 말은 그런데…… 못 하죠.

황상민 —— 그렇게 몇 번이나 만났어요?

고민녀 —— 네 번쯤?

황상민 — 아셨죠? 휴머니스트의 또 다른 특성은 끝까지 가지 못한다는 거예요.

고민녀 — 여자가 그만큼 했으면 많이 한 거잖아요.

황상민 — 휴머니스트는 열 번은 해야 해요. 왜? 휴머니스트의 강점이 뭐죠? 스스럼없이 사람들에게 다가가는 강점을 써야죠. 스킨십도 없었죠?

고민녀 — 그걸 어떻게 제가……?

황상민 — 끌어주기를 원하죠? 그건 휴머니스트 성향이 아니라 매뉴얼 때문이에요. 본인 마음속의 매뉴얼이 스킨십은 남자가 먼저 하는 거라고 시키는 거예요. 평강공주와 바보 온달은 누가 먼저 고백했어요?

고민녀 — 바보 온달이죠.

황상민 — 휴머니스트는요, 자기 편한 대로 해석해요. 오늘 엄청난 웃음을 선사하고 계세요. 평강공주 아버지가 자꾸 울면 바보 온달한테 시집보낼 거라고 했어요. 평강공주가 어른이 되고 나서 보따리를 쌌어요. "너 어디 가니?", "바보 온달이랑 결혼하려고요.", "아니, 왜?", "아빠가 어릴 때부터 그렇게 말씀하셨잖아요. 약속은 지켜야 하는 거잖아요." 그러면서 아버지 말씀을 지켜 결혼하러 가요. 공주가 와서 같이 살겠다고 하니 바보 온달은 얼마나 황당해요? 당연히 "아니 되옵니다"라고 하죠. 그랬더니 평강공주는 "뭔 소리야? 빨리 나랑 결혼하고 내가 시키는 대로 공부부터 해!" 이렇게 해서 온달 장군이 됐다는 거잖아요. 이 이야기 속에 평강공주 대신 본인의 이름을 넣어보세요. 답이 나오죠? 될성부른 떡잎을 잘 키우는 것도 훌륭한 일이에요.

[고민10] 매뉴얼이 높은 학원 강사의 꿈

황상민__ 뭐가 걱정이에요? 큰 걱정은 없을 텐데…… 명확한 꿈은 없지만 인정은 받고 싶은 상황이죠? 결혼했어요?

고민녀__ 아뇨.

황상민__ 빨리 결혼하세요. 결혼하려면 내일이라도 당장 할 수 있는 분이에요. 남자친구는 있죠?

고민녀__ 없는데요.

황상민__ 없을 수가 없는데…….

고민녀__ 연애도 하지 않고 결혼에도 관심이 없어요.

황상민__ 왜 연애를 하지 않으세요?

고민녀__ 남자는 좋은데…… 잘 놀면서 똑똑했으면 좋겠는데 두 가지를 만족시키는 남자는 없더라고요.

황상민__ 눈에 차는 남자가 없군요. 무슨 일을 하세요?

고민녀__ 사교육 강사거든요.

황상민__ 나중에 학원을 경영하겠다는 꿈은 없죠?

고민녀__ 저는 강사로 성공하고 싶어요. 제가 사람과 관계도 잘 맺지 않고 연락도 잘 하지 않는 성격인데 많은 아이들과 소통할 수 있을지 자신이 없어요. 학원장은 할 수 있다고 밀어붙이는데…….

황상민__ 오너는 그렇게 말할 수 있죠. 그런데 그 일에 동원되는 강사는 죽음의 길로 가고 있는 거예요. 하루 열 시간씩 수업하고 자기 삶이 없는 상태에서 수많은 아이와 소통할 가능성은 없어요.

고민녀__ 그럼 직업을 바꿔야 할까요?

황상민 ― 중요한 얘기네요. 한데 문제가 있어요. 직업을 바꿀 때 본인 스스로 어떤 직업을 선택할지 생각하고 결정할 힘이 없어요. 학원을 벗어나 무슨 일을 해야 할지 잘 몰라요. 그러니까 기존의 틀에서 완전히 벗어나는 일을 벌이지 말고 아는 것 안에서 하세요. 학원을 새로 차리든가 하는 식으로 말이죠. 그것도 혼자 하지 말고 주위의 성공한 사람들의 이야기를 듣거나 도움을 받으세요. 셀프가 높기 때문에 충분히 잘할 수 있어요.

고민녀 ― 그럼 성공할 수 있나요?

황상민 ― 웬만하면 그 업계에서 잘나가는 남자를 찾아 결혼해서 같이하세요.

고민녀 ― 잘나가는 분은 이미 결혼했어요.

황상민 ― 잠재적으로 키울 수 있는 남자를 찾으세요. 매뉴얼이 높은 성향이 학원을 하기에는 아주 좋은 장점이에요.

휴머니스트를 위하여

:: 일하기가 싫어요

놀면 돼요. 휴머니스트는 노는 데 일가견이 있어서 잘 놀아요. 휴머니스트가 열심히 일해 봤자 별로 표시도 나지 않아요. 일하기 싫으면 동료들과 함께 노는 일을 많이 만드세요.

:: 휴머니스트인 저를 바꾸고 싶어요

완전히 쓸데없는 짓이고 삽질이에요. 복 받은 줄 알고 본인이 원하는 일에 초점을 맞추세요.

:: 같이 일하는 선배 때문에 힘들어요. 휴머니스트 선배는 아무 일도 하지 않고 숟가락만 올리고, 아이디얼리스트 선배는 자기가 하고 싶은 일만 해요.

휴머니스트가 이런 걱정을 해봤자 아무 소용이 없어요. 휴머니스트 선배와 잘놀고요. 아이디얼리스트 선배하고는 일하는 흉내만 내면 돼요. 그러면 나중에 책임은 누가 져요? 그 두 사람이 지지 내가 질 일은 없어요.

:: 휴머니스트는 모든 사람을 좋아하나요?

휴머니스트는 자기를 좋아하는 사람을 좋아하고 자기를 싫어하는 사람은 싫어해요. 아주 분명해요. 내가 저 인간을 싫어하는 건 내 잘못이 아니라 저 인간이 나를 싫어하기 때문이에요.

:: 휴머니스트인데 여러 사람이 함께하는 작업이 싫어요.

작업이 싫은 게 아니라 함께하는 사람들이 싫은 거예요. 휴머니스트는 일보다 사람이 먼저예요.

:: 결과가 잘못 나온 것 같아요. 선택하기 어려운 문항이 많았어요. 검사를 다시 해야 하나요?

단어의 차이를 제대로 구분하지 못하는 본인 탓이에요. 그걸로 봐서 휴머니스트가 확실한 것 같아요.

:: 휴머니스트 친구가 제일 좋아하는 말은 뭘까요?

'일을 잘한다'는 거예요. 왜냐하면 인간성 좋은 휴머니스트한테 '너, 참 인간성 좋다'고 하면 욕이거든요. 무슨 말인지 알겠어요? 휴머니스트는 여러 사람과 어울려서 어느 정도 정해진 것, 매뉴얼적인 일은 참 잘해요. 그런데 새롭고 창의적인 일은 하기가 쉽지 않아요. 휴머니스트가 모여 '창조경제'를 한다는 게 어떤 건지 이제 감이 오나요?

:: 존경심이 들지 않는 직장상사와 일하기가 무척 힘들어요.

직장상사가 나타나면 "예씰! 충성을 바치겠습니다!" 하고는 돌아서서 "에이, 저 인간……." 하면 돼요. 휴머니스트는 카리스마가 있는 상사가 대인 기질을 보여주면 '저 사람을 위해 목숨을 바치리라.' 하는 모드가 돼요. 의리에 살고 의리에 죽는 게 휴머니스트예요. 하지만 그게 어디 쉽나요?

: : 결혼할 수 있을까요? 만약 한다면 남자만 불행해질 것 같아요.

휴머니스트 여성과 결혼하는 남자는 땡잡은 거예요. 그런데도 많은 휴머니스트 여성이 막연히 이런 생각을 하면서 오는 남자 막고 가는 남자 붙잡지 않아요.

: : 전문직을 준비 중입니다. 릴레이션과 컬처가 높은 휴머니스트인 데 잘 맞을까요?

합격만 하면 훌륭한 전문인이 될 거예요. 릴레이션과 컬처가 높으면 어떤 라이프스타일로 살아갈지 상상이 가죠? 자기 나름대로 사람을 좋아하고 잘 노는 한량이라는 뜻이에요. 휴머니스트는 시험 준비기간을 길게 잡으면 안 돼요. 순발력을 발휘해 반짝 해내야지 그러지 않으면 고시촌 좀비가 되기 십상이에요.

: : 왜 자꾸 남의 일로 울컥하면서 직장상사와 부딪치는지 속상해요.

첫째는 오지랖이 넓어서 그렇고요. 둘째는 휴머니스트는 인간관계는 잘하지만 본인보다 높은 사람이 권위적인 모습을 보이면 맞서는 특성이 있어서 그래요. 그런데 놀랍게도 본인이 높은 자리에 오르면 위계질서를 강하게 주장하면서 권위를 세운답니다.

: : 친구들 이야기를 들을 때 공감하는 척해야 하나요?

그랬다가는 "너는 공감하지도 않으면서 왜 공감하는 척해?" 이런 소리 들어요. 차라리 "그래, 나도 가슴이 아프다. 얼마나 힘들겠니?" 하는 형식적인 한마디를 하고 휴머니스트 본연의 모습을 보이는 게 더 나아요.

:: 로맨티스트 아내와 살고 있습니다. 좋은 관계를 유지하는 비법을 알고 싶어요.

로맨티스트 아내를 공주님 모시듯 하면 돼요. 간단하죠? 로맨티스트는 자기감정에 공감해주기를 바라는데 휴머니스트는 이벤트를 만들고 함께할 뭔가를 찾느라 애를 써요. 그래서 휴머니스트 남편이 로맨티스트 아내를 기쁘게 해주기가 쉽지는 않아요.

:: 휴머니스트인 줄 알았는데 로맨티스트래요. 이제부터 맘대로 성질부리고 살아도 되나요?

네, 맘껏 성질부리고 사세요. 그런데 저한테 달려오지는 마세요.

:: 일은 할 만한데 하기가 싫어요. 어떻게 해요?

뭐 어쩌자는 거예요? 휴머니스트는 본인의 문제를 명확히 질문하지 않는 사람들이에요.

:: 어떤 성향의 남자를 만나야 행복할까요?

자기 문제를 잘 파악하지 못하는 휴머니스트의 대표적인 질문이군요. 휴머니스트 여성은 아이디얼리스트나 에이전트에게 매력을 느끼고 또 그런 사람을 만날 가능성이 커요. 괜찮아 보이는 아이디얼리스트나 에이전트 남자를 골라 여섯 달 정도 정성을 쏟으세요. 일단 리얼리스트나 로맨티스트 남자에게 크게 매력을 느끼기는 쉽지 않아요. 어떤 성향의 남자를 만나든 우선 휴머니스트 성향을 확 죽이고 한 사람, 바로 그 사람한테 헌신하는 모습을 보여야 해요. 그래야 그 남자가 '저 여자를 좋아해도 되겠구나.' 하고 마음을 놓아요. 연애는 그때부터 시작돼요.

:: 로맨티스트 남자와 연애하는데 끝까지 갈까요?

휴머니스트 여성이 조금 생각해봐야 할 상대가 로맨티스트예요. 로맨티스트 남성은 휴머니스트 여성한테 금방 반하기도 하지만 금세 싫증을 느끼기도 해요. 감정 교류가 안 되거든요. 로맨티스트 남자는 연애에서 아기자기한 무언가를 기대하는데 휴머니스트 여자는 그런 걸 못 해요. 또 로맨티스트 남자가 이벤트를 해줘도 휴머니스트 여자는 별 감흥이 없어요. 그래서 기껏 정성들여 키워놓으면 로맨티스트 남자는 떠나버리기 십상이에요.

:: 오래된 물건을 못 버리고 쌓아둬요. 병인가요?

휴머니스트는 이상하게 물건을 버리지 못하는 성향이 있어요. 사람을 끌어 모으듯 물건을 모으는 게 아닐까 싶기도 해요. 물건마다 사람에 대한 추억도 같이 있으니까요. 그런데 물건만 못 버리는 게 아니라 과거의 기억도 버리지 않아요. 휴머니스트 아내는 부부싸움 중에 옛날 일을 시시콜콜 기억해내 남편을 기함하게 만들어요.

4

아이디얼리스트

이상을 꿈꾸는 외톨이

당신이 바로 아이디얼리스트

나는 남들이 보지 못하는 사물의 다른 면을 보려고 한다.
나는 예술적, 미적 경험에 가치를 둔다.
나는 예술, 음악, 문학 분야에 나름 조예가 깊다.
나는 상상력이 풍부하다. 나는 대체로 행복하다.

오. 반갑!!!!!!!
(나 같은 또라이가 또 있었다니…)

거울을 보는 것 같아!
(좀 재수없는 걸?)

세상에 대한 이해를 통해 자유를 느끼고 존재감을 얻는 종족. 자기 생각대로 살아가며 타인에 대한 관심이나 배려가 별로 없다. 아니, 본인은 한다고 하지만 다른 사람이 이들과 공감하기란 쉽지 않다. 자신만의 독특함과 새로움에 목숨 걸고 자기만의 길을 가려 한다.

저는 사실 휴머니스트를 이해하기가 쉽지 않아요. 저한테 없는 성향을 다 갖고 있거든요. 제가 가장 부러워하는 종족들이죠. 그런데 휴머니스트가 가장 부러워하는 게 바로 저랍니다. 왜요? 아이디얼리스트가 '쿨'하잖아요. 이건 제 자뻑 성향이고요, 일반적으로 규범이나 매뉴얼을 중시하는 휴머니스트에 비해 아이디얼리스트는 높은 자아를 드러내며 남과 다른 무언가를 찾으려 하는 성향이 있어요. 그것이 휴머니스트에게 멋있게 느껴지나 봐요.

오늘은 아이디얼리스트가 많이 왔는데요. 아이디얼리스트를 이렇게 한꺼번에 만나기란 극히 드문 일이에요. 여러분은 이제부터 셀프가 높은

뜬구름 잡는
이야기에 몰두해서
저 혼자 좋아하는
종족

인간들의 실제 얼굴을 보게 될 거예요.

아이디얼리스트가 어떤 사람이냐? 한마디로 세상에 대한 이해를 통해 자유를 느끼고 존재감을 획득하는 사람들이에요. 남들이 보기에 뜬구름 잡는 이야기에 몰두해서 저 혼자 좋아하는 종족들이에요. '넌 그게 뭐가 좋다고 그러냐?', '그런 거 하면 돈이 나오냐? 밥이 나오냐?' 이런 소리 많이 들으셨죠? 이상한 놈, 또라이라는 말은 밥 먹듯이 듣고 아무도 놀아주지 않아 외톨이가 되지요. 그렇다고 기가 죽어 불쌍하게 지내느냐 하면 그건 아니에요. 아이디얼리스트는 혼자서도 잘 지내요. 독립적이죠. 천상천하 유아독존을 외쳤다는 부처님은 틀림없이 아이디얼리스트였을 거예요. 아이디얼리스트가 아니라면 멀쩡한 왕좌를 팽개치고 궁 밖으로 나갔겠어요? 아이디얼리스트는 남이 알아주거나 말거나 세상의 무거운 짐을 저 혼자 지고 가는 사람들이에요. 자, 그럼 아이디얼리스트의 이야기를 들어봅시다. 아이디얼리스트 발표할 분, 나와 주세요.

천상천하
유아독존을
외쳤다는 부처님은
틀림없이 아이디얼
리스트였을 것

아무도 몰라주는 돈키호테의 꿈

아이디얼리스트1__ 토론을 하라는데 표정들이 무서워서 말을 못 걸겠더라고요. 그런데 교수님이 아이디얼리스트가 외톨이다, 또라이다 하니까 '아,

그래서 그랬구나.' 하고 이해가 가더라고요. 제일 처음 나온 이야기는 역시 인간관계에 어려움이 많다는 거였는데 그걸 심각하게 생각하진 않았어요. 다른 사람에게 잘 신경 쓰지 않고요. 심지어 사람의 이름도 잘 외우지 못해서 사는 게 힘들다고는 했습니다.

황상민__ 아이디얼리스트는 관계에 서툴고 또 관계를 무시해요. 그러니 리얼리스트가 넘쳐나고 휴머니스트가 득세하는 이 세상에서 사는 게 얼마나 힘들지 짐작이 가지요? 저도 한때는 사는 게 너무 힘들어서 휴머니스트의 모습을 보이려고 노력한 적도 있어요.

상상이 가세요? 사람들하고 어울려 '으샤으샤'도 하고 '우리가 남이가!' 하면서 술도 마셔봤어요. 그런데 술자

관계에 서툴고 타인에 무심해

리에선 주로 잤지요. 재미가 없으니까. 거기에 왜 갔는지도 모르겠고 이야기를 잘 듣지도 않았어요. 상황 때문에 어쩔 수 없이 본인의 특성이 아닌 다른 성향을 끌어내려니까 하면 할수록 더 힘들어지는 거예요.

아이디얼리스트1__ 호기심이 많아 남들이 하지 않는 특이한 것에 관심이 많고 뭐든 빨리빨리 잘 배우지만 흥미를 금세 잃는다고 했습니다. 하지만 굉장히 빨리 배우기 때문에 다들 자신감이 넘쳤어요. 뭐든 혼자 잘할 수 있다고 생각하는 것 같았어요.

황상민__ 네, 호기심이 많지만 빨리 싫증을 내요. 그래서 종잡을 수 없다는 소리를 들어요.

아이디얼리스트1__ 타인에 대한 관심이 없고요. 괴짜, 다차원, 엉뚱하다는 소리를 많이 들었어요. 또 포용력이 많다는 이야기도 나왔어요.

황상민_ 포용력은 혼자만의 생각이에요. 타인에 대한 관심이 없

는데 무슨 포용력이 있겠어요? 너무 좋게 말씀하시네…….

아이디얼리스트1 ＿ 그리고 친구들이 점점 떨어져 나간다는 이야기가 나왔어요. 사람들과 잘 맞지 않고 공감 능력도 떨어지고요.

황상민 ＿ 아이디얼리스트는 기본적으로 사람에게 큰 관심이 없어요. 한두 사람에게 관심을 갖는데 금방 싫증을 내요. 그래서 연애할 때도 상대가 싫어진 건 아닌데 오랫동안 연애 관계를 유지하는 게 쉽지 않아요. 아이디얼리스트와 연애를 하려면 끊임없이 자신의 새로운 면을 보여주어야 해요.

아이디얼리스트1 ＿ 혼자서 잘 놀고요. 다들 좀 게으르다고 했습니다. 운동은 주로 걷기를 하는데 걷기를 좋아한다기보다 걸으면서 생각하기를 즐긴다고 했어요.

황상민 ＿ 플라톤과 아리스토텔레스의 그림을 본 적 있나요? 플라톤은 하늘을 쳐다보고 있고 아리스토텔레스는 땅을 보고 있죠. 이상주의적인 플라톤과 경험주의적인 아리스토텔레스를 대비하는 그림인데 아이디얼리스트와 리얼리스트한테도 잘 들어맞아요. 세상을 보는 방식 자체가 완전히 반대라고 할 수 있지요. 조금 있다가 리얼리스트 분들의 이야기를 들어보면 이해가 갈 거예요.

아이디얼리스트1 ＿ 집요한 면이 있어서 만화나 드라마를 보면 끝장을 본다고 했습니다. 또 싫어하는 것에 대해서도 이야기했습니다. 누군가가 자기를 보호하려고 얕은 수를 쓰는 걸 금방 알아채고 싫어한다고 했고, 남에게 피해를 주면서 자기 이익을 챙기는 것이 정말 싫다고 했습니다.

황상민 ＿ 이걸 뭐라고 설명해야 할지 저도 잘 모르겠네요. 아이디얼리스트는 자기 나름대로 자신이 관심이 있는 것에 잠시 빠지기를 잘해요. 오래 가기가 쉽지 않지만요. 그리고 자기 나름대로 정의감이 있어요. 어떤 사람이 현실적인 이익을 추구한다고 하면 아이디얼리스트는 남보다 좀 더 예민하게 그걸 느껴요. 마음이 아주 불편해지죠. 그래서 아이디얼리스트가 리얼리스트를 속물이라고 폄하하는 경향이 있어요. 아이디얼리스트하고 리얼리스트는 대화가 안 돼요. 아주 상극이에요.

아이디얼리스트1__ 네, 그렇지 않아도 리얼리스트를 싫어한다고 했고 로맨티스트도 싫어하고, 관심병 환자들이 정말 싫다고 했습니다.

황상민__ 어떡해요? 좋아하는 종족이 없어서. 관계도 제대로 못 하는 인간들이 정말 큰일이네요.

아이디얼리스트1__ 휴머니스트와 좀 맞지 않는다고 했는데 저는 휴머니스트하고 잘 맞거든요. 친구들 중에 휴머니스트가 많고요.

황상민__ 왜 휴머니스트하고 잘 맞는지 아세요? 프로파일을 보니 셀프가 낮아서 그래요. 친구들 눈치를 보면서 대충 맞춰주는 척하는 거예요. 친구들이 젊은 휴머니스트라 아직 그걸 몰라요. 휴머니스트가 좀 둔하거든요. 그렇지만 시간이 좀 지나면 '내가 쟤를 믿어야 하나, 말아야 하나' 헷갈린다고 생각할 거예요. 돈을 빌려달라고 할 때 빌려주지 않으면 자기하고 같은 종족이 아니라는 걸 확실히 알죠.

아이디얼리스트1__ 네, 절대로 빌려주지 않을 거예요.

황상민__ 지금 다들 보셨죠? 아이디얼리스트가 어떤 사람인지? 계속하세요.

관심 있는 것에
잠시 빠지기를
잘하지만,
오래가지 않아

아이디얼리스트1__ 인간관계를 맺으려면 쓸데없는 얘기를 많이 해야 하는데 그런 것도 싫고, 특히 연예인 가십을 왜 이야기하는지 모르겠다고 했어요. 분석적이고 논리적으로 따지기를 좋아해서 같은 연예인 가십거리도 아이디얼리스트는 접근 방법이 다르다고 했어요.

황상민__ 잘났다 이거죠? 그래서 이런 걸 고민이라고 제게 보냈어요. 한번 들어보세요.

'WPI가 말하는 각각의 분류는 일시적, 현재 모습의 반영인가? 아니면 어느 정도 선천적으로 지속되는 속성인가? 각각의 분류는 유전되는가?'

지금 논문 쓰자는 거예요? 지금, 나 뭐 좀 안다! 하고 뿌듯해하시죠? 돌아버려요. 그렇지만 이처럼 쓸데없는 생각을 하는 게 아이디얼리스트 맞아요. 사실 아이디얼리스트는 남들 눈에는 쓸데없어 보이는 철학적인 것에 몰두하는 성향이 있어요. 뜬구름 잡는 세계에 빠져 허우적거리다가 무언가를 알아냈다며 좋아서 춤을 추는 인간들이에요. 남들은

남들과 다른 데서 존재감을 찾는 인간들

웃기는 놈이니 이상한 놈이니 하지만 아이디얼리스트는 상관하지 않아요. 어차피 남들과 다른 데서 존재감을 찾는 인간들이거든요.

아이디얼리스트1__ 지시하는 것과 지시받는 것을 다 싫어하고요. 가식적인 것, 허세, 오지랖, 권위 같은 것을 정말 싫어한다고 했어요.

황상민__ 다 싫어하고 좋아하는 게 거의 없네요. 지금 말한 것이 모두 전형적인 아이디얼리스트의 특성이에요. 어휴! 어휴! 저런 인간이 아이디얼리스트였어? 지금 엄청난 야유를 보내고 있어요. 제 잘난 맛에 사는 또라이들이라는 거죠? 그래봤자 이분들은 꿈쩍도 안 해요. 그런 소리

한두 번 들었나 뭐, 속으로 이렇게 반응하지요.

아이디얼리스트1___ 다들 회식을 정말 싫어한다고 했어요.

황상민___ 진짜 싫어해요. 아이디얼리스트는 회식이 의미가 없다고 생각해요. 회식시간에 진지하게 일에 대해 의견을 나누면 좋겠지만 대부분의 회사 회식은 '먹고! 마시고! 죽자!'잖아요?

아이디얼리스트1___ 무언가에 몰입하다 보면 나이에 비해 철없다는 소리를 듣는다고 했어요.

황상민___ 벙커를 웃음바다로 만드시네요. 셀프가 높으면 좋겠다고 소원하던 모습이 이런 허당들이에요.

아이디얼리스트1___ 근원적인 외로움을 느낀다는 분이 한 분 있었는데요. 다른 분들은 외로움 같은 건 느끼지 않는다고 했어요. 저도 그렇고요.

황상민___ 근원적인 외로움을 느낀다! 드디어 아이디얼리스트의 원단을 보게 되었네요. 아이디얼리스트는 현실적인 것에 관심이 없는 대신 근원적인 것에 관심이 많아요.

　'인간은 어디에서 와서 어디로 가는가? 어떻게 살아야 하나?'

　이렇게 말하면 멋있는 것 같지만 사실 뜬구름 잡는 이야기죠? 근원적인 외로움이란 로맨티스트처럼 '혼자 있으니 외로워. 내 맘을 알아주는 누군가가 그리워!' 하는 식의 외로움과는 다르게 봐야 해요. 아이디얼리스트는 그대가 곁에 있어도 외로운 존재예요.

아이디얼리스트1___ 처음엔 말 붙이기가 어려웠는데 막상 이야기가 시작되자마구 쏟아냈어요. 하고 싶은 말이 많은 듯했고요, 기가 엄청 센 것 같았어

요. 말하는 걸 보면서 제 모습이 남들한테 이렇게 보이겠구나 싶어 재미
있었습니다.

황상민 ─── 사실 아이디얼리스트가 상당히 외로
워요. 잘난 이야기를 공유해줄 사람이 별로 없거든
요. 말을 들어줄 만한 사람을 찾아야 하는데 쉽지
않아요. 웬만한 사람하고는 공유하기가 어려우니
까 사람을 가려요. 오늘 재미있었다니 다행이네요. 끝나고 같이 생맥주를
마신다거나 다음에 다시 만날 의향이 있으세요?

아이디얼리스트1 ─── 아뇨, 절대로. 한 번 만난 걸로 됐다고 생각합니다. 그리
고 교수님, 제 프로파일 좀 봐주세요.

황상민 ─── 그렇죠? 두 번 다시 보고 싶지 않죠? 아이디얼리스트는
외로움을 느끼다가 자신과 비슷한 아이디얼리스트를 만나면 신기해하기
도 하고 반가워하기도 해요. 하지만 딱 거기까지일 뿐 지속적인 관계를
맺는 것은 원치 않아요. 가끔씩 만나야 좋죠.

프로파일을 보니 아이디얼리스트 성향이 확실하네요. 그런데 트러스
트가 높아서 본인의 책임을 다 해야 한다는 생각을 하고 있어요. 결혼하
셨어요?

아이디얼리스트1 ─── 아뇨, 아직 안 했어요.

황상민 ─── 시부모님이 진짜 좋아하는 며느리가 될 거예요. 딱 그런
프로파일이에요.

아이디얼리스트1 ─── 저는 그게 싫어서……

황상민 ─── 그게 싫어서요? 괜찮아요. 결혼만 하면 잘할 거예요. 왜

고개를 절레절레 흔드세요?

아이디얼리스트1   사실 제 고민이 바로 그것이에요. 제가 부모님 밑에서 살 때도 자유를 갈망했거든요. 근데 결혼해서 부모님이 한 쌍 더 생긴다는 생각을 하니까 너무 끔찍한 거예요.

황상민   트러스트가 과도하게 높아서 결혼도 하기 전에 며느리 노릇에 책임감을 느끼는 거예요. 이제부턴 쓸데없는 부담감을 내려놓으세요. 지금 릴레이션이 바닥이거든요. 사람들에게 관심을 조금 더 갖는 게 좋아요.

아이디얼리스트1   또 개인적인 질문인데요. 별것 아닌데……, 저는 남자를 보는 눈이 너무 높고 까다로운 것 같아요.

황상민   남자를 보는 눈이 높고 까다로운 게 아니고요. 아이디얼리스트는 다른 사람에 대한 기대가 커서 사람 보는 눈이 높고 까다로워요. 다른 사람과 관계를 맺기 힘든 이유도 아이디얼리스트의 기준이 높기 때문이에요. 본인의 수준이 어떠냐와 관계없어요. 이상주의자거든요.

별나다는 소리에 힘을 얻는다

황상민   이번에 발표하는 테이블은 아이디얼리스트 성향과 셀프 사이에 갭이 있는 분들이에요. 앞서 말한 분들과 뭐가 다른지 귀 기울여 듣기 바랍니다. 발표자 분, 앞서 말한 분들한테 공감이 가던가요?

아이디얼리스트2   거의 다 똑같았어요. 이야기를 들으면서 우리 테이블은

'저거 완전히 내 이야기인데!' 하며 공감했어요. 앞서 나오지 않은 이야기만 말씀드리면 먼저 우리 팀은 '별나다'는 말을 들으면 오히려 좋아한다고 했습니다.

황상민 ___ 그렇죠? 고질병이에요. 아이디얼리스트는 남과 다른 맛에 사는 별난 종족이에요. 아이디얼리스트는 자기만의 세계에 빠져 엉뚱한 생각을 많이 해요. 그러다 보니 창의적이란 소리를 들어요. 돈키호테, 또라이 소리도 듣고요. 이런 말을 들었다고 마음이 상해 '사람들이 싫어!' 하며 지내는 경우도 많아요. 이게 남의 이야기가 아니라 오래전의 제 모습이에요. 상당히 에고이스트적인 성향이 있어서 자기 생각만 옳다고 고집하는 것처럼 보여요. 안타깝죠.

그런데 알고 보면 아이디얼리스트가 옳을 때도 많아요. 주위 사람들이 알아주지 않으니 문제죠. 세상이 옳다고 한다고 다 옳은 건 아니잖아요? 대개는 세상이 옳고 혼자 틀린 경우가 많지요. 그때도 내가 틀린 게 아니라 세상이 잘못된 거라고 생각해요. 이렇게 에고이스트에다 자뻑 성향까지 있으니 인간관계가 좋겠어요? 그런데 이들이 뭔가에 꽂혀 5년 이상 매달리면 그 나름대로 전문성을 가져요. 그러면 이상한 인간에서 신기한 인간이 되죠. 이게 아이디얼리스트가 살아남는 방법이에요.

보통은 호기심이 많아 여기저기 기웃거리느라 전문성을 키우기가 힘들어요. 조금만 알게 돼도 흥미가 떨어져 다른 것에 집적대거든요. 공부나 먹고사는 문제뿐 아니라 연애도 마찬가지예요. 그래서 아예 연애를 한

> 에고이스트에다
> 자뻑 성향까지
> 있으니 인간관계가
> 좋겠어요?

번도 못 해봤다는 아이디얼리스트도 많아요.

아이디얼리스트2 ─ 남들 눈치를 맞추느라 힘들다고 했습니다.

황상민 ─ 착각이에요. 뭔 눈치를 맞춰요, 맞추긴? 어차피 맞지도 않아요.

아이디얼리스트2 ─ 예, 맞습니다. 그래서 힘들다고 했어요. 이건 정말 속 터지는 건데…… 우리 생각을 솔직하게 말하면 다들 디스로 오해한다고 했어요.

황상민 ─ 그렇죠. 아이디얼리스트는 온 세상을 '디스'하고 있어요.

아이디얼리스트2 ─ 조직생활이 어렵고요, 특히 상하 관계가 힘들다고 했어요. 권위적인 제도에 얽매이는 게 싫어서 혼자서도 할 수 있는 전문직에 종사하는 분이 많았습니다.

황상민 ─ 아이디얼리스트한테 일반 사무직은 진짜 힘들어요. 조직 관리를 잘 못하고 사회생활에서 요구하는 관행적인 일을 거부해요. 매일같이 반복되는 업무도 못 견디고요.

아이디얼리스트2 ─ 싫증을 빨리 내는 성향이 연애에도 적용된다고 했고요.

황상민 ─ 그렇지요, 그 성질이 어디 가겠어요? 연애도 힘들어요.

아이디얼리스트2 ─ 그런데 좀 이상했던 건 처음엔 다들 '나도 그래! 어쩜 이리 똑같냐?' 하며 신기해하던 분들이 이야기가 길어지니까 '난 그건 아닌데……' 하면서 발을 좀 뺐다는 겁니다.

황상민 ─ 처음에는 서로 비슷한 부분이 있으니까 반가워요. 그런데 그게 금방 싫어지죠. 아이디얼리스트 안에서도 차별성과 특이성을 보이

온 세상을
'디스'하고
조직생활이
어려운 종족

아이디얼리스트끼리
오래 얘기하면
서로 재수 없어지기
시작해요

려는 거예요. 그래서 오래 이야기하면 서로 재수 없어지기 시작해요.

아이디얼리스트2 ─ 아무튼 다시 만나고 싶진 않았어요.

황상민 ─ 어쩜 좋아요? 그런데 두어 달 지나면 그때 그 아이디얼리스트들은 무얼 하나, 하고 그리워질 거예요. 토론한 것이 그게 전부예요? 별로 말씀을 하지 않은 모양이네요. 공통점을 찾아내는 게 싫었나 봅니다.

아이디얼리스트2 ─ 아니, 말은 많이 했는데요. 어차피 자기 삶인데 굳이 공통점을 찾아봐야 뭐하나 하는 생각이 들어서…….

황상민 ─ 그래서 듣다 말았다는 거예요?

아이디얼리스트2 ─ 아뇨, 듣긴 다 들었어요. 그런데 여기 적어 나오진 않아서 별로 할 말이 없네요.

황상민 ─ 지금 저를 돌게 하려는 거죠? 저는 그 정도로 돌지는 않아요. 지금 웃음소리가 들리세요? 다들 어이없다고 웃는데……. 그런데 이것도 아이디얼리스트의 특성이에요. 이분은 아이디얼리스트 성향보다 셀프가 낮아요. 그래서 다른 사람의 이야기에 별로 반대하지 않고 들어줘요. 아니, 들어주는 척해요. 그렇지만 관심은 별로 없어서 뭔 이야기를 했냐고 물어보면 "별 이야기 없던데?" 하고 넘어가요. 그렇죠?

아이디얼리스트2 ─ 예, 맞습니다. 나온 김에 개인적인 질문 좀 드리고 싶은데요. 컴퓨터 쪽 일을 하고 있는데 답답한 사람들하고 같이 하니 차라리 독립할까 하는 마음이 크거든요.

황상민 ─ 혼자 일하는 게 더 나을 수도 있어요. 그러나 먼저 알아두어야 할 게 있어요. 어떤 일이든 혼자 할 수 있는 일의 크기와 여러 사람이 할 수 있는 일의 크기는 차이가 엄청나요. 혼자서 하는 일은 상당히 제한적인 수준밖에 안 되기 때문에 성과를 내기가 힘들어요.

아이디얼리스트2 ─ 같이 일하던 직원 두어 명과 작게 시작해보려고요.

황상민 ─ 그런 얘기가 아니고요. 내 능력을 발휘하고 인정을 받으려면 나 혼자의 힘으로는 안 된다는 거예요. 조직에 있을 때 내가 허접스럽게 생각했던 일들이 모두 뒷받침되어 내 능력이 나온 거잖아요? 그러니까 내가 인정하기 싫었던 다른 사람들의 능력과 특성도 인정하고 받아들여야 한다는 거죠. 그게 본인의 성공을 좌우하는 아킬레스건이에요.

아이디얼리스트2 ─ 그렇게까지는 생각하지 않았는데요.

황상민 ─ 조직에서는 모든 사람이 똑같이 코딩을 잘 짜고 알고리듬을 잘 만들 이유가 없어요. 지금 딱 보기엔 일은 내가 다 하고 저 인간은 거래처 사람들과 술이나 먹고 노는 것 같지만 막상 독립해보면 그 일까지도 내가 잘해야 하거든요. 그제야 술이나 먹던 그 인간의 사람을 잘 사귀고 일도 잘 물어오는 능력과 특성을 인정하는 거죠. 지금 아이디얼리스트로선 과도하게 매뉴얼 성향이 올라가 있어요. 그래서 다른 사람이 하는 일이 자기 마음에 들지 않아요. 눈을 좀 낮추고 다른 사람의 특성을 좋게 받아들이세요.

아이디얼리스트2 ─ 그래도 최소한의 기준이나 룰은 있어야지요.

황상민 ─ 규범과 룰은 휴머니스트가 따지는 거예요. 아이디얼리스트치고는 조금 보수적인 분이네요. 그렇죠? 마음을 좀 편히 갖고 그들이 하는 일도 다 가치가 있는 일이라는 걸 받아들이세요. 그리고 다른 사람들이 일하는 게 답답하다고 했는데 그건 성향이 다른 거지 능력이 떨어지는 게 아니에요. 이건 오늘밤 이 자리에 온 여러분 모두가 잘 기억해야 해요.

로맨티스트는 새롭고 엉뚱한 생각을 하면 죽는 줄 알아요. 절차가 정해진 일을 꼼꼼하고 정확하게 해내는 능력은 뛰어나지만 맨땅에 헤딩하라고 하면 엄청나게 당혹스러워 해요. 그렇지만 반복적인 일은 꼼꼼하게 잘해내요. 엑셀로 계산하는 일 같은 걸 예술적으로 깔끔하게 해내요. 이런 건 아이디얼리스트가 못 하는 일이잖아요? 이걸 서로 인정해줘야 해요. 다른 성향의 사람들에게 내 잣대를 들이대지 마세요.

아이디얼리스트를 만나보니 어땠어요? 학교에 다닐 때 좀 이상하게 보이던 친구가 생각나지 않으세요? 구석에서 말없이 도시락을 까먹고 휑하니 혼자 다니던? 나쁜 아이는 아니었는데 나랑 다르다고 생각해서 말도 걸지 않던 친구가 기억나죠? 그 아이가 바로 오래전 제 모습이에요. 애틋한 마음이 들지 않나요? 이제부턴 아이디얼리스트를 만나면 잘 대해주세요. 그래봤자 좋은 소리를 듣지는 못하겠지만요. 그럼 아이디얼리스트의 개인 이야기를 들어볼까요? 질문해주세요.

[고민1] 시나리오 작가로 살아갈 수 있을까요

고민남— 아이디얼리스트인데요, 릴레이션이 너무 높으면 이상한 거 맞죠?

황상민— 아이디얼리스트가 만빵인데…… 아이디얼리스트가 자기의 꿈이나 이상을 실현하기 위해 자기만의 에센스를 개발하기보다 다른 사람과 연대를 맺어 새로운 변화를 추구하려 한다고 볼 수 있어요.

고민남— 제가 직장을 옮긴 지 얼마 되지 않았는데 그것과 연관이 있을까요? 여자 상사들이 쫙 포진해 있어서 완전히 눌려 지내고 있거든요. 어떻게든 욕을 먹지 않고 구설수에 오르지 않아야 한다는 강박관념 속에 살고 있어요.

황상민—— 어차피 시간이 지나면 구설수에 오르고 욕을 얻어먹게 되어 있어요. 주머니 속의 송곳이 어찌 되는지 아시죠? 시간이 지나면 송곳이 스스로 주머니 밖으로 나오기 마련이에요. 릴레이션을 아무리 올려도 아이디얼리스트 성향은 감출 수 없어요.

고민남—— 열심히 잘 커버하고 있어요. 여자 상사들하고도 아직은 잘 지내고요.

황상민—— 아이디얼리스트는 여성과 비교적 말이 잘 통해요. 게다가 이렇게 잘생겼으니 여성 상사들이 얼마나 신경을 써 주겠어요? 그래서 잘 지내는 것 같이 느끼는데 어디서 문제가 생기냐 하면요. 말이 잘 통하니까 여성들 입장에서는 자기와 감성이 통했다고 생각하기 쉬워요. 그런데 아이디얼리스트는 특정 여성한테 감성적 헌신을 못 해요. 여성 입장에서는 자기가 그만큼 신경을 써 줬으면 거기에 대응하는 제스처가 나와야 하는데 없는 거예요. 그리고 돌아보니 다른 여자한테도 다 자기만큼 해주고 있어! 자기만 특별하다는 느낌이 들지 않으면 배신감을 느껴요. 그때부터는 '저 자식이 좀 건방지네!' 하고 구설수에 오르게 되죠. 그런데 고민이 뭐지요?

> 아이디얼리스트는
> 특정 여성한테
> 감성적 헌신을 못 해

고민남—— 못 견디겠어요.

황상민—— 네?

고민남—　제가 본래 시나리오를 쓰다가 굶어죽을 것 같아서 직장에 들어갔는데 진짜 너무 힘들어요.

황상민—　아무리 힘들어도 시나리오가 성공하기 전까지는 절대 나오지 마세요. 아이디얼리스트가 본인이 원하는 결과를 얻으려면 상당한 고통 속에 있어야 해요. 아이디얼리스트의 대표적인 예가 연암 박지원 선생이에요. 그분은 정조 대왕이 벼슬을 준다고 해도 싫다고 했어요. 대단한 사대부 가문에서 태어났으면서도 양반들이 멸시하는 서얼들과 친구로 지내며 자기가 좋아하는 공부하고 글을 쓰며 살았지요. 살림이 얼마나 가난했던지 일주일을 굶어 뱃가죽이 등가죽에 달라붙을 정도였다고 해요. 그래도 뜻이 맞는 친구들과 소통하며 삶의 즐거움을 찾았어요. 그분이 쓴 《열하일기》는 중국 기행문이에요. 당시 중국은 아무나 갈 수 없는 곳이었지요. 왕의 사위이던 사촌형님한테 부탁해서 비공식수행원 비슷하게 따라갔어요. 그러니 밥을 제대로 얻어먹었겠어요, 잠을 제대로 잤겠어요? 그래도 선생의 《열하일기》는 최고의 고전이 되었고 비단옷 입고 배불리 먹던 인간들은 자취도 없이 사라졌어요. 어렵고 힘든 데서 작품이 나오는 거예요. 지금 직장이 아무리 힘들고 괴로워도 꾹 참고 시나리오를 쓰세요.

고민남—　네, 저도 빨리 써서 나가고 싶은데…….

황상민—　'이 직장이 나를 말려 죽이는 것 같아. 좀 더 좋은 환경에서 시나리오를 써야지.' 하면 절대 성공하지 못해요. 무조건 버티세요. 그러면서 시나리오를 반드시 완성하세요. 아이디얼리스트가 만빵이라고 했죠? 얼마든지 버티고 이겨낼 수 있어요.

[고민2] 독립할 때를 알고 싶어

고민녀—　　　저는 디자이너인데요, 대학교 졸업하고 쭉 일해서 지금 중간관리자거든요. 조직이 큰 것도 아닌데 사내 정치가 장난이 아니에요. 서너 명만 모여도 파벌 싸움이 일어나니 돌아버리겠어요. 직장생활에서 그게 제일 힘듭니다.

황상민—　　　프로파일을 보니 전형적인 M자형이네요. 그래서 아까 혼자만 예민하고 외로움도 느낀다고 했군요. 두 가지 성향이 있으니 디자 인하기엔 아주 좋네요.

고민녀—　　　네, 일하는 데는 별다른 어려움이 없는데 위아래로 치여 회사를 그만두고 싶어요. 게다가 마흔 줄에 들어서니 언제까지 다닐지도 모르겠고…….

황상민—　　　진작 독립했어야 하는데 왜 하지 않았어요?

고민녀—　　　상황이 좀 좋지 않았어요.

황상민—　　　독립하기에 완벽한 조건을 갖춘 상황은 앞으로도 오지 않아요. 내일 당장 회사를 집어치울 건 아니죠? 아이디얼리스트가 독자적인 일을 하려면 상당히 정교한 준비가 필요해요. 최소한 3년에서 5년은 준비를 해야 해요. 제가 WPI를 만들고 여러분과 공유하기까지 얼마나 걸렸을 것 같아요? 10년 넘게 걸렸어요. 무슨 일이든 마찬가지예요.

남다른 뭔가를 이루려면 3년에서 5년은 파고들어야

남다른 뭔가를 이루려면 최소한 3년에서 5년의 준비기간이 반드시 필요해요. 그런 준비 없이 무턱대고 나가면 100퍼센트 망해요. 준비 없이 혁명을 일으켜봐야 개죽음을 당하는 것밖에 없거

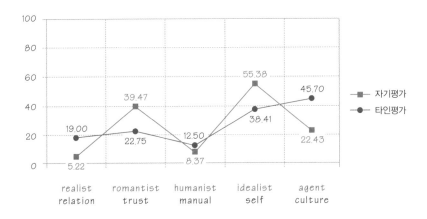

든요. 개인의 삶이든 사회든 변화를 위한 혁명은 다 똑같아요. '지지율이 높으니까 내가 나가면 어떻게든 될 거야.' 하고 나가면 완전 또라이가 되고 말아요. 이런 짓은 로맨티스트나 할 일이지 아이디얼리스트가 하면 안 돼요.

고민녀__ 제가 일은 자신이 있는데 영업을 하지 못해 고민이거든요.

황상민__ 영업을 할 만한 사람을 찾아 그의 장점과 차별성을 인정하고 일을 맡기세요. 그렇지만 충분히 리드할 수 있는 준비를 완벽히 갖추고 나가야 해요.

고민녀__ 《아웃라이어》를 2년 전에 읽었는데 그게 아이디얼리스트라고 생각지 못했어요. 그 책에선 성공을 위해 1만 시간을 투자하라고 하잖아요? 교수님은 그보다 적게 말씀하시네요.

황상민__ '아웃라이어'는 정상분포 곡선의 양극단에 있는 사람들을 말해요. 말콤 글래드웰이 그 책에서 언급한 아웃라이어는 사실 좋은 의미가 아닐 수도 있어요. 왜냐하면 그들은 평균에서 멀리 벗어난 사람들이니까요. 한국 사회에서 아웃라이어는 사회부적응자라고 생각해요. 미국 사회에서 아웃라이어는 그 사람만의 내공을 통해 성공한 사람으로 보기도 하지요. 그런 내공을 쌓는 데는 적어도 1만 시간, 10년이 걸린다는 이야기를 했죠. 다행스럽게도 우리 사회에선 그 정도까지의 내공은 필요치 않아요. 우리 주변의 수많은 전문가가 얼마나 전문가다운지는 여러분도 잘 알잖아요. 책 몇 권 달달 외우거나 그럴듯한 방송에 몇 번 나가 빤한 이야기를 하면 소위 전문가 소리를 듣는 것이 이 나라의 많은 전문가라는 사람들의 수준이지요. 그러니 10년이 아니라 3년에서 5년만 해도 사람들에게 웬만큼 전문가처럼 한다는 말을 들을 수 있어요. 그 정도로 우리 사회에 깊이가 없다는 얘기라 안타깝긴 하지요.

[고민3] 다른 길로 가고 싶어요

고민남____ 다들 관계에 어려움을 많이 겪던데 저는 별로 그런 걸 모르겠어요.

황상민____ 훌륭하세요. 프로파일 좀 볼까요? 로맨티스트도 높고 아이디얼리스트 성향도 비교적 높은 M자형이에요. 감성적인 성향과 자기 나름대로의 특성을 드러내려는 성향이 같이 있으면 멋있는 사람일 수도 있지만 상당히 혼란스럽고 힘들기도 해요. 릴레이션이 바닥인데 관계에 어려움이 없다니 주위 사람들이 얼마나 괴로울지…… 대단하네요. 눈치가 아예 없지는 않을 텐데 말이죠.

고민남____ 그런가요? 몰랐는데…… 저도 3~4년 내로 일을 바꾸려고 하거든요. 무슨 일을 하면 좋을지 알고 싶어서요.

황상민— 지금 무슨 일을 하나요?

고민남— 수학과 나와서 금융모델 만들고 있어요.

황상민— 잘나간다고 남들이 부러워하죠? 근데 본인은 기계적인 일이라 재미가 없어요. 뭔가 의미 있는 일을 하고 싶다는 생각을 하죠? 대한민국에서 의미 있는 일은요, NGO 활동이나 데모 외에는 생각하기가 참 힘들어요. 그렇죠? M자형이라 뭘 해도 잘할 수 있어요. 이런 이야기를 들으니 뿌듯하죠? 그런데 무슨 일로 바꾸려고 하세요?

고민남— 예술 쪽으로요. 그게 맞는 것 같아요.

황상민— 금융공학을 한 분이 예술을요? 서머싯 몸의 소설 《달과 6펜스》를 읽었나요? 증권 브로커를 하던 사람이 그림을 그리러 남태평양으로 떠나는 이야기죠. 멋있긴 한데 살아생전에 돈 만지기는 힘들겠죠? 예술 쪽 무얼 할 건가요?

고민남— 글을 쓰려고요.

황상민— M자형이 글을 쓰면 상당히 잘 써요. 두 가지 좋은 성향을 다 가졌거든요. 문제는 그 두 가지 성향을 잘 쓰면 좋은데 칼을 써야 할 때 총을 쓰고, 총을 써야 할 때 칼을 쓰면 상당히 헷갈리고 힘들어지죠. M자형은 본인의 특성을 정확히 이해한 뒤 활용해야 해요. 그런데 무슨 글을 쓰고 싶으세요?

고민남— 뭔가 심오한 소설이요.

황상민— 뭔가 심오한 소설! 그렇죠, 아이디얼리스트가 남들 다 쓰는 시시한 걸 쓰겠어요? 남들이 아무도 읽지 않을 소설을 쓰는 거야 누가 뭐라고 하겠어요. 쓰세요. 그런데 쓰기 전에 훌륭한 금융공학 모델을 만들어 통장의 잔고를 잔뜩 올려놓으세요. 아시겠죠?

고민남__　　　　네.

황상민__　　　아이디얼리스트는 본능적으로 자유를 추구해요. 조직에서 일하려면 당연히 해야 하는 것도 거부하니까 일반 회사에서 지내기가 쉽지 않아요. 그래서 회사를 그만두겠다는 사람이 유난히 많아요. 그럴 때 저는 웬만하면 빨리 네 길을 찾으라고 말해줘요. 하지만 로맨티스트

━ 셜록 황의 심리 코멘터리

WPI에서 M자형 인간의 장단점은?

로맨티스트 성향과 아이디얼리스트 성향이 동시에 높은 프로파일을 M자형이라고 한다. M자형은 대부분의 사람들이 갖고 싶어 하는 특성을 모두 갖춘 양수겸장이라 할 수 있다. 감성적 측면에서든 이성적이고 지성적인 측면에서든 그 나름대로 재능이 많은 사람이다. 중요한 것은 이런 특성이 어떤 상황 혹은 관계에서 뚜렷하게 나타나거나 부각될 수 있느냐다.

그 재능을 적재적소에 잘 활용하면 예술적 성취를 이루거나 자기 나름대로의 스타일을 보여줄 수 있다. 그런데 많은 경우 그 재능을 언제 어디에 어떻게 사용해야 할지 본인도 확신하지 못하고 주위 사람들도 헷갈리게 하기 쉽다. 그래서 엉뚱하다거나 정체를 알 수 없는 사람이란 말을 듣기도 한다.

M자형은 자기 확신이 강하지 않는 한, 자기 자신에 대해 많은 의문을 보일 수밖에 없다. 또 M자형은 호기심이 많고 감각이 있기 때문에 이것저것 시도해보기는 하지만 인내심을 갖고 꾸준히 매진하는 데는 약하다. 안타깝게도 어려운 상황에 직면할 때마다 자신이 가진 다른 재능이나 특성에 눈을 돌리는 것이다.

한테는 웬만하면 끝까지 버티라고 해요. 회사에선 40대가 넘으면 조직을 관리해야 하는 입장이 되는데 아이디얼리스트는 이런 걸 지독하게 싫어하거든요.

게다가 아이디얼리스트는 게을러요. 마음에 없는 건 죽어도 하지 않으려고 해요. 학교에 다닐 때 좋아하는 과목만 들이파는 사람들은 아이디얼리스트 성향이 있다고 보면 돼요. 대신 아이디얼리스트는 자기의 정체성을 계속 확장하려 해요. 그래서 자꾸 다른 데를 기웃거려요. 하지만 한 분야의 전문가가 되기 전에 섣불리 정체성을 확장하다가는 죽도 밥도 안 되는 지경에 이른다는 걸 꼭 기억하세요. 이것만이 아이디얼리스트가 살 길이에요. 아이디얼리스트는 까딱하면 개죽음당하기 딱 좋아요. 개는 복날에 보신탕에라도 쓰이지만 아이디얼리스트는 그냥 사라질 뿐이에요.

[고민4] 아이디얼리스트라 친구를 사귀기가 어려워요

고민남__ 대학생인데요. 제가 휴학해서 동기들이랑 별로 친하지 않아요. 동기들과 잘 지내고 싶은데 아이디얼리스트라 어렵겠지요?

황상민__ 동기들과 잘 지내고 싶으면 내가 엉뚱한 짓을 했을 때 동기들이 즐거워하면 돼요. 엉뚱한 짓을 해서 동기들을 웃겨 주세요.

고민남__ 사회성도 별로 좋지 않은데…….

황상민__ 아이디얼리스트는 사람을 만나 이야기하는 걸 힘들어하고 겁을 내요. 그러다 보니 자꾸 사람을 피하고 스스로 외톨이가 되어가요. 그럴수록 주위에선 이상하다는 소리를 자꾸 해대고 마음은 점점 더 힘들어지죠. 이럴 때 아이디얼리스트한테 중요한 것은 '다른 사람과 잘 지내라'가 아니라 '다른 사람이 너를 놀리는 것은 다 너에게 관심이 있어서야'라는 말 한마디예요.

남들과 다르게 생각해서 상황을 돌파하는 거

어릴 때 제 별명이 '옥메'였어요. 여러분은 옥메가 뭔지 모르죠? 옥상에서 떨어진 메주라는 뜻이에요. 친구들이 저를 다 옥메라고 불렀어요. 지리 시간에 '옥매산'이라는 산이 나오니까 애들이 다 뒤로 넘어가고 교실이 뒤집어졌어요. 그때 저는 속으로 얼마나 흐뭇했는지 몰라요. '아, 친구들이 나를 엄청나게 중요하게 생각하는구나. 고맙다, 애들아.'

이게 아이디얼리스트의 생존법이에요. 남들과 다르게 생각해서 그 상황을 돌파하는 거죠. 고등학교에 들어가자마자 제 별명이 옥메라고 미리 알려줬어요. 고등학교 3년 내내 옥메라고 불렸지요. 어떻게 살아야 하는지 느낌이 확 오죠?

고민남___ 고맙습니다, 교수님. 제 프로파일 좀 봐주세요.

황상민___ 또 M자형이네요. 훌륭한 프로파일이에요. 지금 이대로 지내면 돼요. M자형이라 동기들이 '아, 그 녀석 상당히 독특해!'라고 생각하긴 해도 이상한 또라이라고 생각하지는 않아요. 셀프가 낮아서 본인의 생각을 강하게 주장하지는 않거든요. 약간 엉뚱하지만 재주 있는 사람으로 보고 있을 거예요. 혹시 남들이 나를 이상하게 보더라도 다 나를 좋아하기 때문이다, 그거 하나만 믿으면 돼요.

[고민5] 아이디얼리스트라는 걸 숨기며 살고 있어요

고민녀___ 저는 특이하다는 말을 듣는 걸 아주 싫어해요. 그래서 남들의 마음을 읽어주고 그 감정에 맞춰주느라 많이 노력했는데도 아이디얼리스트라고 나와서 기분이 좋지 않아요.

황상민___ 그동안 로맨티스트로서 잘 지냈다고 생각했는데 WPI에서 아이디얼리스트로 발각이 나니 열 받는다는 건가요?

고민녀___ 제가 정말 잘 참아요. 하고 싶은 얘기도 거의 하지 않거든요. 회사에 가면 큰 창으로는 일하는 거 띄워놓고 작은 창으로는 민주주의의 미래를 고민하고…… 그냥 그렇게 지내거든요. 제가 뭔가 심리적으로 왜곡돼 있는 건가요?

황상민___ 그렇지는 않은데 본인의 아이디얼리스트적 장점을 죽이고 있으니 안타깝네요. 본인은 그것이 사회에 적응하기 위한 피나는 투쟁이라고 생각하는데, 아니에요. 스스로를 고사하는 거예요. 아이디얼리스트 성향을 살려 지금 하는 일에 남다른 차별성을 키우면 훨씬 더 인정받는 편집자가 될 수 있어요. 그런데 지금처럼 산다면 그 많은 출판사에, 그 많은 책을 만드는 웬만한 편집자로 살 거예요. 기분이 별로 좋지 않은 것 같군요.

고민녀___ 아니에요. 그런데 릴레이션은 왜 이렇게 차이가 나는 거예요? 귀찮긴 하지만 관계를 맺긴 잘 맺거든요.

황상민___ 말은 그렇게 하지만 실제론 관계에 신경 쓰지 않아요. 물론 말로는 관계를 맺고 싶다고 그래요. 그럼 어떤 상황이 벌어지는지 아세요? 본인과 이야기하는 사람의 입장에서는 아주 밥맛이에요. 나한테 별로 관심도 없으면서 관심 있는 척을 하니 말이죠. 상대방은 그걸 다 알아요.

고민녀___ 생각해보니 그런 것 같아요.

황상민___ 프로파일을 보면 아이디얼리스트인데 로맨티스트나 리얼리스트로 위장해서 살고 있어요. 그렇게 사는 것이 조금도 힘들지 않아요. 다른 사람들이 본인이 의도한 대로 움직여주지 않는 데서 약간의 스트레스를 받지만 나머지는 별로 신경 쓰지 않고 편히 지내고 있어요.

고민녀___ 네, 맞아요. 어려운 건 별로 없어요.

황상민___ 바로 여기에 문제가 있어요. 다른 사람은 세 끼를 먹으면서 그 나물에 그 밥으로 그럭저럭 살 수 있어요. 그런데 아이디얼리스트

셜록 황의 심리 코멘터리

왜 '나란 인간'을 알아야 할까?

인간에게는 자신만의 행동 특성이 있다. 이것을 아는 것은 매우 중요하다. 인간은 자기의 행동반경과 행동 패턴을 알면 특별히 불안해하거나 답답해하지 않는다. 그리고 삶에서 어떤 문제에 봉착했을 때 정확한 자기인식에서 해결의 실마리를 찾을 수 있다.

우리가 살면서 마주치는 문제는 대부분 문제 그 자체보다 그것을 바라보고 해석하고 대응하는 나 자신의 심리나 행동 패턴에 따라 달라진다. 그러므로 WPI 프로파일을 통해 나 자신의 특성을 제대로 인식하면 특정 상황이나 맥락에서 내가 어떤 심리적 특성을 보일지 스스로 예측할 수 있다. 즉, 자신의 정체를 정확히 알아 자신과 부합하는 것과 자연스럽지 않은 것의 차이를 깨닫는다. 또 타인과의 불필요한 갈등과 마찰을 줄이는 것도 가능하다. 만약 어떤 사람이 불만족스러운 행동을 했을 때 그가 속한 유형을 통해 그의 행동을 이해하면 크게 오해해 비난하거나 분노를 일으킬 일이 줄어든다. 나와 타인을 각각 있는 그대로의 모습으로 인정하기 때문이다.

는 그렇게 살기 힘들어요. 살면 살수록 마음 한구석이 허전하고 외로워요. 자꾸 내가 인생을 제대로 살지 못한다는 느낌이 들어서 힘들어요. 그래서 아이디얼리스트를 천형이라고 말하는 거예요. 마치 마음의 병이 있는 것처럼 시들시들해져요. 그러지 않아도 되는데 말이죠. 그러니까 자기 자신을 속이기 시작해요. '나는 괜찮아. 나는 아이디얼리스트가 아니야. 나는 로맨티스트야! 아니, 리얼리스트야!' 하면서 말이죠.

고민녀___ 제가 지금 그런가요? 저는 별 불만이 없지만 그렇다고 행복하지도 않아요. 뭐 하나 맘에 드는 게 없어요.

황상민___ 성경에 나오는 달란트 비유를 들어봤죠? 주인이 종에게 달란트를 주었는데 땅에 묻어놓고 쓰지 않아서 결국 어떻게 되었어요? 나중에 주인이 돌아왔을 때 '주인이시여. 당신이 제게 준 달란트를 잘 보관하였나이다.' 하고 묻어둔 달란트를 내놓자 게으른 종이라고 야단을 맞았지요. 마찬가지예요. 아이디얼리스트는 아이디얼리스트로서 받은 달란트를 써야 해요. 이제 그만 아이디얼리스트의 얼굴을 내보이세요.

[고민6] 교수님과의 관계가 힘들어요

고민남___ 한의대 학생인데요, 교수님과의 관계가 너무 힘들어요.

황상민___ 상당히 늦은 나이에 들어갔네요.

고민남___ 네, 저는 생각하는 걸 자유롭게 이야기하는 스타일이에요. 상대가 윗사람이든 교수든 할 말은 하는 성격이거든요. 그런데 한의대에 들어가 보니 분위기가 그게 아닌 거예요. 비판적인 이야기를 꺼내면 분위기가 아주 험악해져요. 그래서 다들 좋은 소리만 하는데 저는 그런 분위기를 견디지 못하겠어요. 어찌하면 좋을까요?

황상민___ 먼저 그 윗사람이나 교수가 아이디얼리스트인지 확인해보세요. 아이디얼리스트는 아랫사람이나 학생이 무슨 소리를 해도 상관하지 않아요. 내가 이렇게 말하면 우리 연구원이나 학생들이 뭐라고 할지는 잘 모르겠지만요.

윗사람이 휴머니스트면 그 사람 앞에서는 무조건 '예썰!' 하면서 받아주면 돼요. 휴머니스트 상사한테는 절대 따지면 안 돼요. 따지면 따질수록 본인만 더 힘들고 어색해져요. 윗사람이 로맨티스트면 아무 소리 하지 말고 '로맨티스트의 답답함을 내가 참아야 하느니라. 참아야 하느니라.' 하면서 지내세요. 윗사람이 에이전트인 경우에는 시키는 것만 하면 돼요.

고민남___ 교수님 중엔 아이디얼리스트가 많은가요? 그렇다면 안심이네요.

황상민___ 교수는 대개 아이디얼리스트일 거라고 생각하죠? 제가보기엔 휴머니스트와 로맨티스트가 훨씬 더 많아요. 저를 보고 종종 '아이디얼리스트니까 교수가 된 거 아니냐?'고 묻는 사람이 많아요. 교수 사회에 가장 많은 사람은 휴머니스트와 로맨티스트예요. 리얼리스트는 교수노릇을 하기가 힘들지요. 이런 측면에서 보면 아이디얼리스트라서 교수가된 것이 아닌 게 분명해요. 하지만 아이디얼리스트가 비교적 맘 편하게 할수 있는 일이 교수인 것은 맞아요. 어느 정도 개인의 자유를 누리니까요.

고민남___ 그렇다면 교수님들 성격을 모두 연구해봐야겠네요. 너무많아 큰일이네요.

황상민___ 본인의 아이디얼리스트 성향이 상당히 높죠? 릴레이션

아이디얼리스트가
아이디얼리스트
다우려면
셀프가 받쳐줘야

도 과도하게 높고요. 본인은 지금 릴레이션에 엄청 신경을 쓰는데 완전히 삽질이에요. 사람들의 눈치를 보느라 진이 다 빠지고……. 아이디얼리스트가 릴레이션을 과도하게 쓰면 본인의 에너지만 소진될 뿐 실속은 없어요. 본인이 누구한테 집중해야 하는지 관계 정리를 좀 해보세요. 그럼 연구해야 할 교수님 숫자도 확 줄어들 거예요.

왜 아이디얼리스트 성향을 강하게 내세우지 못하냐 하면 셀프가 바닥이라서 그래요. 남들에게는 무지 멋있고 멀쩡하게 잘 사는 것처럼 보이지만 아이디얼리스트가 아이디얼리스트다우려면 셀프가 받쳐줘야 해요. 아이디얼리스트가 아이디얼리스트답지 못하면, 즉 셀프가 바닥이면

셜록 황의 심리 코멘터리

각 성격유형이 생각하는 '관계'란?

각 유형마다 '관계'의 의미와 중요도는 다르다. 리얼리스트에게 관계란 '자기 삶의 근간이자 젖줄'이다. 관계에 자신을 맞추어야 하고 관계를 통해 자신을 확인하고자 한다. 로맨티스트에게 관계란 '내 감정을 공유하고 공감해줄 때' 그 나름대로 의미가 있다. 감정을 공유하거나 내 감정을 인정해주어야만 진정한 관계가 된다. 휴머니스트에게 관계란 통념이나 규범 속에서 내 존재 혹은 위치를 확인하는 것이다. 보통은 '상하좌우 서열' 같은 사회적 위치와 역할로 관계를 정리해야 편안하다. 아이디얼리스트에게 관계란 항상 '나 자신을 선택할 것인가, 관계를 선택할 것인가'의 딜레마에 빠뜨리는 고통과 고민의 지점이다. 에이전트에게 관계란 '일과 함께 시작되고 일의 종료와 함께 끝나는 것'이다.

눈치를 보면서 상황에 대충 맞추려고 해요. 물론 자기 나름대로 끊임없이 자기 특성을 살려보려 하는데 그건 맞지 않아요.

[고민7] 가끔 잠수를 타고 싶어요

고민녀__ 교수님, 저는 가끔 잠수를 타고 싶어져요.

황상민__ 특별히 잠수를 타지 않아도 항상 잠수 중이에요. 인정하기 싫어도 어쩔 수 없어요. 프로파일로 보면 지금 물 밑바닥까지 내려가 있어요. 갭이 장난이 아니거든요.

고민녀__ 맞아요.

황상민__ 아이디얼리스트인데 트러스트하고 매뉴얼이 상대적으로 높아요. 부모님의 기대나 본인 나름대로의 자존심이 상당히 높아요. 그래서 이것도 안 되고 저것도 안 되고……. 남들이 보기엔 쓸데없는 고집을 부리고 있네요. 그렇죠?

고민녀__ 집에선 또라이라고 해요.

황상민__ 밤을 새우거나 늦잠을 자거나 거의 개기는 생활을 하고 있죠?

고민녀__ 네, 두 달 정도 됐어요.

황상민__ 아이디얼리스트에게는 이런 일이 많이 일어나요. 우리 집 꼬마 하나가 중학생 때부터 고등학교 1학년 때까지 거의 이런 모습이었어요. 그 애를 어떻게 해야 할지 심리학자인 나도 도저히 모르겠더라고요. 그때까지도 저는 가족에게 WPI를 해볼 생각을 못 했어요. 그러다 다급하니까 딸에게 WPI를 시켰어요. 다행히 꼬마가 아빠를 거부하지 않고 검사를 해서 프로파일이 나왔는데 그걸 보는 제 가슴이 너무 북받쳐서 차마 말을 못 하고 A4 용지 두 장에 줄줄 썼어요. 그걸 건넸더니 아빠가 자기 마음을 제대로 읽어줬다고 하더군요.

《그리스 로마 신화》에 나오는 시지프스 얘기 들어봤죠? 시지프스는 산꼭대기로 끊임없이 돌을 밀어 올려요. 겨우 정상에 그 돌을 올려놓을 만하면 새 떼가 나타나 돌을 떨어뜨려요. 그럼 또다시 그 돌을 산꼭대기로 밀어 올려요. 이걸 시지프스 상황이라고 하는데 우리 집 꼬마가 딱 거기에 걸려 있는 거였어요. 저주에 걸린 거죠.

고민녀 — 저도 그런 상황이란 말씀이죠? 어떻게 저주를 풀 수 있나요?

황상민 — 글쎄 굿이라도 해서 풀 수 있으면 얼마나 좋겠어요? 대학은 마쳤나요?

고민녀 — 올해 졸업했습니다.

황상민 — 전공은 뭐죠?

고민녀 — 경제학이요.

황상민 — 전혀 관심이 없었겠네요. 뭘 하고 싶어요?

고민녀 — 그게 고민이에요. 그냥 조건 맞춰서 아무데나 갈까…….

황상민 — 그렇죠. 아무 회사나 취직해서 리얼리스트로 사는 것도 한 가지 방법이에요. "네, 사장님. 훌륭하십니다" "네, 그렇게 하겠습니다" "아, 그렇군요. 이건 저희의 문제가 아니라 시장 상황의 문제입니다" 이러면서 잘 지낼 수도 있어요. 그런데 그렇게 살고 싶으세요?

고민녀 — 아뇨, 그게 싫어서……. 그래서 칩거 생활을 하는 것 같아요.

황상민__　　　칩거 생활을 하면 문제가 해결될까요? 본인이 진짜 하고 싶은 일을 하세요. 먹고사는 문제에 신경 쓰지 말고 그냥 몰입할 수 있는 게 있잖아요? 그걸 찾으세요. 먹고사는 문제를 생각하기 시작하면 아이디얼리스트는 리얼리스트로 갈 수밖에 없어요. 그래서 왜 사는지 모르는 상황에 빠져버려요.

　우리 집 꼬마 이야기를 또 해야겠네요. 우리 애가 고등학교 1학년 때 "아빠, 저는 아빠처럼 공부하는 삶은 맞지 않는 것 같아요. 공부는 아무리 해도 마음이 뛰지 않아요." 하더군요. 그러는데 뭐라고 하겠어요. 공부하지 않으면 죽인다고 하겠어요? "그건 네 마음이지. 네 삶인데 내가 뭐라고 하겠니? 네 가슴이 뛰는 일을 하려무나"라고 했지요. 다행히 그 애의 선생님이 아이가 좋아하는 것을 "진짜 잘한다. 정말 대단하다!"고 격려해주면서 아이를 놀라울 정도로 변화시켰어요. "진짜 잘한다. 정말 대단하다!" 하면서 아이의 셀프가 높아지도록 도와줬지요. 셀프가 뚜렷해지면 아이디얼리스트는 자기 일에 몰두해서 남다른 차별성을 보이기 시작해요.

고민녀__　　　그럼 제가 푹 빠질 수 있는 일을 해야겠네요.

황상민__　　　그렇지요. 회사에 취직하든 뭘 하든 몰두할 수 있는 것을 하세요. 일단 몰두하면 누구보다 잘할 수 있어요. 그럼 남들에게 인정받고 자신감이 쌓이면서 변화가 일어나지요. 그 이전에 본인을 얽어매는 생각이나 틀을 좀 허물어야 하는데 이런 상황을 누구와도 마음 터놓고 이야기한 적이 없나요?

고민녀__　　　한 사람하고만 말해봤어요.

황상민__ 한 사람? 누구하고요?

고민녀__ 동네 친구요.

황상민__ 이게 아이디얼리스트의 불행의 시작이에요. 자기하고 똑같은 수준의 상대하고 이야기해봤자 무슨 소용이 있겠어요? 본인이 존경하거나 본인보다 훨씬 믿을 만한 사람을 찾으세요. 삶의 모델이 될 만한 사람에게 조언을 받으세요. 하긴 누가 조언을 한다고 해서 잘 받아들이지도 않지만. 그래도 그런 시도가 필요해요. 누구를 가장 훌륭한 사람으로 생각해요? 저 말고요. 그런 사람 있어요?

고민녀__ 아빠를 좋아했는데 돌아가셨고…… 요즘엔 없어요.

황상민__ 그럼 아빠를 대신할 만한 사람을 찾아 서로 공감할 수 있는 이야기를 나눠보세요. 그 정도의 믿음 없이는 본인이 영향을 받기가 쉽지 않아요. 일단 그것부터 목표로 삼고 시작해보세요.

[고민8] 존경하는 남자와 결혼하고 싶어요

고민녀__ 교수님, 저는 트러스트도 높고 에이전트도 높은데…… 결혼할 수 있을까요?

황상민__ 아이디얼리스트가 만빵이네요. 괜찮아요, 혼자 잘 사네요. 남들이 보기에는 혼자 잘 사는데 본인은 지금 삶에 별 영양가가 없다고 생각하고 있어요. 아직 결혼은 하지 않았죠?

고민녀__ 네.

황상민__ 본인이 하고 싶은 대로 해야 직성이 풀리는 분이네요. 남자를 만나기가 쉽지 않아 보이는데…… 본인의 능력이 뛰어나기 때문에 웬만한 남자는 접근을 못 해요. 나이차를 넉넉히 두고 존경할 수 있는 남자를 찾아보세요. 지금 스물아홉 살이니까 40대 중반까지 생각해보세요.

고민녀 ─ 교수님! 어떻게 아셨어요? 제가 원하는 남자의 기준이 존경이에요. 다른 건 아무것도 따지지 않지만 인간적으로 존경할 수 있어야 한다고 봐요.

황상민 ─ 인간적으로 존경한다는 게 단순히 인품만 이야기하는 건 아니죠?

고민녀 ─ 그렇죠, 다른 것도 균형이 맞아야지요.

황상민 ─ 왜 제가 40대 중반까지 보라고 한 줄 아시죠? 30대 남자가 본인의 소망을 이루기는 쉽지 않거든요. 이런 분들은요, 억대 연봉자가 나타나도 돈만 많이 벌면 뭐해? 하고 퇴짜를 놓아요. 이 프로파일로는 연애하기 힘들어요.

고민녀 ─ 정말 결혼하고 싶고 아이도 갖고 싶거든요. 그런데 남자들을 만나보면 너무 어린 거예요. 하는 얘기도 유치하고. 한동안 열일곱 살이나 나이 차이가 나는 분을 좋아한 적도 있어요. 한데 그런 사람은 거의 다 짝이 있고…… 우리 엄마도 모르는 건데 교수님은 금방 알아차리시네요.

황상민 ─ 결혼은 정신적인 것을 나누기 위해서만 하는 게 아니에요. 때로 애를 키우는 즐거움도 있어요. 꼭 내가 낳은 아이만 키우는 게 아니라 어린 남자를 인간이 되도록 만드는 것도 훌륭한 프로젝트가 될 수 있어요.

고민녀 ─ 저도 생각은 해봤는데 제게 그럴 힘이 있겠어요? 저 혼자도 벅찬데.

황상민　　　잠재력이 있는 사람을 키우는 것도 나쁘지 않아요. 짝과 사랑에 관한 탐색을 했을 때, 존경하는 사람을 배우자로 갖고자 하는 욕망이 있었어요. 그런데 비슷한 연배에서 존경하는 배우자를 찾기는 힘들어요. 특히 한국 여성은 남성보다 훨씬 조숙해요. 신체적으로는 물론 정신적으로 더 그래요. 그러니 잠재적 가능성을 봐야 해요. 결혼은 완성품을 사는 것이 아니라 나만의 작품을 만들어가는 과정이라고 생각해보세요.

[고민9] 세상에 진정한 사랑이 있을까요

고민남　　　교수님, 저는 제가 에이전트인 줄 알았어요.

황상민　　　왜 본인을 에이전트라고 생각했어요?

고민남　　　교수님 방송을 들으면서 제가 저를 분석했더니 딱 에이전트더라고요. 저는 사랑이라는 감정도 철저히 분류해서 검증할 정도로 분석적인데다 또 컬처도 높거든요.

황상민　　　무얼 묻고 싶은 거죠?

고민남　　　세상에 진정한 사랑이 있을까요?

황상민　　　네, 지극히 아이디얼리스트다운 질문이네요. 요즘 연애중이세요?

고민남　　　네…… 사실은 짝사랑 중입니다.

황상민　　　아! 훌륭해요. 잘되기를 바랍니다. 휴머니스트와 아이디얼리스트가 모두 높은 사람은 제가 가장 부러워하는 사람이에요. 두 가지 성향은 결코 상반된 것이 아니에요. 한국 사회에서 성공하기 가장 좋은 성향이에요. 뚜렷하게 자수성가한 분을 만나보면 휴머니스트와 아이디얼리스트가 동시에 높은 분이 많아요. 물론 다 좋기만 한 건 아니죠. 한 성질하면서 찌질하게 사는 분도 많아요. 두 가지 성향을 갖고 성공하려면 매뉴얼과 셀프가 같이 있어야 해요. 다시 말해 전문성과 필살기가 있으면서 자기가 어떤 사람인지에 대한 성찰과 인식도 있어야 성공한다는 거지요.

고민남___   그런 성향을 모두 타고나야 하나요?

황상민___   아니에요. 그것은 본인이 나름대로 개발해야 해요. 왜냐하면 셀프와 매뉴얼은 학습에서 나오는 거거든요. 제 친구는 고등학교 때까지는 셀프가 많이 떨어졌는데, 대학생이 되면서 본인이 잘하는 것에 대해 긍정적인 피드백을 많이 받고, 주위의 인정을 받으면서 셀프가 올라가기 시작했어요. 아이디얼리스트 성향은 뚜렷한데 셀프가 낮을 때 저는 그리스 신화에 나오는 시지프스에 비유를 해요. 산꼭대기에 돌을 올리려는 순간, 다시 아래로 굴러 떨어지면 에이전트는 '에라, 모르겠다.' 하고 내동

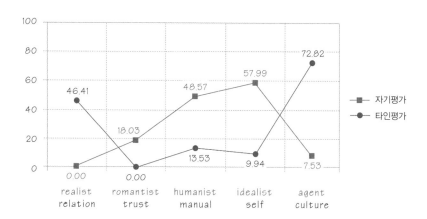

댕이쳐요. 그러나 신의 저주를 받은 아이디얼리스트는 돌덩이를 다시 들어 올리죠. 이런 걸 우리말로 뭐라고 하죠?

고민남— 삽질이요. 교수님, 제가 요즘 제 자신을 돌아보다가 이상한 걸 발견했어요. 저는 참 착하게 대하는데 사람들은 왜 저를 무섭다고 할까요?

황상민— 아이디얼리스트에 휴머니스트 성향이 비교적 높으면 엉뚱한데다 권위적인 면까지 있어서 대부분의 사람들이 어떻게 대해야 할지 몰라 해요. 그래서 무섭다고 느끼는 거죠.

고민남— 그럼 제가 어떻게 행동해야 하나요? 실속도 없이 괜히 애먼 소리나 들으니 억울한 기분이에요.

황상민— 아이디얼리스트와 휴머니스트가 함께 있는 사람은 본인이 어떤 생각을 하고 있고, 앞으로 어떤 길로 가려고 하는지 주위 사람들에게 분명히 이야기하고 그것을 공유하려 노력해야 해요. 그런 노력 없이 혼자 가만히 있으면 무슨 생각을 하는 사람인지 진짜 알 수 없어 해요. 그래서 약간 음흉하다거나 간교한 느낌을 받아요.

고민남— 음흉까지요? 휴…… 너무하네요. 그럼 자꾸 제 이야기를 하면서 속을 내보이면 되나요?

황상민— 상대방이 충분히 이해할 때까지 얘기를 나눠야 해요. 한데 이게 정말 힘들어요. 아이디얼리스트라 무슨 황당한 얘기를 하느냐는 반응이 먼저 오거든요. 그래도 그만두지 말고 두 번, 세 번 계속하세요. 그럼 처음에는 '말도 안 돼'라고 했던 사람들이 '아하! 그럴 수도 있군요.' 하며 이해를 해줘요. 이런 걸 잘하면 세상을 뒤흔드는 사이비 교주가 될 수도 있어요. 유병언이 그리 멀리 있는 게 아니에요. 세상에 진정한 사랑이 있는지 잘 찾아보세요.

[고민10] 전문직도 가족도 다 내던지고 싶어요

고민녀—— 저는 사는 게 지루하고 재미가 없어요.

황상민—— 사는 게 지루하다고요?

고민녀—— 네, 두 가지 고민이 있어서 왔습니다. 남편과 아들이 있는데 가족을 돌보는 게 귀찮고 남편에게 이해받지 못하는 것 같아 늘 외로워요.

황상민—— 남편은 어떤 성향인 것 같아요?

고민녀—— 제가 보기엔 리얼리스트 같아요. 남들이 보기엔 나무랄 데 없는 사람이에요. 전문직이고요. 그런데 저하고는 다른 세상에 사는 사람 같고……

황상민—— 프로파일을 좀 볼게요. 이거야 원…… 아이디얼리스트가 완전 만빵이네요. 거의 딴 세상에 사는 분인데 어떻게 이 세상으로 내려왔어요?

고민녀—— 남편이 다른 세상에 사는 게 아니고요?

황상민—— 아니죠. 나무꾼이 선녀를 얻은 거예요. 그런데 릴레이션과 트러스트가 바닥이네요. 거기다 컬처는 높고…… 무슨 일 하세요?

고민녀—— 전문직이에요. 남들은 부럽다고 하는 부부예요. 한데 저는 아들이 귀엽기도 하지만 귀찮기도 해요.

황상민—— 그건 아이디얼리스트 성향이라 그런 거예요. 아이디얼리

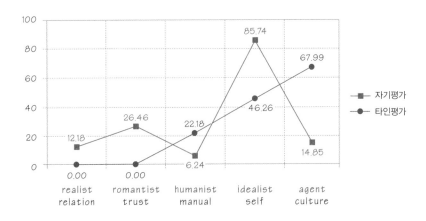

스트한테 가장 중요한 건 자기 삶에서의 자유예요. 가족이 좋고 소중하지만 거기에 따른 본인의 의무와 책임을 다하는 게 너무 힘들거든요. 지금 트러스트가 바닥이잖아요? 트러스트는 신뢰, 책임감, 의무 같은 건데 이게 전혀 없다는 얘기예요. 그래서 아들도 귀찮다고 표현하는 거죠. 릴레이션도 바닥이라 내게 중요한 사람과 관계를 맺는 것도 싫은 거예요.

고민녀__   네, 맞아요. 아무와도 관계하고 싶지 않아요.

황상민__   그런데 컬처는 다락같이 높아요. 삶에서 내가 원하는 것은 우아하게 하고 싶은 거예요.

고민녀__   네, 그래요.

황상민__   또 셀프는 낮아서 이리저리 눈치를 보고 있는데…… 이 경우에는 연애를 할 가능성도 좀 있고요. 아니면 자신의 또 다른 삶을 상상하는 심리 상태라고 할 수도 있어요.

고민녀__   네, 맞습니다. 두 번째 고민은요, 제 일이 전문직이긴 하지만 뭔가 저한테 딱 맞는다는 느낌이 없다는 거예요. 어려서부터 추상적인 책을 보는 걸 좋아해서 전공과 전혀 다른 분야의 대학원에 가면 어떨지 고민 중이에요. 공부를 마치고 나면 직업도 바꾸고요.

황상민— 지금 아주 좋은 직업을 갖고 있는데…….

고민녀— 그렇긴 하죠. 얼마 전부터 철학 공부를 시작했는데 교수님이 제가 공부를 하면 잘할 것 같다고 하셨어요.

황상민— 맞아요. 아이디얼리스트 성향이 높은 사람은 추상적이고 개념적인 것, 뜬구름 잡는 것을 이야기하고 배우는 걸 아주 좋아해요.

고민녀— 저도 공부를 계속해서 직업을 좀 바꿔보면 어떨까요? 제 직업이 너무 고정적인 일이라 더 지루한 것 같거든요.

황상민— 그런다고 해서 달라질 건 없어요. 지금 하는 일이 고정적이라 지루하다지만 교수도 고정적이에요. 그래도 아이디얼리스트잖아요? 자기가 하는 일을 얼마든지 남다르게 바꿀 능력이 있어요. 본인의 일에 대한 고정관념을 내버리고 얼마든지 다른 방식으로 활동해도 돼요. 이런 시도를 하지 않고 아예 직업을 바꾸면 본인의 문제가 해결될까요? 그렇지 않아요. 아이디얼리스트가 셀프를 올리려면 다른 사람에게 인정을 받아야 해요. 남들에게 남다르다는 이야기를 들어야 하지 무슨 일을 하느냐는 중요하지 않아요.

아이디얼리스트가
셀프를 높이려면
타인에게
인정을 받아야

아이디얼리스트를 위하여

:: 돈을 많이 벌고 싶어요.

아이디얼리스트는 엉뚱해요. 엉뚱한 것을 해서 돈을 많이 벌기는 쉽지 않아요.

:: 하고 싶은 게 너무 많아 뭘 하면 좋을지 고민이에요.

하고 싶은 것이 많다고 이거 찔끔, 저거 찔끔 하는 건 망하는 지름길이에요. 제가 WPI 워크숍을 하기까지 20년이 걸렸어요. 인간과 관련된 일을 하려면 단순히 책에 있는 것만 봐서는 안 돼요. 다양한 인간에게 나타나는 여러 가지 모습과 사례를 자기 나름대로 정리할 시간이 필요해요. 한 가지를 확실하게 한 다음에 다른 호기심을 충족시키세요.

:: 내가 좋아하는 사람이 나를 좋아하게 하고 싶어요.

아이디얼리스트들이 꼭 이렇게 쓸데없는 생각을 해요. 아이디얼리스트 남자가 빠져드는 여성은 대개 여성적이고 여우같은 로맨티스트예요. 그런 여성의 마음을 사로잡으려면 혼신의 힘을 다해 지속적으로 열정을 바쳐야 해요. 인내심을 발휘하세요.

:: 직장에서 혼났어요.

그럴 때는 무조건 "예썰!" 하세요. "저는 이렇게 했는데 제가 맞는 게 아닌가요?" 라고 했다가는 건방지다는 소리를 듣거나 왕따되기 십상이에요. 권위적인 직장일수록 더 그렇죠.

:: 아들이 아이디얼리스트에요. 하고 싶은 게 너무 많다는데 뒷받침을 못 해줘서 안타까워요.

아이디얼리스트는 꿈이 많은 소년이에요. 쓸데없는 상상과 생각이 많아요. 현실적인 대가보다 가슴 뛰는 일을 찾아 헤매요. 그래서 공감해주는 사람을 만나기가 힘들어요. 부모님은 아이의 마음에 공감해주고 지켜봐주는 걸로 충분해요.

:: 아이디얼리스트는 어떤 성격과 잘 맞나요?

엉뚱이는 엉뚱이랑 있는 게 편해요. 그런데 오래 같이 있으면 서로 미워져요. 마치 싫어하는 자기 모습을 거울로 보는 듯하거든요.

:: 누구랑 연애하는 게 좋아요?

연애는 로맨티스트와! 아이디얼리스트의 엉뚱함에 호기심을 보이며 이해해줘요. 휴머니스트는 단순무식해 보여서 좋아하지 않아요. 휴머니스트가 아이디얼리스트를 맘에 들어 하기만 하면 그것도 괜찮아요. 아이디얼리스트가 혼자 꿈꾸는 동안 휴머니스트는 '으쌰으쌰'하며 잘 지내거든요.

:: 에이전트 교수님한테 말씀드릴 게 있는데 겁이 나요.

말없이 해결하는 게 최고예요. 꼭 말해야 한다면 무조건 짧게! 아이디얼리스트는 말이 길어지면 사고 쳐요. 잘하려고 할수록 다른 사람의 감정을 상하게 만드는 신기한 재주가 있거든요.

:: 하고 싶은 일이 있는데 여건이 안 돼요.

아이디얼리스트가 맞나요? 진정한 아이디얼리스트는 환경과 관계없이 그냥 해요. 하다가 힘들어 쓰러져도 해요. 그러다 굶어 죽은 고흐가 되는 게 아이디 얼리스트예요. 생전에 영광을 누릴 생각은 아예 접어두세요. 하지만 스티브 잡스가 될 수도 있으니 무조건 하세요. 스티브 잡스가 되면 좋은 거고, 아니면 다음 생에 하면 되죠.

:: 나도 인정받고 싶어요.

세상을 바꾸는 창의적인 인재는 한두 명이면 족해요. 수많은 아이디얼리스트가 찌질하게 묻히고 말아요. 그렇지만 어때요? 나 혼자만 좋으면 되는 거지요. 신경 쓰지 말고 사세요.

:: 강박증이 있어요. 너무 힘들어요.

아이디얼리스트는 머릿속으로 자기 나름대로 이상적인 기준을 만들어요. 그 이상적인 기준을 지금 얼마나 채웠는지 알려주는 표시 장치는 없어요. 그러니 충족감을 느끼기까지 강박적으로 될 수밖에 없어요. 본인의 생각을 다른 사람과 공유하세요. 훨씬 편안해져요.

:: 주위에 또라이 같은 분이 많아요.

본인의 모습이에요. 애정을 갖고 가까이 다가가세요. 그들도 본인만큼 외롭답니다.

:: 로맨티스트 남자친구랑 자꾸 부딪쳐요.

남자친구가 "왜 나한테 관심이 없어?"라고 불평할 때 "내가 너한테 관심이 얼마나 많은데 그래?"라고 박박 우기지 말아요. 대신 "내가 아이디얼리스트라서 그래. 내가 하나를 해주면 열을 받았다고 생각하면 안 되겠니?"라고 해보세요.

:: 자존감이 너무 낮아 속상해요.

주위 사람들에게 나를 맞추려고 눈치를 본다는 걸 알아차리세요. 그렇게 하면 할수록 본인이 더 비참해진다는 것도 인정하세요. 그런 모습을 인식하면 훨씬 덜 맞추게 돼요. 그리고 내가 남다르게 할 수 있는 것, 내가 남보다 나은 것을 찾아 가슴에 새기세요. 그러면 셀프가 올라가요.

:: 아이디얼리스트는 심리학이나 철학적인 것에 잘 빠지나요?

제발 빠지지 마세요. 사실 아이디얼리스트는 제 나름대로 의미 있는 것을 찾아요. 그런데 혼자 찾으려 하지 마세요. 그게 심해져 환상이나 망상으로 가다가 정신분열증으로 가는 수도 있고 사이비 종교에 빠질 위험도 있어요.

5

리얼리스트
너무 착해 허무한 카멜레온

당신이 바로 리얼리스트

나는 다른 사람에게나 일을 할 때 대체로 믿음직한 사람이다.
나는 다른 사람을 도울 때 보람을 느낀다.
나는 혼자보다는 다른 사람과 같이 일하는 것이 좋다.
나는 맡은 일을 철저하게 수행한다.

제가 해드릴게요.
(니 뜻대로 하겠어)

아뇨. 제가 양보할게요.
(좋은 말로 할때 니 맘대로 하자!)

타인의 인정을 통해 존재감을 얻는 종족. 현실의 지배적인 상황에 자신을 맞추면서 착한 사람이 되려고 한다. 남의 의견에 따라가는 경우가 많고 카멜레온처럼 그때그때 상황에 맞게 적응을 잘한다. 성실하게 살아가는 대다수 한국인에게서 흔히 나타난다.

한국인의 50퍼센트는 리얼리스트

대학생을 상대로 WPI 검사를 해보면 리얼리스트는 10퍼센트 정도밖에 나오지 않아요. 그런데 30대 이상의 직장인을 대상으로 하면 그 비율이 급격히 늘어나요. 40대로 넘어가면 50퍼센트 이상이 리얼리스트로 나오지요. 그럼 리얼리스트는 어디에서 온 걸까요?

사람은 태어나면서부터 서로 조금씩 달라요. 반응하는 것을 보면 쉬운 아이가 있고 까다로운 아이도 있어요. 태어났을 때 엉덩이를 때리자마자 우는 아이가 있는 반면, 한참 뒤에야 겨우 응애 하는 아이도 있고요.

이렇게 사람마다 자신이 속한 환경에 적응하는 방식이 다른데, 리얼리스트는 인간이 환경에 적응하는 과정에서 가장 늦게 나타나는 성격유형이 아닐까 싶어요.

리얼리스트는
인간이 환경에
적응하는 과정에서
가장 늦게 나타나는
성격유형

리얼리스트는 릴레이션을 가장 중요하게 여기는 특성이 있어요. 대체로 사교적이고 외향적이라 다양한 사람들과 에너지를 주고받는 데 별다른 어려움을 느끼지 않고 또 자기감정을 잘 표현해요. 좋은 관계를 유지하기 위해 주위의 상황에 자신을 적극적으로 맞추기도 하지요.

WPI 워크숍을 하면 리얼리스트는 별로 참석하지 않아요. 워크숍에 가자고 하면 "거기 가면 수료증 주냐?" 하고 묻지요. "성격은 알아서 뭐하게? 그 시간에 일이나 더 하지." 하면서 지금도 어디선가 우리 사회와 가정을 위해 밤낮없이 일하는 분들이 리얼리스트예요. 리얼리스트가 보낸 편지글을 하나 읽어볼게요. 여러분 나름대로 자신의 성향과 어떻게 다른지 한번 확인해보세요.

사교적이고
외향적이며,
주변에 자신을
적극적으로
맞추기도

"지금껏 살아온 게 허무합니다. 누구보다 열심히 살아왔습니다. 그렇게 노력하며 살다 보니 운이 좋아 상당한 성취를 이뤄냈습니다. 하지만 대학원에 다니는 동안 너무 많이 지쳐버린 것 같습니다. 전보다 제 자신에 대한 자신감이 떨어져서인지 대인 관계에 어려움을 느낍니다. 10년 넘게 알고 지내온 친구들과 지난 달 해외여행을 갔는데 직접적으로 표현하진 않았지만 저와 한 방을 쓰는 게 부담스러운 눈치였습니다. 주변 사람들이 저를 나쁘게 평가하는 것 같진 않은데 따뜻한 사람이라고 느끼지도 않는 듯합니다. 뭐가 문제일까요?”

황상민__ 들어보니 어떤가요? 여러분과 뭔가 다르다고 느꼈나요?

휴머니스트__ 저는 휴머니스트인데요. 상당한 성취를 이뤄냈는데 허무하다는 게 이상했어요. 저 같으면 주위에 자랑하고 난리도 아니었을 텐데 말이죠. 그리고 해외여행을 함께 간 친구들이 뭐라고 한 것도 아닌데 왜 저런 고민을 하는지 모르겠네요. 제가 저분 친구라면 어이없을 것 같아요.

황상민__ 역시 휴머니스트다운 대답이네요.

로맨티스트__ 저는 로맨티스트인데요. 저도 남과 한 방을 쓰는 건 싫습니다. 그렇다고 무슨 눈치를 봐요? 그냥 싫은 거지.

황상민__ 허무한 기분은 이해가 간다는 말씀이죠?

로맨티스트__ 네, 그런 기분은 알 것 같아요. 우리가 무얼 이룬다고 하지만 사실 지나고 보면 아무것도 아니잖아요.

황상민__ 아이디얼리스트는 할 말이 없나요?

아이디얼리스트__ 제가 말씀드릴게요. 주위 사람들에게 왜 따뜻한 사람으로 보여야 하는지 모르겠어요. 저는 한 번도 그렇게 보인 적이 없는 것 같은데……. 남이 뭐라고 하는 게 그토록 신경 쓰이나요? 좀 쉬었다 다른 일을 하면 될 것 같아요.

황상민__ 그렇고말고요. 에이전트 계시면 한마디 보태주세요.

에이전트__ 저는 에이전트고요. 왜 자기가 이룬 성취를 ‘운이 좋아서'라고 하는지 이상하네요. 그렇게 열심히 했다면서 말이죠. 그래놓고 허무하다고 하면 말이 되나요?

황상민___   다들 자기 특성대로, 성격대로 문제를 보고 있다는 걸 아시겠죠? 이것만으로도 오늘 WPI 워크숍에 온 보람이 충분합니다.

리얼리스트는 항상 자신의 이상적인 모습을 그려놓고 뭔가를 이루고 싶어 해요. 그리고 정말 열심히 노력하지요. 시간표를 짜놓고 10퍼센트 했다, 20퍼센트 했다 하면서 부지런히 노력하면 잘된다고 철썩 같이 믿습니다. 그런데 막상 대학원에 와서 공부를 해보니 그동안의 믿음이 무너지는 거예요. 대학원에서의 성취는 논문 쓰고 실업자가 되는 거니까 어찌 되겠어요? 절망하지요. 실업자가 되려고 그간 애쓴 게 아니잖아요.

이게 누구 잘못이에요? 본인 잘못이라고 하면 리얼리스트는 돌아버려요. 보통은 대학원에 들어올 때 "자네가 논문을 쓰고 졸업은 할 수 있겠지만 그다음은 알 수 없다네. 졸업해봤자 실업자가 되기 십상이네"라고 미리 알려줬어야 하는 거 아니냐며 세상을 원망해요. 그런데 리얼리스트는 누구에게든 아무 말도 못 해요. 착하니까요. 보세요, 얼마나 착한가? 한 방을 쓰면 누구나 눈치를 봐요. 아주 자

리얼리스트는 누구에게든 아무 말도 못 해요. 착하니까요

연스런 일이에요. 그런데 본인이 무얼 잘못한 게 아닌가 고민하고 있잖아요. 얼마나 착한지 아시겠죠?

제가 리얼리스트의 사연을 갖고 이런 실험을 해본 것도 리얼리스트가 착한 사람들이기 때문이에요. 만일 로맨티스트의 사연을 공개해 토론을

벌였으면 벌써 울음바다가 되고 인터넷에 도배가 됐을 거예요. 아니라고 요? 이 한마디에 벌써 기분이 좋지 않은 모양이네요. 자, 이번에는 리얼리 스트의 이야기를 들어보기로 하죠. 리얼리스트 발표할 분, 나와 주세요.

열심히, 그리고 착하게 공감하는 사람들

리얼리스트1   교수님의 말씀을 들으면서 정말 공감이 갔어요.

황상민   맞아 맞아, 정말 그래! 하면서 들었어요? 리얼리스트는 웬만하면 다 공감해줘요. 그렇죠?

리얼리스트1   우리의 가장 큰 특징은 거절을 못 한다는 겁니다.

황상민   착해야 하니까요. 좋은 사람이어야 한다는 걸 정답처럼 생각해요.

리얼리스트1   그러다 보니 피해의식이 있다고들 했어요.

황상민   리얼리스트는 피해의식을 개발해요. 그리고 본인이 손해 를 보고 있다는 생각을 하기 때문에 착하다는 말을 들어도 마음이 편치 않아요.

리얼리스트1   걱정이 유달리 많다고도 했고요.

황상민   네, 리얼리스트는 걱정이 많아요. 로맨티스트는 자신에게 일어나는 사소한 감정적 문제를 고민하는데 리얼리스트는 주변 사람이나 일, 사회, 나라의 일까지도 모두 걱정해요. 그건 미래를 불안해하기 때문이 에요. 미래는 어차피 아무도 알 수 없으니 걱정할 필요가 없잖아요? 그래

걱정할 필요가 없는 일까지 걱정하는 게 리얼리스트

도 걱정을 하는 게 리얼리스트예요.

리얼리스트1__ 배움에 대한 욕심은 있는데 실천에 옮기기가 쉽지 않다고도 했어요.

황상민__ 리얼리스트는 책을 많이 읽고 싶은데 책이 손에 잡히지 않는다는 식의 말을 해요. 리얼리스트는 지식이 담긴 책을 읽고 우리 사회에서 살아남는 비법을 얻어야 한다고 믿을 가능성이 커요. 실제로 리얼리스트는 자신이 안고 문제에 반드시 정답이 있다고 믿고 그 정답을 찾으려 해요. 그리고 '책을 통해 답을 찾았다'는 말에 대부분 공감해요. 그런데 이건 말도 안 되는 소리예요. 책이 도움을 주지 않는 건 아니지만 답을 찾는 인간에게 책은 답을 주지 않아요. 그런데도 자기가 찾아낸 답을 정당화하기 위해 책을 갖다 대지요. 리얼리스트는 책이나 지식이 자기 삶의 가이드라고 생각하는 경향이 비교적 뚜렷해요.

리얼리스트1__ 대체로 눈치가 빠른 편이라고 했고 처음부터 앞에 나서지는 않지만 내가 꼭 필요하면 나선다고 했어요. 또 불필요한 감정 소모 같은 걸 무척 싫어한다고 했어요.

황상민__ 네, 눈치 빨라요. 그리고 명분이 중요하고요. 명분이 있어야 움직이는데 그것도 명확한 매뉴얼이 있어야 해요. 뚜렷한 방향성이 없으면 어쩔 줄 몰라 해요. 거의 죽음이죠. 덤터기 쓰는 거 엄청 억울해하고요.

리얼리스트1__ 따뜻하게 마음을 쓰느라 애썼는데 좋은 소리는커녕 애먼 소리를 듣기도 한다고 했어요.

황상민__ 관계가 나빠졌다는 얘기네요. 리얼리스트는 남을 배려하느라 애를 써요. 진정성이 얼마나 있는지는 미지수지만.

리얼리스트1___ 역시 같은 이야긴데요. 남의 말에 공감을 잘해주는데 그게 꼭 100퍼센트 공감하는 건 아니라서 괴롭기도 하다고 했어요.

황상민___ 리얼리스트는 공감을 잘해줘요. 누가 뭐라고 해도 '어, 정말 그래? 그렇구나.' 하며 맞장구를 쳐주는 사람들이에요. 그렇게 공감하고는 100퍼센트 진심은 아니었다는 걸로 자기 자신을 괴롭혀요. 그러나 남의 문제를 자기 문제처럼 공감할 수 있는 사람이 어디 있겠어요? 제 생각엔 예수님도 힘드실 것 같아요. 공감하는 제스처를 보이는 것만으로도 인간의 도리를 다하는 거예요.

> 공감하는 제스처를
> 보이는 것만으로도
> 인간의 도리를
> 다하는 거

리얼리스트1___ 늘 마음에 걸리던 문제였는데 오늘 답을 얻은 것 같습니다.

황상민___ 지금 본인의 말이 리얼리스트의 성향을 그대로 보여준다는 걸 모르시죠? 리얼리스트는 언제나 뭐가 정답인지 궁금해 하죠. 리얼리스트는 정답을 묻고 아이디얼리스트는 문제를 물어요. 그러나 세상에 정답이 어디 있어요? 답은 문제에 따라 얼마든지 달라질 수 있잖아요. 그래도 리얼리스트는 이상적인 답, 정답에 매달립니다.

간혹 기업 컨설팅을 하면 제일 먼저 "성공 사례가 있습니까?" 하고 물어요. "성공 사례가 있고 없고가 이것과 무슨 관계인가요?", "그래도 WPI로 인사 관리에서 성공한 사례가 있어야 하는 것 아닙니까?", "그 회사하고 이 회사하고 같아요?", "그래야 믿을 수 있지 않습니까?" 저로선 미처

버리는 거죠.

리얼리스트는 낯선 사람에게는 본인의 트러스트를 엄청 높이는 특성이 있어요. 그래서 늘 믿을 만한지를 먼저 생각해요. 우리나라 사람들이 《스티브 잡스의 프레젠테이션》,《워런 버핏 투자법》,《성공하는 사람들의 7가지 습관》처럼 외국에서 성공한 사람의 자기계발서에 열중하는 것도 같은 이유예요. 성공한 사람들의 말을 정답처럼 받아들이고 따라하는 거죠.

리얼리스트1 ___ 인간관계에 신경을 많이 쓰긴 하는데 지속적으로 오래가는 경우는 드물다고 하고 왜 그런지 다들 궁금해 했습니다.

황상민 ___ 아이디얼리스트는 호기심이 떨어지면 관계가 끝나요. 리얼리스트는 자기에게 영양가가 없다고 생각하면 관계를 끊어요. 리얼리스트가 관계를 유지하려면 그럴듯한 이유가 분명히 있어야 해요. 대개는 납득할 만한 영양가가 있어야 관계가 이어지죠. 관계를 지속적으로 유지하려면 그 사람이 나에게 영양가가 있는 이유 열 가지를 만들어보세요. 리얼리스트는 대개 한두 가지만으로 영양가를 판단하고 관계를 끊어요. 그런데 열 가지를 만들면 관계를 지속해야 할 이유가 계속 남아 있겠죠?

리얼리스트1 ___ 사람들이 많이 모인 곳보다 한두 명이 모여 이야기하는 분위기가 편하다고 했습니다.

황상민 ___ 네, 리얼리스트는 편안하고 친숙한 관계를 좋아해요. 그래서 인간관계를 굉장히 중요하게 생각하고 관계 맺기에 에너지를 많이 쏟아요. 영양가가 없다는 걸 알면서도 술자리나 회식에 빠지면 안 된다는 믿음이 있어요. 혹시라도 자기가 뒷담화 대상이 될까 봐 노심초사하기도 하고요.

리얼리스트1___ 인간관계를 잘 맺으려고 하고요. 윗사람과는 어렵지만 아랫사람과의 관계는 편하다고 했어요.

황상민___ 자기 생각일 뿐이고요, 아랫사람들은 상당히 힘들어요.

리얼리스트1___ 업무상의 관계로 아는 사람이 많은 편이라 진솔하게 마음을 나누는 관계는 별로 없어요. 그래서 아는 사람은 많은데 친구는 많지 않다고 했어요.

황상민___ 리얼리스트는 업무 같은 현실적인 이유가 있을 때 관계 맺기를 합니다. 흔한 말로 영양가 있는 관계라야 한다는 거죠. 그래서 관계의 진정성이 떨어지고 사이가 깊어지기 어려워요. 이건 그 사람이 나빠서가 아니라 리얼리스트는 관계를 맺는 사람에 따라 자기의 입장이 달라지기 때문이에요. 리얼리스트는 일을 위해 내가 희생한다는 생각을 하고 있어요. 내 마음대로, 내 생각대로, 내 기분대로 못 하고 상대방에게 맞춰주는 거죠. 그래서 착하다는 소리를 듣지만 본인의 마음은 많이 허전하고 피곤해요.

내 생각대로,
내 기분대로
못 하고
희생한다는 생각

리얼리스트1___ 속마음을 잘 드러내지 않고 사람을 가리는 편이라 마음에 들지 않는 사람과는 거의 말을 섞지 않습니다.

황상민___ 마음에 들지 않는 사람이란 곧 영양가가 없는 사람을 말해요.

리얼리스트1___ 마음에 들지 않아도 가족 간에는 화해하고 잘 지내는 편입니다.

황상민___ 착하거든요.

리얼리스트1__ 허세 부리는 것을 굉장히 싫어하고 대체로 겸손한 편입니다.

황상민__ 예, 겸손해야 착한 사람이지요. 착한 사람은 술을 먹거나 제정신이 아닐 땐 허세를 부려요. 다들 웃는데…… 이건 웃자고 하는 얘기가 아니에요.

리얼리스트1__ 다른 사람의 의견을 먼저 묻고 나와 맞지 않아도 웬만하면 맞춰주려고 해요. 겸손하다는 것과 겹치는 얘기 같기도 하네요. 그리고 교수님, 이건 제 이야기인데요. 사람들이 여럿 모여 있을 때 제가 소외당한다는 느낌을 받아요.

황상민__ 그건 본인이 그 자리에 있는 많은 사람의 눈치를 보기 때문이에요. 본인의 색깔을 분명히 드러내야 편한데 리얼리스트라 자기 색깔을 드러내기가 힘들잖아요? 그럴 때는 가면처럼 써먹을 자신의 장기를 만드세요. 누구 하면 딱 떠오르는 걸 하나 만들어놓고 그걸로 본인을 표현하고 넘기면 돼요.

리얼리스트는 평소에 남달리 온순해요. 그런데 아무리 공감을 잘하는 사람도 도저히 맞춰줄 수 없을 정도로 무리가 따르거나 정의가 아니라는 생각이 들면 폭발하죠. 분노 조절이 안 되는 성향이 있거든요. 냄비 속의 물도 끓어 넘치기 전에는 모르잖아요. 어느 순간 마음속에 쌓여 있던 것이 솟아나오면 "내가 누군지 알아? 이 자식들 다 나와!" 해버리죠. 제정신으론 못 하고 술을 마시거나 누구랑 연대해서 손잡을 때 그러는데 그때뿐이

평소에는
온순하지만 끓어오
르면 폭발해

지 오래가진 않아요. 부르르 끓어오르다가 일시에 식어버리는 냄비근성이죠. 그래서 리얼리스트가 많은 우리나라에선 데모는 자주 있어도 결정적인 변화가 이뤄지는 수준까지 가기는 힘들어요. 참, 역설적이고 안타까운 상황이지요.

리얼리스트는 왜 분노를 참지 못할까요? 사실 리얼리스트는 화를 내는 게 아니라 화를 내게 만든 상황에 공감하는 거예요. 사고가 나서 사람이 죽으면 사돈의 팔촌까지 엄청나게 울죠? 심리학자 입장에서 보면 그 사건을 통해 각자 자기의 억울한 감정과 공감대를 형성하는 거예요. 그 사건 자체에 공감하는 것이 아니라 자기 삶의 억울함을 나누며 피해의식에 공감하는 거죠. 이렇게 말하니까 약간 이기적인 것 같지 않나요?

리얼리스트는 상당히 착한 사람처럼 보이지만 자신의 생존이나 삶이 관계되면 이기적인 특성을 보여요. 왜 그러냐? 이들에게 가장 중요한 것은 생존, 즉 살아남는 거예요. 리얼리스트가 착하다는 건 참 역설적이에요.

리얼리스트에게 가장 중요한 것은 생존, 즉 살아남는 거

리얼리스트의 특성을 들어봤는데 뭔가 딱 느껴지는 게 있나요? 로맨티스트나 휴머니스트, 아이디얼리스트와는 달리 리얼리스트는 그 자체로는 특성을 말하기가 힘들어요. 리얼리스트는 어떤 상황이나 입장이 되면 그 틀에 자기를 맞춰요.

결혼을 해서 부부가 되면 일반적인 남편과 부인의 관계가 돼요. 연애할 때는 또 연애하는 사람의 관계에 맞춰 행동해요. 그러면 결혼 전과 후의 행동이 같을까요, 다를까요? 네, 당연히 다르겠죠. 남자나 여자나 마

찬가지예요. 이게 리얼리스트의 특성이에요. 그럼 이 사람이 고생할 때와 성공할 때의 모습은 같을까요, 다를까요? 당연히 다르죠. 고생할 때는 윗사람 눈치를 보고 "제가 뭘 알겠어요." 하다가 성공해서 윗사람이 되면 "네가 뭘 알아. 시키는 대로 해!" 이렇게 되는 거예요.

이건 그 사람의 성격이 바뀐 게 아니라 그의 삶에 있어 가치가 달라진 거예요. 다른 사람과의 관계에 따라 자기가 정해지니까요. 리얼리스트가 자신을 알기 위해서는 자신이 어떤 사람인지 고민할 게 아니라 누군가를 만났을 때 내가 어떤 관계를 맺는지 파악해야 해요. 그래서 리얼리스트를 상담하기가 가장 힘들어요. 왜 그런지 들어보세요.

"저는 왜 대인 관계에 어려움이 있을까요?"
누구와 어려운가요?
"모든 사람과요."
부모님과 관계가 나빠요?
"아뇨. 부모님께는 착한 딸이어요."
그럼 무슨 관계가 어려워요?
"회사의 상사와 힘들어요. 동료와도 힘들어요."
그럼 회사에서만 문제가 있다는 얘기네요.

리얼리스트의 경우, 이렇게 문제를 찾는 것조차 갈 길이 멀고 험난하답니다. 사람을 처음 만나면 리얼리스트는 어려움을 많이 느껴요. 근데 시간이 흐르고 자기 나름대로 영역을 형성하고 나면 인간관계를 훨씬 편하게 느껴요. 군대에서 말하듯 짬밥이 올라가면 리얼리스트는 완전히 보스 역할을 해요. 처음에는 이 사람 저 사람 눈치를 보며 관계를 어떻게 설정해야 할지 상당히 힘들어하지요.

  연애도 마찬가지예요. 연애를 시작할 때는 '저 사람이 나를 좋아할까? 관심이 있을까? 오늘도 나를 생각했을까?' 하면서 전전긍긍해요. 로맨티스트는 '나만큼 저 사람도 나를 좋아할까?' 이런 고민을 하지만 리얼리스트는 '저 사람이 헤어지면서 고개를 갸우뚱한 것은 내가 싫다는 걸 거야.' 하는 식의 고민을 해요. 또 '오늘 보통 때보다 좀 싼 데로 갔는데 다른 여자가 생긴 것 아냐?' 하는 고민도 하죠. 왜들 이렇게 웅성거리세요? 말도 안 된다고요? 그렇죠? 그렇지만 얼마든지 그런 고민을 하는 사람들이랍니다. 왜요? 종족이 다르니까요. 리얼리스트의 이야기를 또 들어봅시다.

빛과 소금으로 살지만, 가끔은 불행

리얼리스트2__ 저는 사실 별로 흥미가 없었는데 친구가 같이 가자고 해서 따라왔거든요. 그런데 잘 온 것 같습니다.

황상민__ 흥미도 없었는데 친구를 따라왔다고 하잖아요. 얼마나 착해요?

리얼리스트2__ 그런데 이야기를 하다 좀 서글퍼졌어요. 다들 좋은 직장에 다니며 잘 사는 것 같은데도 삶을 즐기기보다 생존하는 데 관심이 많다고 했거든요.

황상민___　리얼리스트의 가장 뚜렷한 특성이에요. 생존하기 위해 본인의 성향을 누르고 '아무려면 어때? 좋은 게 좋은 거지.' 하며 맞춰가면서 살아요. 살기 위해 사는 거죠.

리얼리스트2___　다들 현실이 중요하다고 했어요.

황상민___　그렇죠. 그래서 현실에 맞춰 현실을 위해 살려고 해요. 리얼이잖아요.

리얼리스트2___　우린 성격 때문에 사는 게 힘들었던 적은 없고요.

황상민___　다 맞춰주는데 누가 뭐래요? 다들 좋다고 하지. 그런데 속은 알 수 없어요. 얼마나 끓고 있는지 뚜껑이 열려봐야 알아요. 참다가 어느 순간 폭발한다고 아까 얘기했죠?

━ **셜록 황의 심리 코멘터리** ━

성격유형도 변할 수 있을까?

한 인간의 성격은 전 생애를 통해 지속적으로 발달한다. 특히 개인이 직면한 문제 상황에 따라 성격이 다르게 보이기도 한다. 그래서 WP는 성격이 개인의 기본적인 특성뿐 아니라 사회적 상황이나 환경에 따라 적응적인 모습까지도 포괄한다고 본다. 사회적 환경과 맥락이 변화함에 따라 성격도 어느 정도 변화할 수 있다. 특히 주변 상황과 환경의 변화에 가장 많은 영향을 받는 리얼리스트는 성격을 진단하는 시점에 따라 성격 진단 결과가 다른 유형보다 더 많이 달라질 수 있다.

리얼리스트2　　　우리 조는 다들 리얼리스트가 아니라고 생각한 분들이었습니다. 우린 주로 일에 관해 이야기를 했어요. 중간에 잠깐 연애 이야기가 나왔는데 그건 금방 사라지고 또다시 일에 대한 이야기만 실컷 했습니다. 모두 일이 삶의 중심이라는 데 공감했고요.

황상민　　　이분들은 리얼리스트와 에이전트 성향이 같이 있거나 일 문제로 고민이 많은 로맨티스트에서 넘어왔을 가능성이 커요.

리얼리스트2　　　혼자 있는 게 편하다고 했을 때 다 공감했어요. 또 관심이 가는 일은 적지만 일단 관심이 생기면 적극적으로 일하고 그 외의 일에는 무관심하다고 했어요.

황상민　　　여러분이 듣기에도 뭔가 좀 이상하죠? 리얼리스트가 에이전트한테 빙의된 것 같아요. 그렇죠?

리얼리스트2　　　우리 테이블에 앉은 분들은 거의 다 직장 초년생이었어요. 그래서 그런지도 모르겠네요. 그들 나름대로 직장 일에 몰두하며 잘 지내는 것 같았어요.

황상민　　　이분들은 리얼리스트와 릴레이션의 갭이 아주 크네요. 이건 뭘 뜻하는가 하면 현실적인 생활은 별 문제 없이 잘하는데 인간관계가 좋지 못하거나 관계의 폭이 좁다는 거예요. 리얼리스트인데도 관계 맺기를 부담스러워하고 힘들어한다는 얘기죠.

리얼리스트2　　　사실은 저도 팟캐스트로 WPI에 관한 방송을 들으면서 제 안에 여러 가지 성향이 뒤섞여 있다는 생각을 많이 했어요. 그래도 제가 리얼리스트일 거란 생각은 전혀 못 했지요. 다른 사람과 어울리는 게 별로 좋지 않고 혼자 있을 때가 오히려 편하거든요.

황상민__ 리얼리스트가 혼자 있는 게 좋다면 정상적인 상황이 아니에요. 리얼리스트는 많은 사람과 관계를 맺는 데 가치를 두는 종족이거든요. 그런데 혼자 있을 때 진정한 리얼리스트임을 느낀다면…… 프로파일을 보지 않을 수 없네요. 지금 매뉴얼과 셀프가 다 많이 낮은 상태예요. 이런 프로파일이라면 다른 사람이 보기에는 그리 잘 지낸다고 하기가 어려워요. 게임이나 하면서 허송세월하고 있는 거지, 실제로는 자기 할 일을 제대로 한다고 볼 수 없네요. 지금 무슨 일을 하세요?

리얼리스트2__ 일을 하다가 그만두고 대학원에 가려고요.

황상민__ 무얼 전공할 건데요?

리얼리스트2__ 정치학이요.

황상민__ 네, 정치인이 되려고요?

리얼리스트2__ 제가 셀프가 낮잖아요. 그래서 뭔가를 시작할 때 추진력이 있을지 고민이에요.

황상민__ 추진력은 크게 부족하지 않아요. 오히려 문제는 아이디얼리스트 성향이 떨어져서 본인의 꿈보다 주위의 기대나 '내가 이렇게 되면 멋있을 것 같은데'라는 생각에 따라 움직이기 쉽다는 거예요. 게다가 그런 생각이 참신하기보다 상당히 통념적이고 세속적일 수 있어요. 한데 왜 정치를 하려고 하세요? 프로파일을 보면 대기업에 들어가도 잘할 분이에요. 리얼리스트와 휴머니스트 성향을 동시에 갖고 있으니까 윗분에게 잘 맞추면서 일을 잘할 수 있어요. 아니면 정치인의 비서관을 해도 좋고요. 트러스트가 높아 윗분을 잘 모실 수 있거든요. 앞으로 정치를 하면 본인의 휴머니스트 성향이 더욱 뚜렷이 드러날 거예요. 정치도 잘할 수 있습니다.

리얼리스트2___ 혹시 이런 성향이 억눌린 환경에서 자라서 그런 건 아닌 가요?

황상민___ 아, 역시 리얼리스트의 고백이 나오는군요. 과거의 트라우마가 나를 이렇게 만들었어요! 하는 것이 바로 리얼리스트적인 생각이에요. 본인의 특성과 성향은 어린 시절과 상관이 없어요. 지금도 앞에 나와 할 말을 잘하고 있는데 억눌리긴 뭘 억눌려요?

리얼리스트2___ 그럼 본래의 제 성향이 어떤 것인지 알 수 있나요?

황상민___ 리얼리스트는 이전의 어떤 상황이나 결정 때문에 현재 자신이 이렇게 되었다는 생각을 해요. 그런 생각은 완벽한 삽질이에요. 왜? 첫째, 왜 이렇게 됐는지 알 수 없어요. 둘째, 다른 선택을 한다고 해도 바뀌지 않아요. 무슨 말인지 알겠죠? 본래의 내가 누구인가는 생각할 필요가 없어요. 본래의 내 모습이 무엇인지 궁금할 때는 지금 진짜로 궁금한 게 뭔지, 앞으로 무얼 하고 싶은지에 대해 즉각적인 질문을 던져야 해요. 왜? 내 본래의 성격을 궁금해 한다는 건 현재의 내 특성이나 상황이 별로 만족스럽지 않다는 거거든요. 지금의 내가 고민하고 있다는 거지 나를 바꾸겠다는 게 아니에요.

> 지금 진짜로
> 궁금한 게 뭔지,
> 앞으로 무얼
> 하고 싶은지

리얼리스트2___ 그건 저만의 이야긴가요?

황상민___ 휴머니스트는 기본적으로 별로 바뀌지 않아요. 사회에 나가도 성향을 그대로 유지해요. 로맨티스트와 아이디얼리스트는 사회에서 조직생활을 하며 본인의 성향을 버리고 리얼리스트로 변신하기 시작해요. 리얼리스트의 가면을 덮어 쓰는 거지요. 그래서 제가 성격을 이야기할 때 가슴 찡한 사람이 리얼리스트들이에요. 어느 순간부터 자기의 기본적인 성격을 잊고 주변이 원하는 모습을 보이기 위해 노력하며 살기 때문이지요. 왜 그럴까요?

리얼리스트2 — 그래야 조직이 돌아가니까요. 우리는 스스로를 '사회의 빛과 소금'이라고 했어요. 누군들 성질이 없겠느냐고요. 하지만 너나없이 모두 성질을 부리면 일이 되겠어요? 누군가는 눈치를 보며 맞춰줘야죠.

황상민 — 상당 부분 맞는 말이에요. 오늘 이 자리에 온 리얼리스트 분들을 위해 큰 박수를 쳐줍시다. 이런…… 박수 소리가 별로 크지 않네요. 그건 여러분이 아직 젊어서 그래요.

리얼리스트2 — 그렇게 맞춰주다 보니까 어떤 게 내 모습인지, 겉으로 보이는 모습과 내면의 모습 사이에서 고민을 많이 하는 것 같습니다.

황상민 — 훌륭한 고백이에요. 그런데 고민한다고 해서 해결되지는 않아요. '지킬 박사와 하이드' 다들 아시죠? 그처럼 양면성을 갖는 것은 별 문제가 없다고 생각해요. 아니, 좋다는 생각도 해요. 사회생활을 할 때는 휴머니스트로 살고 좋은 사람을 만나면 로맨티스트로 행동하고 또 상당히 심오한 생각을 하는 사람들 앞에서는 아이디얼리스트인 것처럼 양면성, 삼면성, 사면성의 복합 정체성을 갖는 것이 지금 같은 시대에는 훨씬 좋을 수도 있어요. 그러나 이것을 복잡하고 힘들다, 혼란스럽다고 생각하면 그때부터 헷갈리기 시작하죠. 대학을 졸업하고 사회생활을 조금 하면 리얼리스트들이 이런 고민에 빠져 전전긍긍해요. 뭔가가 잘못되면 어쩌나 하는 불안감에 다양한 스펙을 쌓는다고 난리를 치지요.

"대통령을 잘 뽑아야지", "너는 누구를 뽑았니?", "몰라" 이런 질문이나 하고 있는 거예요. "누가 되면 우리나라가 정말 잘될 텐데……" 이러면서 말이지요. 잘되기는 뭐가 잘되나요? 누구를 뽑아도 그 사람이 큰 변화를 일으킬 수는 없어요. 리얼리스트에게는 영웅 같은 어떤 사람이 백마를 타고 나타나 내 문제와 우리 사회의 모든 문제를 깔끔히 해결해주기를 기대하는 경향이 있어요. 선거 때마다 "이 나라를 제가 구하겠습니다. 경제를 살리겠습니다." 하는 후보가 나타나면 아이디얼리스트는 속으로 '에이, 사기……'라고 하는데, 리얼리스트는 '음…… 훌륭한 분이야.' 하면서 잘 속아 넘어가죠. 그럴 때 리얼리스트한테 "야, 너 사기당하는 거야." 그러면 "뭔 소리야. 저분이 얼마나 훌륭한데……" 하면서 의심 없이 받아들여요. 참 안타깝도록 착한 사람들이에요.

튀지 않고, 비슷하게, 두루두루

리얼리스트3__ 우리는 숫자가 적어서 따로 테이블을 잡지 못하고 휴머니스트들과 같이 앉았어요.

황상민__ 휴머니스트들과 같이 앉아 있느라 얼마나 힘드셨어요?

리얼리스트3__ 아뇨, 전혀 힘들지 않았어요. 근데 이상한 게 그분들 이야기를 듣고 있자니 저랑 딱 맞는 것 같았어요.

황상민__ 본인이 휴머니스트 같았어요?

리얼리스트3__ 네, 그래서 사람은 본래 다 비슷한가 싶었어요.

황상민 — 지금 벙커가 엄청 소란스러워지는 것 느끼세요? 다들 말도 안 된다고 하는 소리 들리세요?

리얼리스트3 — 네, 그런데 왜 그러죠? 제가 뭐 잘못 말했나요?

황상민 — 웃지들 마세요. 리얼리스트는 에이전트랑 있으면 에이전트 같고, 휴머니스트와 있으면 휴머니스트 같을 수 있어요. 심지어 아이디얼리스트와 이야기하면 아이디얼리스트 성향으로도 변신할 수 있어요. 그들의 생각에 모두 공감할 수 있는 놀라운 능력이 있거든요. 훌륭해요.

리얼리스트3 — 우리 테이블에는 유난히 공무원이 많았어요. 그래서 리얼리스트와 공무원이 궁합이 잘 맞는 게 아닌가 했습니다.

황상민 — 리얼리스트 중에는 정말로 공무원이 많아요. 그럼 그 테이블에서 나온 이야기를 발표해주세요.

리얼리스트3 — 모두들 남의 생각에 잘 맞춰줄 수 있다고 했어요. 그런 걸 보면 성격은 변하는 게 맞는다는 이야기도 했고요.

황상민 — 잠깐만요, 리얼리스트는 상황에 잘 맞출 수 있어요. 누구한테라도 잘 맞춰주는 성격이에요. 이걸 두고 '성격은 변한다'고 말하면 위험해요. 그건 뉘앙스가 전혀 다른 말이에요. 여기서 여러분이 또 조심해야 할 말이 있는데 그건 상황이나 사람에게 잘 맞추는 것과 상황이나 사람에 따라 다른 것에는 하늘과 땅만큼 차이가 있다는 거예요. 아이디얼리스트가 다르다고 하면 '너와 나는 서로 다르고 각자 자기 길을 가는 거야'라고 할 때의 다르다는 뜻이거든요. 그런데 리얼리스트가 다르다고 하는 것은 '어떤 상황에서든 내가 거기에 맞춰줄게. 어떤 사람도 잘 맞춰줄 수 있어.' 할 때의 다르다는 거예요.

리얼리스트3___ 도전정신이 없다고도 했어요. 아직 경험이 없는 분이 많더라고요.

리얼리스트에게
가장 중요한 것은
안정성

황상민___ 리얼리스트에게 가장 중요한 것은 안정성이에요. 가능하면 이리저리 옮겨 다니지 않고 한 직장에 안정적으로 있는 것을 중요하게 여겨요.

리얼리스트3___ 네, 맞아요. 그리고 꿈은 있는데 현실과 타협하느라 꿈을 저 멀리 버려두고 있다고 했어요.

황상민___ 그렇죠. 꿈은 그냥 밤에 잘 때 꾸는 게 꿈이에요. 생활할 때는 현실과 잘 타협하는 거예요.

리얼리스트3___ 프리랜서 같은 것보다 조직생활을 하는 분이 많았어요.

황상민___ 리얼리스트는 조직생활에 비교적 잘 맞추고 또 조직 안에 있어야 안정감을 느껴요. 조직생활을 잘하는 리얼리스트는 자신을 휴머니스트라고 생각하기 쉬워요.

리얼리스트3___ 그리고 시키면 한다!

황상민___ 그럼요. 시키면 뭐든 다 하지요. 그래서 영혼이 없다는 말을 들어요. 영혼 없는 인간들을 이용해 큰 사고를 칠 수 있는 사람이 한 나라의 대통령일 수도 있고요.

리얼리스트3___ 이야기를 하다가 서로 프로파일을 비교해봤어요. 그리고 서로 이래서 그런가 보다고 해석했어요.

남들이 사는 걸
확인하고,
비슷한 부분이
있으면 안심

황상민___ 그럼요, 리얼리스트는 남들이 어떻게 사는지 꼭 확인해야 해요. 비슷한 부분이 있으면 다 안심해요. '내가 비슷한 무리 속에 안전하게 있구나.' 하

결정적인 순간에는 절대로 손해 보지 않아요

는 거죠.

리얼리스트3 ___ 이게 좀 의견이 엇갈렸는데요. 남보다는 나를 챙긴다는 의견도 있었어요.

황상민 ___ 착한 사람이 되어야 한다는 것 때문에 본인이 관계에서 항상 손해를 본다는 느낌도 있어요. 그런데 실제로 다른 사람에게 이야기할 때는 내가 손해를 본다는 말보다 '제가 좀 이기적인가 봐요.' 하면서 겸손하게 표현해요. 그러나 결정적인 순간에는 절대로 손해를 보지 않아요.

리얼리스트3 ___ 모든 사람과의 관계가 원만하도록 애를 써요.

황상민 ___ 원만하죠. 튀지 않고 남과 비슷하게 하면서 두루두루 잘 지내요.

리얼리스트3 ___ 혼자 있을 때는 적극적으로 하는데 함께 있을 때는 수동적으로 변한다고 했어요.

황상민 ___ 그럼요, 남들한테 맞춰줘야 하니까 남들에게 묻어가지요.

리얼리스트3 ___ 연애 이야기가 살짝 나왔는데 이 부분에는 거의 다 말이 없었어요. 그냥 침묵, 침묵이요. 한 분만 말했는데 한 10년 잘 사귀고 있다고 했어요.

황상민 ___ 네, 가장 안정적이고 모범적인 사례만 이야기하고요. 조금이라도 어긋나는 이야기를 하면 리얼리스트한테는 흠이 돼요.

지금까지 리얼리스트의 특성에 대해 들었는데요. 이제 좀 감이 오나요? 로맨티스트는 감성, 휴머니스트는 인간적인 것, 아이디얼리스트는 꿈이나 생각, 에이전트는 구체적인 과제를 이야기해요. 이것은 인간의 대표적인 특성이에요. 그런데 리얼리스트는 무얼 이야기하던가요? 리얼! 뭐가 리얼이에요? 뭐가 현실이에요? 하고 묻는다면 리얼은 인간이 속해 있는 환경이나 조건이죠? 인간의 특성을 뚜렷이 드러내며 살기보다 자기가 속한 환경에 맞춰서 살아갈 때, 우리는 그것을 리얼리스트의 성향으로 살아간다고 말하죠.

그러다 보니 본연의 모습을 감추거나 가면을 쓰고 내게 주어진 역할을 하는 것처럼 보이지요. 흔히 리얼리스트는 우리 사회의 빛과 소금이라고 합니다. '나'를 주장하지 않고 빛과 소금처럼 사람들과 환경 속에 녹아들거든요. 그래서 영혼이 없다고도 하지만 이들이 있어서 우리 사회가 굴러가고 있다는 걸 모두 인정하시죠?

[고민1] 창업을 했는데 잘될지 걱정이에요

고민남__ 작년에 직장을 그만두고 회사를 차렸어요.

황상민__ 프로파일을 먼저 봅시다. 리얼리스트인데 휴머니스트와 아이디얼리스트도 높아요. 휴머니스트에 아이디얼리스트인 분이 회사에 다니다 나와서 창업하는 경우가 굉장히 많아요. 뭐가 문제인가요?

고민남__ 아무래도 불안해서요.

황상민__ 회사가 망할까 봐요? 회사가 망할까 봐 걱정하지 않아도 돼요. 본인이 스스로 포기하지 않는 한 회사는 잘돼요. 이렇게 말하면 황상민이 점쟁이처럼 보이겠지만 그건 아니고…… 휴머니스트와 아이디얼리스트 성향이 높은 분이 비즈니스를 하면 비교적 성공할 가능성이 커요. 이런 분에게는 창업을 하라고 권해요. 문제는 지금 리얼리스트로 가

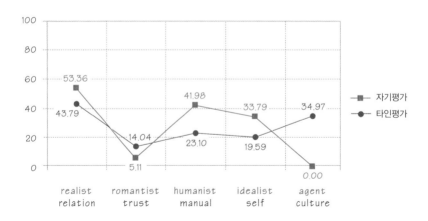

고 있다는 데 있어요.

고민남__　　　아무래도 사업을 하다 보니 여기저기 맞춰야 해서…… 어떻게든 살아남아야 하잖아요. 월급 탈 때와 달리 생존이 걸린 문제라서요.

황상민__　　　그렇죠, 생존하려고 맞춰주는 거지요. 그런데 지금 리얼리스트 모드로 가면 본인이 갖고 있는 에센스를 다 죽여서 자신의 특성이 없어져요. 바람이 불면 부는 대로, 비바람이 치면 치는 대로 가면 나중에 본인의 에너지가 소진돼 생존하기가 더 힘들어져요.

고민남__　　　그렇지 않아도 시작한 지 얼마 되지도 않았는데 에너지가 바닥이라 워크숍에 참석했습니다.

황상민__　　　그럴 때는 내가 다른 사람에 비해 다른 게 뭔가? 내가 잘할 수 있는 것은 뭔가? 내 특성이 진짜 무언지 고민해야 해요. 사업을 혼자 하세요? 아니면 여럿이 하세요?

고민남__　　　열 명이 함께합니다.

황상민__ 그럼 일단 휴머니스트 성향을 발휘해서 "우리 함께 해보자"고 힘을 실어줘야 해요. 이런 상황인데 리얼리스트를 높이는 게 중요할까요? 휴머니스트 성향을 높이는 게 중요할까요? 당연히 휴머니스트 성향을 높여야죠. 휴머니스트 성향은 무조건 저질러요. "돌격 앞으로!" 해놓고 "이쪽이 아닌가? 그럼 저쪽으로 돌격!" 해버려요. 이렇게 하면 으쌰으쌰 하는 분위기는 있는데 본인의 에센스는 다 놓쳐요. 그럴 때 남에게는 없고 나한테만 있는 게 뭔지, 본인이 어떤 상황에 있는지 냉철하게 성찰해야 해요. 이것이 바로 아이디얼리스트의 성향이에요. 그런데 지금 속은 시커멓게 타는데 겉으로는 상당히 허장성세를 부리며 버티고 있지요. 아닌가요?

고민남__ 네, 맞습니다.

황상민__ 힘들면 힘든 대로 사람들에게 털어놓고 길이 있는지 열심히 물어보세요. 대개 비즈니스를 하는 분들은 형편이 나빠도 "아무 문제없어요. 괜찮아요"라고 해야 한다고 생각해요. 그래야만 긍정적인 마음을 갖는 건 아니에요. 그것도 틀린 말은 아니지만 그러면 진짜 문제가 무언지 제대로 바라볼 기회를 놓치고 남에게 조언을 받을 기회도 잃어요. 그리고 남들이 가는 빤한 길을 가고 말아요. 불안할수록 남들을 따라가다가 말아먹기 십상이에요. 지금 아무리 어렵더라도 남다른 걸 포기하지 마세요. 그런데 리얼리스트 성향 때문에 남들이 좋다는 거, 잘된다는 걸 쫓아가기 쉬워요.

고민남__ 요즘 열심히 쫓아다니고 있습니다.

황상민__ 그렇다면 삽질 수준이 아니라 망하려고 기를 쓰는 거예요. 리얼리스트를 상담할 때 제가 정말 힘들어요. 리얼리스트는 사람들이 잘 알고 익숙한 길로만 가려고 해요. "그 방식으로 지금까지 해오셨죠?" 물으면 "그럼요"라고 대답해요. "그렇게 해서 잘됐습니까?" 하면 "아뇨, 어려움이 있어요. 그러니까 더 열심히 하려는 것 아닙니까?", "더 열심히 하면 어떻게 되나요?", "더 나빠지겠죠", "거기서 더 열심히 하면 어떻게 되나요?", "망하죠" 이게 리얼리스트예요. 어차피 계속 그렇게 하면 망할 건데 차라리 맨땅에 헤딩하듯 새롭게 해보는 것은 어때요? 하고 제안하면 대개는 경기를 일으켜요. "아니, 이렇게 했는데도 안 됐는데 새롭게 하면 완전히 망하는 거잖아요!" 어차피 시간이 갈수록 말라죽는데 내일 죽나 말라죽나 죽는 건 마찬가지예요. 한번 해보고나 죽자고요. 이게 아이디얼리스트의 전법이에요. 어차피 죽을 거면 말라죽기보다 오늘 내 맘대로 해보고 내일 꽥 하는 게 낫지 않나요? 재미있는 건 이렇게 했을 때 내일 죽을 가능성보다 살 가능성이 훨씬 크다는 거예요. 서서히 말라죽으면 꽥 소리도 못 하고 죽어요. 리얼리스트에게 아무리 이렇게 말해도 잘 듣지 않아요. 들을 때는 솔깃해도 돌아서면 당장 자기가 부딪힌 현실을 생각하고 가던 길을 계속 가지요.

어차피 죽을 거면
말라죽기보다
오늘 내 맘대로
해보고 내일
꽥하는 게

고민남___ 그럼 저는 어떻게 해야 하나요? 더 늦기 전에 남들을 따라하는 것을 접어야 할까요?

황상민___ 마음속에 숨겨둔 본성을 깨우세요. 그거야말로 본인의 가장 큰 자산이에요. 휴머니스트 성향과 아이디얼리스트 성향이 있잖아요? 아이디얼리스트 성향은 똘기예요. 본인한테 똘기가 있어요. 똘기가 없으면 잘 다니던 회사를 때려치우고 창업을 했겠어요? 사업을 하느라 억눌려 있는 똘기를 깨워 그 정체를 정확히 파악하면 새로운 돌파구를 찾을 수 있어요.

[고민2] 눈치 보기 싫은데 자꾸 눈치가 보여요

고민녀 ── 사는 게 너무 힘들고 자꾸 화가 나요.

황상민 ── 왜 그렇게 힘들다는 생각이 드나요?

고민녀 ── 자꾸 이 사람, 저 사람 눈치를 보게 돼요. 그런 상황이 싫고 또 그런 저도 싫어서 지치네요.

황상민 ── 프로파일을 보면 리얼리스트, 휴머니스트, 아이디얼리스트가 거의 같은 수준인데 셀프가 낮아요. 그래서 휴머니스트와 아이디얼리스트 성향을 잘 드러내지 못하고 있어요. 또 잘한다고 내세울 것이나 본인이 굳게 믿고 의지할 틀도 뚜렷한 게 없어요. 스스로 '나 이런 사람이야', 아니면 '우리 집안은 이런 집안이야.' 하면서 남들에게 뚜렷이 드러낼 게 없다고 생각하기 때문에 눈치를 많이 봐요. 사실 눈치를 안 봐도 되거든요. 왜 눈치를 많이 보는 것 같아요?

고민녀 ── 눈치를 많이 봐야 할 상황이라서요.

황상민 ── 트러스트가 굉장히 높아요. 난 착한 딸이어야 한다, 주위 사람들이 기대하는 것에 맞춰줘야 한다는 것에 엄청나게 에너지를 쏟고 있다는 얘기에요. 외동딸이에요?

고민녀 ── 막내딸이에요.

황상민 ── 그럼 오빠나 언니, 부모님한테 인정받는 괜찮은 막내딸이어야 한다는 강박증에 시달리는 것 같아요. 그러세요?

고민녀— 고등학교 때는 그랬던 것 같은데 지금은 책을 보고 많이 벗어난 상태에요.

황상민— 어쨌든 트러스트가 과도해서 다른 것을 찾아갈 에너지가 없어요. 트러스트를 좀 죽이고 성질을 부리면서 '난 잘났다'고 도도하게 나가면 삶이 훨씬 재미있고 드라마틱할 텐데…… 지금 본인이 기대했던 성과를 별로 내지 못한 상황인가요?

고민녀— 컬처가 낮아서 그렇게 보시나요?

황상민— 에이전트가 바닥이거든요. 자기한테 주어진 일에서 성과를 내지 못한다는 뜻이에요.

고민녀— 전공이 제 적성에 맞지 않았어요. 대학에 다니는 동안 허송세월을 한 것 같아요.

황상민— 공부에 재미가 없었군요. 전공에 상관없이 무조건 본인이 하고 싶은 것 해도 돼요. 지금 이것저것 재면서 눈치를 너무 많이 봐요. 신경을 딱 끊으세요.

고민녀— 제가 지금 리얼리스트로 바뀌는 중인가요?

황상민— 그렇게 볼 수 있어요. 아무튼 본인이 하고 싶은 대로 마음껏 해도 괜찮아요. 너무 조심스럽게 하고 있어요. 조금 전의 분과 많이 비슷한데 '상황에 맞춰야 돼. 그래야 내가 살 수 있어.' 하면서 여기저기 눈치를 보며 생존에 매달리는데 그러지 않아도 돼요.

고민녀— 이게 다가 아니고요, 사실은…….

황상민— 그렇게 눈치 보지 말라고 했는데…… 당당하게 말하세요.

고민녀— 　네, 지금 연애 중인데 곧 결혼할 것 같거든요. 제가 결혼 생활을 잘할 수 있을지 걱정이 돼요.

황상민— 　결혼하고 빨리 애를 낳으세요. 그러면 에너지를 쏟을 확실한 일이 생기거든요. 그것만큼 잘할 수 있는 일이 없어요. 아무 걱정 말고 결혼하세요.

[고민3] 아이디얼리스트와 리얼리스트 사이에서 길을 잃어요

고민남— 　두 달 전 WPI를 했을 때는 리얼리스트였는데 오늘 아이디얼리스트로 나왔어요. 어찌된 건가요?

황상민— 　리얼리스트와 아이디얼리스트 성향이 비슷한 분이네요. 필요에 따라 그때그때 왔다 갔다 한다는 얘기예요.

고민남— 　저는 리얼리스트로 살고 싶지 않아요.

황상민— 　그럼 아이디얼리스트 성향을 계속 유지해야지요. 문제는

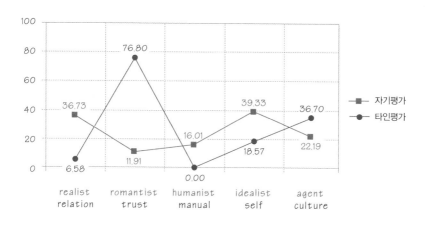

본인의 셀프가 얼마나 높은가에 달려 있어요. 지금 트러스트가 엄청 높아서 아이디얼리스트로 살기엔 상당히 불편할 텐데 그래도 괜찮아요?

고민남—　예, 그래도 리얼리스트로 돌아가기는 싫어요.

황상민—　본인에게 주어지는 책임이나 의무를 조금 내려놓으세요.

고민남—　그러고는 있는데 잘 되지 않아요. 지난 검사에서 리얼리스트로 나와서 너무 싫었거든요.

황상민—　그렇게 싫으면 할 수 없지요. 책임감 같은 것 더 내려놓고요, 눈치도 좀 덜 보세요. 저절로 그렇게 되기는 어려우니까 의식적으로 그렇게 하세요. 지금 직장에 다니세요?

고민남—　예.

황상민—　직장에 다니면서 아이디얼리스트로 지내는 건 쉽지 않아요. '너는 어찌 그리 다른 사람을 신경 쓰지 않냐?' 하는 태클을 감당할 자신이 있으세요?

고민남—　어렵겠지요. 그런데 아이디얼리스트가 자기중심적이긴 하지만 굉장히 전문적이기도 하잖아요?

황상민—　본인이 그런 부분을 잘 발휘하고 있어요?

고민남—　예…….

황상민—　그러면 됐어요. 전혀 걱정하지 마세요. 남들이 기대하는 것보다 좀 더 예리하게 해서 '아, 저럴 수도 있구나. 저렇게도 한단 말이야?'라는 말만 들으면 돼요. 그럼 아무도 건드리지 않아요. 그리고 리얼리스트가 내려가면서 아이디얼리스트가 올라가요. 놀랍게도 그렇게 돼요.

고민남—　처음엔 0이었어요. 그런데 지금은 올랐어요.

황상민— 와우! 많이도 올라갔다! 웃지 마세요. 0보다는 훨씬 낫죠. 그런데 어떻게 두 달 만에 이렇게 올려놨어요?

고민남— 그때 제가 어떻게 하면 리얼리스트를 벗어날 수 있느냐고 여쭸더니 교수님이 롤 모델을 잡고 그 사람을 따라하라고 하셨어요. 한데 제가 사람을 별로 좋아하지 않거든요. 존경 같은 거 하지 않아요.

황상민— 예, 아이디얼리스트는 건방져요. 아이디얼리스트 맞네요.

고민남— 예전에는 건방지면 안 된다고 생각했는데 이제는 싫으면 싫은 거지 해버려요.

황상민— 훌륭해요.

고민남— 어쨌든 두 달 사이에 어떤 사람을 만났는데 그를 통해 제가 진정으로 원하는 게 뭔지 알게 됐어요. 저한테 어떤 결핍이 있는지도 깨달았고요. 어쩌면 리얼리스트는 결핍 때문에 그런 건지도 몰라요. 그걸 채우려고 이것저것 집어넣는데 정확하게 무엇이 결핍되어 있는지 모르면 아무것도 되지 않아요.

황상민— 훌륭해요. 이래서 아이디얼리스트 중에는 선무당이 많아요. 사실은 훌륭한 지적을 했어요. 리얼리스트를 가장 잘 보는 사람이 아이디얼리스트예요. 지금 가슴 짠하게 리얼리스트를 보고 있네요. 그런데 이런 이야기를 리얼리스트에게 해주면 상당히 불편해해요. 다른 세계에 있는 사람처럼 느껴지거든요.

[고민4] 그냥 사는 게 힘들어요

고민녀— 교수님, 사는 게 힘이 빠지고 재미가 없어요. 제가 가짜 인생을 사는 것 같아요.

황상민 — 구체적인 불만이 있나요?

고민녀 — 불만이 아주 많죠. 제 모든 게 불만스러워요. 하지만 말해 봤자 해결될 것도 아니고…….

황상민 — 지금 직장에 다니나요?

고민녀 — 예, 그런데 남들 비위를 맞춰가며 사는 게 너무 싫어서 그만둘까 고민 중이에요.

황상민 — 본인이 맡은 일을 하면 되지 왜 남의 비위를 그리 맞춰주세요?

고민녀 — 그렇게 해주길 바라는 게 눈에 훤히 보이는데 어떻게 무시해요? 그냥 넘기면 제 마음이 더 힘들어서 차라리 맞춰주는 게 나은 걸요.

그냥 넘기면
내가 더 힘들어
차라리 맞춰줘요

황상민 — 너무 착한 사람으로 사네요.

고민녀 — 그러다 지쳐서 그런지 다들 원망스러워요. 다들 제 진을 빼먹는 것 같고.

황상민 — 제 가슴이 짠하네요. 프로파일을 볼게요. 트러스트가 만빵이죠? 남한테 내가 믿음직한 사람이고 내 책임과 역할을 잘해야 한다는 진짜 착한 마음을 갖고 있어요. 그런데 리얼리스트만 높고 프로파일의 파란 선이 미끄러지듯 내려가고 있어요. 이걸 슬라이딩 패턴이라고 하는데 40대 여성에게서 많이 나타나요. 그들은 겉보기엔 상당히 번듯하고 멋있어요. 집안 형편도 좋아 보이고 남편도 좋은 직장에 다니는 듯하고 본인도 남들한테 꿀리지 않는 배경이나 학력을 갖고 있는 것처럼 보여요. 그런데 딱 거기까지예요. 한 꺼풀 벗겨보면 남편과의 관계도 알 수 없고 잘 사는 것 같은데 딱히 그런 건 아닐 수도 있어요. 하루하루를 때우듯 마지못해 살아가요. 그런데도 남들에게는 '난 이런 사람이야'라고 그럴듯하게 보이려고 해요. 그들에게 '살고 싶은 대로 편하게 살면 되잖아요'라고 하면 살고 싶은 대로 편히 사는 게 뭔지 상당히 헷갈려 해요.

고민녀____ 지금 제가 그런 여성들과 같은 상황인가요?

황상민____ 본인의 기본 성향은 휴머니스트인데 리얼리스트로 살려고 해요. 자기 딴에는 가장 현실적으로 영양가 있게 살려고 하지만 실제로 중요하게 여기는 것은 트러스트예요. 트러스트는 로맨티스트의 성향이에요. 그러니 본인의 삶이 얼마나 힘들겠어요? 본인한테 없는 것을 만빵으로 높이고 있는 거예요.

고민녀____ 그럼 어떻게 해야 하나요?

황상민____ 지금 뚜렷하게 이거다 하는 고민거리는 없죠?

고민녀____ 네, 힘들긴 한데 뭐가 고민인지는 모르겠어요.

황상민____ 그냥 사는 게 힘들고, 사람들과 관계 맺는 것도 힘들고, 뭔가 자신 있게 '나는 이렇다'고 내세우면서 행복하게 살고 싶은 거죠?

고민녀____ 네, 그런 것 같네요.

황상민____ 저도요~ 저도 그렇게 살고 싶어요~ 그러면 우리 같이 힘들어봐요~ 행복해지는 그날까지요~ 벙커 분들 지금 엄청난 야유를 보내는데 그러지 마세요. 이런 고민도 고민이고 이런 대답도 대답이랍니다. 이걸 힐링이라고들 하잖아요. 아닌가요? 세상엔 이러한 답을 구하는 사람이 굉장히 많아요. 그래서 저도 한번 던져본 거예요.

[고민5] 제가 어떤 사람인지 정말 모르겠어요

고민녀__   저는 리얼리스트란 결과가 나왔는데 리얼리스트 같기도
하고 아닌 것 같기도 해요. 리얼리스트가 현실적이라 생존을 목표로 한다
는데 저는 생존을 생각해본 적이 없어요. 알바를 해도 특별히 내가 뭘 먹
고살아야지 하는 생각은 해본 적이 없거든요.

황상민__   프로파일을 보면 리얼리스트만 높고 다른 것은 플랫하
죠? 이러면 자신을 어떤 상황에 맞추면서 지내야 하는데 자기가 어떤 사
람인지 알 수 없어요. '제가 어떤 사람인가요?' 하는 질문을 던질 수밖에
없어요.

고민녀__   리얼리스트가 되기 이전엔 어떤 성향이었을까요?

황상민__   셀프와 매뉴얼이 비교적 높은 걸로 봐서 휴머니스트와
아이디얼리스트 성향이었을 가능성이 커요. 그런데 아이디얼리스트로
살기에는 힘들었을 거예요. 너무 외롭고 '너, 참 엉뚱하다'거나 '독특하다'

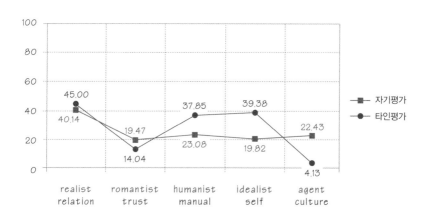

는 말을 듣는 걸 감당하기 어려웠죠? 독특하다는 말을 나쁘다는 소리로 알아들었죠?

고민녀— 네, 정말 그랬어요.

황상민— 상당히 공감하시네요. 리얼리스트는 내가 착한 사람이어야 하고 할 일을 제대로 해야 하거든요.

고민녀— 근데 제가 회사에서 다른 사람의 일에 오지랖 넓게 참견하다가 약간 트러블이 생겼어요.

황상민— 휴머니스트 성향을 보였군요.

고민녀— 그런 일이 꽤 여러 번 있었어요. 신입이 들어왔을 때 기존에 있던 사람들이 부당하게 굴면 그걸 참을 수가 없었지요. 어쭙잖은 정의감이지 제가 착해서 그런 건 아니에요.

황상민— 본인은 착하지 않다고 하지만 그건 착한 사람이라 그래요. 그런 걸 보면 휴머니스트 성향이었던 것 같네요. 본인은 오지랖 넓게 참견하면서 사람들과 웬만큼 편안하게 어울린다고 생각하는데 뒷말을 들을 수 있어요. 본인이 뚜렷한 방향을 보이지 않으니까 사람들이 뒤에서 이러쿵저러쿵 말을 해요. 본인은 좋은 마음으로 벌인 일인데 사람들이 뒷말을 해대니까 억울한 생각이 들지요.

> 좋은 마음으로
> 벌인 일인데
> 뒷말을 해대니까
> 억울한 생각

고민녀— 네, 그래서 회사도 옮겨버렸어요.

황상민— 충동적으로요?

고민녀— 그렇죠. 그런데 그것뿐이 아니라 종종 충동적인 선택을 할 때가 있어요. 얼굴을 보면 차분해 보인다고 하는데 별로 그렇지 않아요.

불쑥 뜻하지 않은
행동을 하고
바로 후회

황상민── 리얼리스트는 이따금 충동적인 선택을 해요. 리얼리스트는 평소에 자기 생각을 많이 억누르고 참아요. 그래야 주위의 상황에 맞출 수 있다고 생각하기 때문에 자기 성향을 감추고 그때그때 힘 있는 사람이나 높은 사람에게 자기를 맞춰요. 그러다 보니 답답하고 억울한 마음이 들어요. 그럴 때 불쑥 뜻하지 않은 행동이나 발언을 하고는 금방 후회해요. '내가 왜 그랬지? 안 그래도 되는데……' 하면서요.

고민녀── 교수님 말씀이 다 맞아요. 제가 근래 살이 10킬로그램 이상 쪘는데 살이 빠지면 제 고민이 줄어들까요?

황상민── 성형수술을 하는 프로그램 있죠? 거기에 보면 '저는 상당히 얌전하고 남들과 눈도 못 마주쳤는데 수술을 하고 새 사람이 됐어요.

━ 셜록 황의 심리 코멘터리 ━

WPI 프로파일이 플랫하다는 것은 어떤 의미인가?

한마디로 '내가 어떤 사람인지 나도 모르겠어요.' 하는 상황이다. 심리적으로 우울감에 빠져 있거나 본인에 대해 상당히 혼란스러워하는 중이다. 남들이 보기에는 멀쩡하지만 속으로는 매우 무기력한 상태일 수 있다. 자기 정체를 스스로 확신하지도, 외부로 드러내지도 못하고 다른 사람과 관계를 맺는 데 어려움을 겪는다. 자신을 안다는 것은 다양한 특성 중에서 어느 하나의 모습으로 자신의 정체를 뚜렷하게 파악한다는 뜻이다. 이런 모습인지, 저런 모습인지 명확히 알 수 없다는 것은 심리적으로 혼란하다는 것을 의미한다.

이제는 하고 싶은 일을 하며 자신 있게 살고 있어요'라고들 말하죠? 10킬로그램을 빼면 그와 똑같은 경험을 할 수 있어요. 그때는 지금처럼 어쭙잖은 오지랖이 아니라 다른 사람을 이끌고 영향력을 행사하는 놀라운 모습으로 바뀌어 있을 거예요. 휴머니스트 성향을 발휘해서 괜찮은 왕언니 노릇을 많이 하세요.

[고민6] 성실하게 사는데 왜 자꾸 아내와 부딪칠까요

고민남— 저는 제가 왜 리얼리스트인지 도무지 알 수 없는데요, 그래도 그렇다니까 인정하기로 했어요.

황상민— 리얼리스트는 프로파일을 받은 뒤 대부분 그런 불만을 보여요. 특별한 건 아니에요.

고민남— 리얼리스트라니까 괜히 속물이 된 것 같고 기분이 나빠요.

황상민— WPI에서 쓰는 낱말은 모두 가치중립적인 것이에요. 아이디얼이니까 좋고 리얼이니까 나쁜 게 아니에요. 단어에 대한 선입견을 버리세요. 대기업 임원들을 대상으로 리더십 분석을 하면 임원의 절반이 리얼리스트로 나와요. 우리가 각자 자기 성향을 갖고 대학을 졸업한 뒤 조직에서 일하면서 자기의 본래 성향을 잊거나 억제하며 살기 시작하는 거예요.

대기업 임원의 절반이 리얼리스트

고민남— 그렇다면 저는 어떤 성향이었나요?

황상민— 프로파일을 보면 로맨티스트로 보여요. 로맨티스트 성향을 죽이고 리얼리스트 성향을 높이다 보니까 워커홀릭처럼 모든 걸 희생해서 일하는 모습이 되었어요. 남들이 볼 땐 '저 사람은 무슨 재미로 사나?' 할 정도예요. 본인이 그렇게 희생하며 산다는 걸 주변 사람들이 알아주길 기대하지만 아무도 알아주지 않아요. 그래서 '이 더러운 세상!' 하면서 술을 마시고 폭발해요. 그렇죠?

고민남— 네, 근데 자주 그러지는 않아요.

황상민— 회사에서도 가끔 분노를 표현하죠?

고민남— 분노까지는 아니고…… 속이 터지면 한마디 하지요.

황상민— 본인은 늘 참고 있다가 어쩌다 한 번 터트리는 거지만 당하는 사람은 '저 사람 왜 저래?' 하며 이상한 사람이라고 정리해요. 사실 화를 내도 얼마 못 가잖아요? 금방 수습하고 다시 착한 모습으로 되돌아가지요. 아내하고도 이런 갈등이 있을 거예요. 더구나 지금 에이전트가 떨어져 있거든요. 열심히 일하는데 본인이 기대하는 성과가 나오지 않으니 그 불만이 아내한테 가는 거지요. 아내는 어떤 성향이세요?

고민남— 아이디얼리스트 같습니다.

황상민— 리얼리스트는 타인의 인정을 통해 자신의 존재감을 얻거든요. 다른 사람이 인정해주면 '나 잘 살고 있어', '잘하고 있어.' 하는 성향이에요. 그러니까 아내가 남편을 긍정적으로 평가해줘야 하는데 아이디얼리스트 아내라면 쉽지 않겠네요. 서로 바라보는 데가 다르거든요.

고민남— 자꾸 아내 눈치를 보게 돼요. 아내에게 별 볼일 없는 인간처럼 보이는 것 같아 자꾸 싸웁니다.

황상민— 리얼리스트는 눈치 보는 것을 싫어하지만 사실상 눈치를 가장 많이 봐요. 리얼리스트는 '착한 사람' 콤플렉스가 있어요. 그래서 다른 사람을 배려하고 윗분의 특성에 순응하며 사회나 가정, 조직의 틀 안에서 모범적인 착한 시민으로 살려고 해요. 우리 사회에서 가장 이상적이라고 생각하는 인간상이 되려고 하지요. 우리 사회가 가장 바라는 성향이에요. 조직도 이런 사람들을 원해요.

고민남—— 사실 저는 뭐가 잘못인지 모르겠어요. 회사도 잘 다니고 연봉도 꽤 높거든요. 제가 낭비를 하는 것도 아니고…… 그런데 아내는 이걸 별 것 아니라고 해요.

황상민—— 리얼리스트는 어디에 소속되어 있느냐가 중요해요. 번듯한 회사에 소속되면 자기가 잘난 사람이라고 여기죠. 내 명함에 따라 자신의 가치가 정해진다고 믿는 사람이 리얼리스트예요. 가정의 화목, 행복, 건강 같은 게 인생의 목표지요. 그런데 아이디얼리스트는 그런 걸 도그나 카우나 다 하는 거라고 생각해요.

눈치 보는 것을
싫어하지만,
눈치를 가장 많이
보는 종족
——
화목, 행복, 건강
같은 게 인생의
목표

[고민7] 부모님의 반대로 결혼이 깨졌어요

황상민—— 프로파일을 보니 리얼리스트와 릴레이션이 완벽히 일치하네요. 이런 분은 자기 성향대로 사는 유형이라 굳이 워크숍에 올 이유가 없어요. 현실적으로 잘 살고 있죠?

고민녀—— 네, 저는 잘 살아요. 그런데…….

황상민—— 그런데 뭐요?

고민녀—— 간단히 말씀드릴게요. 집안에서 결혼을 반대했어요.

황상민—— 결혼 반대요? 그래서 못 했어요?

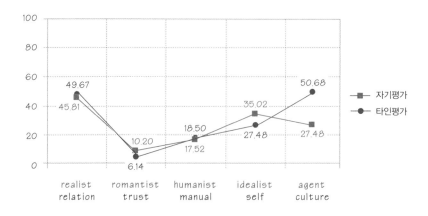

고민녀__ 　　　　　네, 제 인생을 걸고 선택한 건데 가족의 엄청난 반대에 부딪혀 실패했어요. 물론 저를 위해 반대한 거지만. 서른 살이 넘어서도 인생을 주체적으로 살지 못한다는 게 저를 힘들게 해요.

황상민__ 　　　　　괜찮아요. 그런데 그분은 떠났나요?

고민녀__ 　　　　　네.

황상민__ 　　　　　그럼 다음에 좋아하는 사람과 결혼하면 돼요. 새로운 버스는 또 와요.

고민녀__ 　　　　　교수님, 제가 트러스트가 낮아서 그런 건가요?

황상민__ 　　　　　리얼리스트와 릴레이션이 일치하는 경우에는 상관없어요. 본인의 로맨티스트 성향이 낮고 트러스트도 낮기 때문에 부모가 반대했을 때 그 사람과 결혼하지 않은 거예요. 본인의 로맨티스트가 웬만큼 높고 트러스트도 그 정도였으면 결혼했을 거예요. 아시겠죠? 결혼은 부모의 일이 아니고 본인의 일이에요. 그런데 본인은 여전히 결혼을 부모의 일로 생각하고 있어요. 지금도 부모와 갈등이 좀 있지만 부모가 나를 위해 반대했다고 생각하며 다음 버스를 기다리고 있는 거예요. 다음 버스는 곧 올 거예요.

리얼리스트를 위하여

:: 리얼리스트는 어떤 사람과 잘 맞아요?

아무나 잘 맞아요. 왜? 본인이 웬만하면 다 맞춰주니까요.

:: 리얼리스트는 누구한테 끌리나요?

로맨티스트한테 잘 빠져요. 그 로맨티스트가 엄청 번듯하고 좋은 조건이면 아무 문제가 없지만 가난한 예술가면 연애가 잘될까요? '사람은 괜찮은데 현실이 받쳐주지 않으니 사랑이 힘드네.' 하는 거죠. 아이디얼리스트냐 로맨티스트냐 휴머니스트냐 에이전트냐가 중요한 게 아니라 조건이 중요해요.

:: 리얼리스트가 본성을 회복하려면 어떻게 해야 해요?

자기가 생각하기에 번듯하고 괜찮은 사람을 롤 모델로 삼아 그 사람을 모방하거나 따라하세요.

:: 리얼리스트인데 셀프가 50이 넘게 나왔어요. 무슨 일일까요?

오버한다는 거예요.

:: 강한 의지를 키우려면 어떻게 해야 하나요?

강한 의지를 가지세요. 이런 말도 안 되는 답변을 원하는 건 아니죠? 뻔한 질문엔? 뻔한 답이죠!

:: 매뉴얼이 0이에요.

사실 리얼리스트의 입장에서 그리 이상한 것은 아니에요. 리얼리스트는 '그때 그때 달라요'의 전형적인 모습을 보여줄 수 있어요. 그건 기존의 사회적인 통념과 규범에 전혀 신경 쓰지 않는다는 의미지요. 같이 일하는 사람은 돌아버린다는 거 알아주세요.

:: 영화 속 연애를 하고 싶어요.

리얼리스트랑 연애하면 영화에 나오는 것을 다 따라해줘요. 남들이 영화를 보면 영화를 보고, 남들이 기념일을 챙겨주면 기념일을 챙겨줘요. 그 단계를 다 거치면 결혼하는 게 리얼리스트 연애예요.

:: 이리저리 재느라 추진력이 떨어집니다.

리얼리스트는 쓸데없이 걱정만 많고 정작 행동으로 옮기지는 못해요. '돌격 앞으로!' 했을 때 휴머니스트는 어디론가 가버리고, 아이디얼리스트는 벌써 일을 저질렀어요. 쓸데없는 걱정을 버리세요. 그런데 아마 버리기 힘들 거예요.

:: 공감하는 척하는 것 같아서 자괴감에 빠질 때가 있어요. 고칠 수 있을까요?

고칠 수 없어요. 공감하는 척하는 것만으로도 착한 사람이라고 생각하면 돼요. 다른 사람의 문제를 자기 문제만큼 공감한다는 것은 예수님도 힘들 거예요.

: : 결혼하고 나서 사람이 완전히 달라졌어요. 사기 결혼을 한 걸까요?

연인 관계와 부부 관계가 같아요? 달라요. 리얼리스트의 결혼에서 결혼 전과 후가 다른 것은 당연한 것이지요.

: : 배려심 있고 재치도 있고 마음이 잘 통하는 사람과 오랫동안 사귀고 싶어요. 그렇지 않은 경우 만나고 싶지 않아 거리를 둡니다.

이기적이라는거 아시죠? 배려심과 재치가 있고 마음이 잘 통하면 오랫동안 관계를 잘 유지해요. 이건 당연한 거예요. 그런데 배려심과 재치가 있고 마음이 잘 통하는 사람과 좋은 관계를 맺는 것은 나한테 달린 게 아니라 그 사람한테 달렸어요. 내가 진짜 좋은 관계를 맺어야 하는 사람은 그렇지 않은 사람이에요. 그 사람이 나를 왜 만났겠어요? 내가 필요하니까 만난 거잖아요. 아무 이유도 없이 지나가는 사람에게 "당신에게 배려심과 재치가 있으니 우리 좋은 관계를 맺어봅시다." 이런 일은 없어요. 현실적으로 살고자 하는데 사실은 전혀 영양가가 없는 생각이에요.

: : 리얼리스트인데 릴레이션이 0이에요. 이상한가요?

사람들에게 치이면서 인간관계를 잘 맺지 못한다는 뜻이죠. 이상하진 않아요.

: : 로맨티스트와 리얼리스트의 차이는 뭔가요?

리얼리스트는 주위 사람이나 상황에 따라 자기 마음과 기분을 맞출 수 있어요. 로맨티스트는 주위 사람이나 상황이 본인의 기분을 알아주고 맞춰주기를 기대해요.

6

에이전트

삶은 일을 하는 과정이다. 오로지 일!

당신이 바로 에이전트

나는 누가 시키는 것을 따르기보다 내 스타일대로 하는 편이다.
나는 다른 사람에게나 일을 할 때 믿음직한 사람이다.
나는 계획에 변동이 생기면 초조해진다.
나는 다른 사람들이 떠들어도 내 일에 몰두할 수 있다.
나는 맡은 일을 철저하게 수행한다.

일을 통한 성취에서 존재감을 획득하는 종족. 일이 생활이고 생활이 곧 일이다. 유능해야 한다는 강박증이 있으며 스스로에게 엄격하고 잣대가 높다. 취미생활도 일단 꽂히면 오타쿠처럼 파고들어 마니아가 된다.

이제 여러분은 인간 성격 탐구의 마지막 단계까지 무사히 왔어요. 지금까지 네 가지 성향의 특성을 들어보니 사람이란 참으로 복잡 미묘한 동물이라는 생각이 들지 않나요? 아직까지는 그래도 우리가 잘 안다고 믿는 인간들이었어요. 지금부터 우리는 지금껏 한 번도 만난 적 없는 낯선 종족, 바로 에이전트라는 이름의 종족을 만나 볼 거예요.

에이전트란 뭐냐? 리얼리스트와 아이디얼리스트 사이에서, 인간도 아닌 것이 동물도 아닌 것이 일을 위해 태어난 아주 놀라운 집단이에요. 에이전트는 일을 통한 성취에서 존재감을 획득해요. 그러니까 일이 잘되지 않으면 존재감을 느끼지 못하고 힘들어해요. 또 일을 잘하려니까 사람

일을 위해 태어난
아주 놀라운 집단,
일을 통한
성취에서
존재감 획득

보다 업무가 우선인 관계가 성립돼요. 휴머니스트는 뭐라고 했어요? 일보다 사람이 먼저라고 했죠? 에이전트는 일이 먼저예요. 에이전트가 보내온 사연을 읽어드릴 테니 그 특성을 짚어보세요.

"고민이라기보다 제게 좀 별난 특성이 있는데 그건 일에 집착하는 제 성격입니다. 한마디로 일이 잘될 땐 한없이 기분이 좋고 지구라도 정복할 것 같은 에너지가 생기지만 일이 막힐 땐 한없이 기분이 가라앉고 뭐든 자신감이 없어집니다. 전 회사에서 하나하나의 일에 거의 목숨을 걸다시피 작업해서 제 나름대로 인정받아 이번에 좀 더 나은 조건으로 이직했는데 문제는 이직 후입니다."

황상민__ 로맨티스트, 어떻게 생각하세요?

로맨티스트__ 어떻게 사람이 그럴 수가 있어요? 감정이 없어요. 완전 로봇이에요. 너무 신기해요.

황상민__ 아이디얼리스트는 어떠셨나요?

아이디얼리스트__ 충분히 이해할 수 있어요. 저도 제가 생각한 것이 잘될 때는 밥을 굶어도 상관없거든요. 그런 일이 별로 없다는 게 문제지만요.

황상민__ 리얼리스트도 말씀해보세요.

리얼리스트__ 일을 잘해서 좋은 직장으로 옮겼다니 부럽네요. 저도 그 러고 싶어요.

황상민__ 휴머니스트에게는 물어보지 않을게요. 보나마나 "누구와

했는데 그렇게 좋았어요?"라고 할 테니까요. 그렇죠? 웃자고 한 말이고요, 사연 계속 읽어드릴게요.

"일을 하면서도 뭔가 잘못되지 않을까 늘 불안합니다. 불안을 잠재울 방법이 없을까요?"

황상민___ 여기서 에이전트의 특성이 나타나요. 에이전트는 자기 능력을 인정받는 게 중요해요. 그런데 회사를 옮겼잖아요. 새로운 회사에는 아직 자기를 믿어주는 지지층이 없거든요. 그래서 불안한 거예요. 새로운 직장에서 자기를 믿고 인정한다는 생각이 들어야 일도 잘되고, 능력을 인정받아야 불안이 줄어들어요. 만일 함께 일하는 상사가 능력 이하다, 일도 못 하면서 간섭하고 말도 안 되는 지시를 한다, 계획을 계속 바꾼다, 이러면 이분 큰일 나요. 이제 이분이 일을 얼마나 잘하는가는 이분한테 달린 게 아니라 상사한테 달렸어요. 상사가 이분을 얼마나 믿고 중요한 일을 맡기는가에 달렸어요. 에이전트는 상사의 믿음과 인정이 있어야 능력을 발휘해요. 에이전트의 성향은 어려서는 잘 드러나지 않아요. 하지만 삼성전자 같은 곳에 가면 아주 많이 볼 수 있어요. 이렇게 말하니 에이전트가 어떤 모습인지 조금 감이 잡히죠? 그럼 이제부터 일을 위해 태어난 인간, 에이전트의 이야기를 들어봅시다.

에이전트는 삼성전자 같은 곳에 가면 아주 많이 볼 수 있어요

일은 내 운명

에이전트1 ― 우리 중엔 한 분만 에이전트인 줄 알고 왔더군요. 다른 분들은 모두 검사 결과를 보고 깜짝 놀랐다고 했어요.

황상민 ― 본인은 무슨 성향인 줄 아셨어요?

에이전트1 ― 로맨티스트요. 그런데 조금 전에 어떤 로맨티스트가 에이전트를 인간 로봇이라고 해서…… 로맨티스트에 대한 마음을 완전히 접었습니다.

황상민 ― 상처를 받았네요.

에이전트1 ― 이야기를 하다 보니 전원 일치하는 의견이 거의 없었어요. 그런데 유일하게 한 가지가 전원 일치했습니다. 뭐냐면 '일하는 데는 내가 짱이다!'라는 거였어요. 다들 일하는 분야가 다른데 일은 최고로 잘하고 있었습니다.

황상민 ― 네, 에이전트는 일을 주제로 이야기할 때 참 좋아해요. 리얼리스트는 에이전트하고 일할 때는 돌아버려요.

에이전트1 ― '목표 수준이 높다'가 일곱 명이 나왔고, '완벽주의적 성향이 있다'는 사람도 일곱 명이 나왔습니다. '제대로 하지 않을 거면 시작하지도 않는다'가 여섯 명 나왔고요. '인정받지 못하는 상황에서는 의욕이 떨어진다'가 다섯 명, '요령이 많다'는 네 명입니다. '혼자 하는 일이 편하다'는 분이 네 명, '메모광이다'가 두 명, '준비성이 높다'도 두 명입니다. '칭찬을 듣기 위해 열심히 한다'는 세 명, '새로운 도전이나 사람 만나기를 꺼려한다'가 두 명입니다. '호기심이 많고 좋아하는 것만 한다'는 분이 다섯 명으로 나왔습니다.

황상민__   여러분, 에이전트한테 박수 한 번 쳐주세요. 지금까지 몇 몇 분이 나와서 발표를 했지만 이렇게 무슨 의견은 몇 명, 무슨 생각은 몇 명이라고 정확히 발표한 분은 한 명도 없었어요. 이분은 팀별 토론을 하는 30분 동안 머릿속에 엑셀 프로그램을 쫙 깔고 내용을 완벽하게 정리한 거예요. 그렇죠? 박수를 치면서 웃기는 왜들 웃습니까? 아, 너무 신기하다고요? 신기하죠. 훗날 역사책에는 '21세기의 대한민국에는 에이전트라는 신인류가 살았'고 쓰여 있을지도 몰라요. 계속 발표해주세요.

에이전트1__   이게 그렇게 이상한 일인가요? 저는 확실한 게 좋아서 숫자를 헤아린 건데……. 아무튼 그건 그렇고요. 이야기를 하다 보니 좀 이상한 게 연애 이야기가 나오지 않는 거예요. 처음부터 끝까지 일 이야기만 잔뜩 했습니다.

황상민 __   다들 결혼을 했나요?

에이전트1__   그것도 알아봤는데요, 결혼한 분이랑 하지 않은 분이 절반씩 있었어요.

황상민 __   네, 연애는 본인의 관심사도 아니고 장기도 아니라고 생각해서 다 포기했군요.

에이전트1__   근데 의외로 인간관계를 고민하고 있었어요.

황상민 __   네, 인간관계는 고민을 하죠.

에이전트1__   우유부단한 사람이 싫다고 했고요. 계획이 없으면 불안하다, 감정적인 인간을 대하기가 힘들다, 취미가 같은 사람과 어울리는 것을 좋아한다는 의견이 각각 두 분 있었습니다. 그래선지 연애 동호회에서 만나 연애한 분이 두 분이나 있었어요.

황상민 ─ 사실 에이전트는 기본적으로 일에서는 공통점이 있어요. 차이점이 생기는 것은 타인평가 부분이지요. 또 에이전트와 컬처 사이에 얼마나 갭이 있느냐에 따라서도 차이가 나타나요. 이 팀 같은 경우 본인이 에이전트라고 생각하지 않고 왔다가 에이전트임을 알게 되었잖아요? 그럼 그동안 일을 잘하고 자기 나름대로 잘나가는 삶을 살았지만 자기 성향에 대해서는 충분한 인식 없이 지냈다고 볼 수 있어요.

일에서는 잘나가지만, 자기에 대한 충분한 인식은 물음표

사람들은 대개 자기의 문제가 팔자에 따라 다르다고 생각해요. 사실은 팔자가 아니라 자기가 어떤 삶을 살고 있고 또 자기가 어떤 사람인가를 스스로 이해하는 수준에 따라 달라집니다. 자기 삶의 문제를 해결하는 단서는 자신의 성향에서 찾을 수 있어요. 리얼리스트는 자기가 겪는 문제의 '정답'을 찾으려 하기 때문에 헷갈리고, 에이전트는 문제를 잘못 규정해서 어려움에 처하는 경우가 많아요.

에이전트는 문제가 비교적 뚜렷이 나타나요. 본인이 잘하는 것이 일이거든요. 그러면 우리 삶에서 일과 대립되는 것이 뭐죠? 인간관계예요. 에이전트에게는 인간관계 문제가 발생해요. 인간관계 문제는 일을 잘하는 것으로 해결할 수 없어요. 그러다 보니 심리적으로 상당히 갈등이 생기고 그것 때문에 '내 성격을 알고 싶다'는 생각을 하지요. 이야기를 나눠보니 자기에 대한 이해가 높아진 것 같아요?

에이전트에게는 인간관계 문제가 발생

에이전트1⎯⎯ 네, 팟캐스트를 들으니 교수님이 에이전트는 보스가 누구냐에 좌우된다고 하시는 거예요.

황상민⎯⎯ 네, 그렇죠.

에이전트1⎯⎯ 그런데 저는 그게 너무 비과학적이란 생각이 들었어요.

황상민⎯⎯ 비과학적이라니, 무슨 말이에요? 심리학은 과학이에요.

에이전트1⎯⎯ 그럼 에이전트는 무조건 보스가 좋아야 한다는 얘기인데 우리가 보스를 고를 수는 없잖아요.

황상민⎯⎯ 보스를 고를 수는 없지만 보스를 철들게 하거나 바꿀 수는 있죠.

에이전트1⎯⎯ 어떻게요?

황상민⎯⎯ 많은 사람이 부모를 바꿀 수 없다고 생각하잖아요. 그건 맞아요. 근데 부모가 나를 대하는 방식은 바꿀 수 있어요. 어떻게요? 잘 바꾸면 돼요. 또 제 개인적인 경험을 이야기할 수밖에 없겠네요.

제가 대학교에 다닐 때 부모님이 저에게 엄청 기대를 했어요. "상민아, 너는 우리 가문의 영광을 찾아야 한다. 그러려면 빨리 고시를 봐야지." 그때 아이디얼리스트인 저는 "왜요? 고시를 안 봐도 잘 사는데. 그리고 가문의 영광을 왜 제가 찾아야 해요? 저는 제 삶을 찾고 싶어요." 하고 맞섰지요. 부모님은 "그러고도 네가 내 자식이냐? 그러면 난 너한테 돈을 대줄 필요가 없다"고 했지요. 부모님이 원한다고 관심도 없는 고시 공부를 할 수는 없잖아요. "그럼 관두세요." 하고 대답했어요. 부모님의 경제적 지원을 받지 않겠다고 선언한 거예요. 그렇다고 부모님께서 자식이 먹고사는 것을 당장 끊겠어요? 못 끊어요. 그래도 내 독립은 찾을 수 있어요. 그럼 제가 나쁜 자식인가요? 네, 일시적으로는 나쁜 자식일 수 있어요. 하지만 내 삶을 잘 살면 되죠.

이럴 때 제가 부모를 바꿨나요? 못 바꿨나요? 부모가 바뀐 않았지만 부모가 저를 대하는 태도는 바뀌었죠. 바로 이거예요. 직장상사도 이렇게 할 수 있다는 거예요. 상사를 바꿀 수는 없지만 상사가 나를 대하는 태도는 바꿀 수 있어요. 일을 잘해서 바꿀 수도 있지만 일을 엉망으로 만들어서 상사를 길들일 수도 있어요. 내가 일을 망치면 누가 책임을 지죠? 상사가 져요. 상사가 마음에 들지 않을 때 상사를 힘들게 만드는 것은 쉬워요. 그건 부하가 갖는 엄청난 힘이에요. 그렇다고 상사를 엿 먹이라는 것은 아니에요. 어떤 상사도 부하직원이 잘되기를 원하지 망하길 바라지는 않아요. 그럼 부모가 나를 대하는 태도를 바꾸듯 상사가 나를 대하는 태도도 바꿀 수 있잖아요. 그렇죠? WPI가 얼마나 과학적인지 이제 인정하겠어요?

에이전트1__ 네, 완전 과학적이에요. 마지막으로 한 가지만 더 질문해도 돼요?

황상민__ 에이전트는 맘에 들 때까지 파고 또 파요. 아주 뿌리를 뽑아요. 질문하세요.

에이전트는
마음에 들 때까지
파고 또 파요

에이전트1__ 예술 쪽에서 일하는데요. 어떤 강의를 들었는데 저 같은 성향은 창조적인 영역과 어울리지 않는다고 하더군요. 그렇다면 제가 직업을 잘못 선택한 건가요?

황상민__ 꼭 그렇지는 않아요. 창조라는 것이 어떤 종류의 것이냐에 따라 다르죠. 예술가가 하늘 아래 없는 새로운 것을 만드나요? 아니면 누구나 생각하고 기대할 수 있는 것을 멋있게 만들어내나요? 어느 쪽이에요?

에이전트1___　　후자요.

황상민___　　그러면 에이전트는 정말 잘할 수 있어요. 에이전트가 간혹 착각해서 '하늘 아래 없는 완전히 창조적인 것을 하겠다'고 하면 완전히 죽 쑤는 거죠.

— 셜록 황의 심리 코멘터리 —

WPI가 특히 한국인 맞춤형 성격검사 툴인 이유는?

성격은 개인의 삶의 모습이다. 자신이 어떤 사람인지, 어떤 행동을 하는 사람인지, 자신과 타인을 어떻게 구분하는지에 대한 마음의 지도가 성격이다. 그래서 성격에는 문화권에 따른 독특한 삶의 경험과 의식구조가 반영된다. 우리가 세상이나 사람들과 상호작용하는 방식은 한국인으로서의 사회·문화적 맥락과 떼어놓고 생각할 수 없다. 그런데 현재 널리 활용하는 대부분의 성격 진단은 외국에서 유래한 검사 방식을 채택하고 있다. 전혀 다른 속성을 지닌 사회에서 만들어져 한국인의 특성을 배제한 툴에는 한계가 있을 수밖에 없다.

WPI는 한국인에게 내재한 주관적 인식을 추출하는 방법론을 통해, 단순한 특성의 군집이 아닌 '인간의 모습을 띤 성격유형'을 도출해냈다. 특히 자기가 속한 문화, 다른 사람과의 관계 속에서 형성된 성격의 특성은 자기평가와 타인평가가 씨줄과 날줄로 엮인 WPI 프로파일의 가치를 더해준다. 사회적 상황이나 평가, 시선에 민감한 한국인에게 타인의 의미는 자신의 성격이나 정체성 인식에 중요할 수밖에 없기 때문이다.

에이전트1___ 예체능 계열은 성격하고 상관이 없나요? MBTI를 하면 예술가형이라고 나오잖아요. 그런 성격이 따로 있는 게 아닌지……

황상민___ '예술가형이다, 아니다'하는 걸 저는 별로 믿지 않아요. 그런 검사를 해서 '얘는 예술가가 될 거야', 아니면 '얘는 예술가가 될 수 없어'라고 생각하는 건 잘못된 거예요. 어쩔 수 없이 우리 집 이야기를 또 해야겠네요.

우리 집에 예술가를 지향하는 딸이 있어요. 한 명은 본인이 아티스트라고 생각해 대학에서 그런 공부를 해요. 개는 아이디얼리스트예요. 또 한 명은 본인이 아티스트가 될 생각이 별로 없는데 제가 봤을 때 아티스트가 될 가능성이 90퍼센트 이상이에요. 개는 로맨티스트예요. 아이디얼리스트가 지향하는 아트와 로맨티스트가 지향하는 아트는 서로 달라요. 로맨티스트는 감이 좋아서 디자인 쪽 일을 잘할 수 있어요. 아이디얼리스트 아티스트는 사고가 자유롭기 때문에 희한한 것을 해요. 그 아이는 자기 작품을 개념적으로 표현하는 것을 좋아하는데 사람들이 얼마나 받아들일지는 저도 잘 모르겠어요. 그리고 또 한 명의 아이는 휴머니스트예요. 얘도 제 나름대로 아트를 잘해요. 그런데 제가 보기에 별로 아티스틱하지는 않아요. 대신 아트 선생하고 아주 잘 지내요. 무슨 말인지 알겠지요?

검사를 해서
예술가가 될 거야,
될 수 없어
생각하는 건 잘못

에이전트1___ 네, 성향에 따라 모두 나름대로 아티스트가 될 수 있는 거네요.

황상민___ 그렇죠. 모든 사람이 똑같은 방식으로 자기 작품의 가치를 인정받는 것은 아니에요. 그래서 저는 그런 식의 직업교육이라고나 할까? 아무튼 그런 검사를 통해 어울리는 직업을 찾는 건 어이없다고 봐요. 아트만 그런 게 아니에요. 어떤 사람이 저한테 "저도 선생님 같은 심리학자가 되고 싶어요"라고 했을 때 제가 '헉!' 했어요. 그 학생은 휴머니스트예요. 그다음부터 저는 할 말이 없어요. 휴머니스트는 사람의 감성처럼 섬세한 것을 알아채는 데 굉장히 느려요. 좀 둔해요. 그렇지만 규범적인 것을 잘 지키고 인간관계가 좋아요. 그런 사람이 심리학자가 되는 것이 좋을까요? 물론 심리학 교수가 되고 심리학회장이 빨리 될 가능성은 있지만 저하고 비슷한 공부를 하라고 권할 생각은 없어요. 똑같은 심리학을 하더라도 말이죠. 이제 아시겠죠?

성향에 따라
똑같은 아트를
해도 모두 다른
방식으로

에이전트1__ 들고 보니 WPI의 특성이 확실히 느껴지네요. WPI는 같은 직업을 갖더라도 어떤 특성을 보일지 알 수 있으니까요.

황상민__ 바로 그거죠. 제가 WPI를 갖고 진로나 적성 상담을 하면 똑같은 아트를 하더라도 각각의 유형에서 드러나는 색채가 다르다는 것을 알려줄 수 있어요. '너는 수학을 잘하니 공학계열이 맞아', '너는 국어를 잘하니 인문 사회가 맞아' 이런 식으로 우리는 지금까지 특정 영역에 절대적인 것을 알려줬어요. 그건 인간을 잘 모를 때 하는 얘기예요. 인간을 알면 똑같은 분야를 연구하더라도 그것이 각각 어떻게 다른 활동으로 이뤄지는지 알 수 있어요. 예를 들어 여러분이 회사에서 근무하는데 그 회사가 삼성전자라고 해봅시다. 그럼 삼성에서 근무하는 사람은 모두 전자공학에 뛰어난가요? 삼성 공장에서 일하는 사람도 반도체 칩에 대해

아무 생각 없어요. 단지 손이 섬세하거나 눈썰미가 있을 뿐 전자공학과 아무 관계가 없을 수 있어요. 심지어 삼성전자 총무부서에서 일하는 사람은 전자회로 기판을 평생 한 번도 못 봤을 수도 있어요.

에이전트1　　　우리가 어떤 사람의 일이나 직장에 대해 안다는 게 정말 피상적인 거네요.

황상민　　　그러니 어설프게 어떤 사람의 특성을 정하고 장래의 일을 설계하는 건 어리석은 일이에요. 제 이야기만 하고 끝낼게요. 저는 사람들 앞에 나서서 이야기하는 것을 굉장히 부담스러워하고 싫어하거든요. 그런데 지금 자정을 넘겨가며 떠들고 있잖아요? 제가 이렇게 많은 사람 앞에서 이야기하는 걸 직업으로 갖고 있다는 건 인간 승리예요. 여러분, 웃을 일이 아니에요. 고등학교나 대학교에 다닐 때의 저를 기억하는 친구들은 지금 제 모습을 상상도 못 해

어설프게 어떤
사람의 성격을
규정하고 진로를
설계하는 건
어리석은 일

요. 제가 아이들 앞에서 발표를 하면 책을 읽는 건지 뭔지……. 아직도 그 모습을 기억하는 친구들이 많아요. 그 친구들은 저한테 "야, 너 어찌 그리 달라질 수 있느냐?" 하고 물어요. 왜 달라졌겠어요?

에이전트1　　　살다 보니까…….

황상민　　　그래요, 잘 살아보려니까. 내가 하는 것을 좀 더 잘하려고 하다 보니까. 내가 만든 WPI가 과학적이라는 것을 제대로 알리고 싶어서 이렇게 된 거예요. 이야기가 길어졌는데 다른 에이전트 팀 발표해주세요.

내 이름은 로보캅

에이전트2____ 우리는 아이디얼리스트라고 생각했던 에이전트입니다. 아이디얼리스트라고 생각한 까닭은 셀프 때문인데요. 우리는 셀프가 높아서 혼자 일에 열중한다고 생각했거든요.

황상민____ 에이전트의 기본적인 성향은 자신에게 주어진 과제와 목표를 달성한다는 거예요. 에이전트는 이런 삶에 아주 충실해요. 아이디얼리스트 중에서도 일에 올인한 사람들이 에이전트 같은 모습을 조금 보이기도 해요.

> 에이전트는 주어진 과제와 목표를 달성하는 것이 기본 성향

에이전트2____ 우리 테이블은 직업이 다양했어요. 한 사람과 깊이 친하고 여러 사람과 잘 놀기도 하는데 일정한 선을 긋고 논다고 했어요. 그리고 단체로 노는 것과 형식이나 의식적인 것을 싫어했습니다.

황상민____ 전형적인 에이전트 성향인데 왜 아이디얼리스트라고 생각했는지 참 재미있네요.

에이전트2____ 모든 것의 기준은 효율이라고 했어요. 하루 일정도 계획적으로 따졌고요. 하루 일정을 스케줄러에 넣어 실행한 것을 하나하나 지워가며 희열을 느끼는 분이 많았어요. 인간관계 역시 효율을 따집니다. 사람에 대해 좋고 싫은 게 분명해서 자기랑 잘 맞는 사람과는 굉장히 친하고, 그렇지 않은 사람은 완전히 배척하거나 아예 신경조차 쓰지 않습니다. 사람을 좁고 깊게 사귀는 대신 책임감이 강하고요. 애완동물을 키워도 끝까

> 모든 것의 기준은 효율, 하루 일정도 계획적으로

지 책임을 다하고 그럴 자신이 없으면 아예 키우지도 않습니다. 화분도 마찬가지고요.

황상민 ━━ 에이전트에게는 본인 나름대로 어젠다가 있고 그 어젠다를 위해 관계를 맺는다고 해요.

에이전트2 ━━ 다들 성격이 급하다고 했어요. 그런데 에이전트를 이렇게 가장 늦게 할 줄이야…… 사실 우리는 다른 성격에 별로 관심이 없어서 잘 듣지도 않았어요. 우리 차례가 빨리 오기만 기다리고 있었지요. 성격이 급한데도 말이에요. 그런 걸 보면 우리가 참기도 잘 참는 것 같아요.

황상민 ━━ 무슨 일이든 끝을 맺어야 하거든요. 그러니까 끝까지 참아내는 거죠.

에이전트2 ━━ 인간관계에서도 잘 참는데 한 번 터지면 크게 터진다고 했어요. 그리고 결혼한 분들은 자기 자신에게는 엄격하지만 자녀들은 자유롭게 살도록 한다고 했고요.

황상민 ━━ 말만 그렇게 하는 거죠. 에이전트가 장이 되면 독재 스타일이 나올 수 있어요. 자기 의견에 토를 달면 그 의견을 묵살해버리는 성향이 있어요.

에이전트2 ━━ 워커홀릭이지만 노는 것도 좋아하고요. 흘러가는 시간이 아까워서 부지런히 뭐라도 하는데 그러다 보니 오타쿠가 되는 것 같다고 합니다. 또 외유내강이 아니라 외강내유예요. 겉으로는 강해 보이는데 실제로는 약한 분이 많았습니다. 자기 나름대로 남한테 신경을 써주는데 남에게 인정받지 못하는 경우가 많다고도 했고요. 일도 자신이 열심히 하

일은 우리가 하고, 인정은 다른 사람이

고 나면 휴머니스트 같은 분이 인정받는 어이없는 경우가 흔하다고 했어요. 일은 우리 같은 기계가 하고 인정은 다른 분이 받는다는 거지요.

황상민___ 기계들의 비명소리가 들리는 것 같네요.

에이전트2___ 그렇다고 우리가 기죽는 사람들은 아닙니다. 계속 발표할게요. 모임에서 장을 맡고 그것도 계속 연임하는 특성이 있었고요. 일정에 차질이 생기면 그 순간에는 당황하지만 곧바로 적응해서 플랜B를 세우는 특징이 있습니다. 또 모든 분에게 취미가 있는데 계속 바뀌는 분도 있고 하나를 꾸준히 하는 분도 있었습니다.

황상민___ 에이전트는 한 가지 취미에 몰입하는 특성이 있어요. 그래서 오타쿠 같다는 소리를 듣지요.

에이전트2___ 우리 나름대로 에이전트의 이미지를 그려봤는데요. 일벌레, 로봇, 믿을 수 있는 부하, 오타쿠 같다는 이야기가 많았어요. 직장에서 제 별명이 '로보캅'이거든요. 밤을 새워도 전화벨이 세 번 울리기 전에 받는다고 로보캅이라고 불립니다.

> 밤을 새워도 전화벨이 세 번 울리기 전에 받는다

황상민___ 훌륭해요. 프로파일 좀 볼까요? 네, 왜 아이디얼리스트라고 생각했는지 알겠네요. 셀프가 높아서 그랬군요. 그런데 전형적인 에이전트라는 걸 여러분도 프로파일에서 금방 느끼시죠? 셀프가 높은데 아이디얼리스트는 낮아요. 그래서 로봇이 되는 거예요. 로봇은 자기 생각이나 새로운 생각을 못 하잖아요. 반면 주어진 일과 임무는 훌륭하게 해내지요. 직장에서 상당히 인정받는 일꾼이에요. 그런데 조건이

> 상사가 예뻐하고 인정해주면 직장생활에 날개 달려

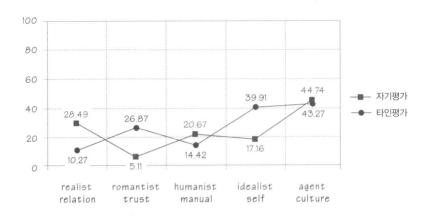

하나 있어요. 상사가 예뻐하고 인정해주면 직장생활을 날개 달린 것처럼 잘해요. 그런데 상사가 본인의 능력을 무시하면 날개가 금방 꺾여요. 거의 돌아버리죠.

능력 없는 상사가 잘난 척하면서 계획을 바꿀 때는 배째라 정신

에이전트2___ 네, 그런 면이 있습니다.

황상민___ 그래서 자기를 인정해주는 상사에게는 엄청나게 유능한 부하직원이 되지요. 자기를 인정해주지 않거나 능력이 떨어지는 상사가 잘난 척하면서 계속 일을 바꿀 때는 배째라 정신으로 완벽한 사보타주를 할 가능성도 있어요.

에이전트2___ 그렇지 않아도 제가 지금…….

황상민___ 지금 그런 상황에 있어요?

에이전트2___ 일이 너무 반복적이고 지겨운 것 같아서……. 열심히 하면서도 자꾸만 '내가 이렇게 하는 게 맞는지…….' 하는 회의가 들어요.

황상민—　아, 그럴 때는 남들이 열 시간 걸릴 것을 한 시간 만에 해치우고 아홉 시간은 본인이 재미있어 하는 일에 쓰세요. 그리고 보고는 여덟 시간 만에 끝냈다고 하면 돼요.

에이전트2—　그렇지 않아도 다른 사람들 야근할 때 저는 항상 칼퇴를 하고 있습니다.

황상민—　그렇죠. 그러면 재수 없다거나 밥맛이라는 말을 들을 수 있죠. 근데 상당히 유능해요. 회사에서 촉망받는 인재일 거예요. 앞으로는 자기 일에 얼마나 재량권을 갖는가, 자기 나름대로 얼마나 책임감을 갖는가에 따라 변동이 있을지도 몰라요. 그 외에는 삶에 별로 고민이 없어요?

에이전트2—　조금 갇혀 있는 느낌이 들어요.

황상민—　그래요? 그럴 때는 이런 데 와서 아이디얼리스트가 얼마나 힘들게 사는지 보면서 만족하는 것도 괜찮아요. 대부분의 에이전트는 일과 관계없는 취미생활에 오타쿠처럼 몰입해서 그런 답답함을 해소해요.

에이전트2—　제가 오타쿠처럼 몰입할 것을 아직 못 찾았어요.

황상민—　본인이 로봇이니까 로봇 수집을 해보시죠. 하는 일이 뭐죠?

에이전트2—　영상제작 PD입니다.

황상민—　그럼 워크숍에 나온 사람들의 얼굴 표정과 성격유형에 따라 인물들이 어떻게 다른가? 이런 걸 약간 오타쿠 식으로 제작하면 대박일 텐데……. WPI 영상 팟캐스트를 하나 만들어주시죠.

에이전트2—　네, 알겠습니다.

예술을 사랑하는 기계들

에이전트3 ─ 우리는 일하는 것을 상당히 중요하게 생각해요. 일할 때
는 친구는 물론 자식에게도 방해받는 것을 굉장히 싫어하고 짜증을 내는
경우가 많습니다.

황상민 ─ 자식보다도 일이라잖아요. 알 만하죠?

에이전트3 ─ 일할 때는 몰입해서 상사가 불러도 못 듣는 경우도 있어
요. 할 일을 알아서 해야지 상사나 누군가가 참견하거나 이렇게 저렇게
변경하면 굉장히 싫어합니다. 본인이 좋아하는 것에
는 완전히 집중하고 다른 것에는 크게 관심이 없어요.
무슨 일이 있으면 별 생각 없이 그냥 대세를 따라간다
고 했어요.

**일할 때는
자식에게도
방해받는 것이
싫어**

황상민 ─ 네, 로봇이라 정해진 길로 쭈욱 가야 마음이
편해요.

에이전트3 ─ 인간미가 없다는 말을 좀 듣는 것 같고요. 내가 옳다고
생각하는 것을 주변에 자꾸 강요해서 인간관계가 조금 힘들어지는 경우
도 있어요. 공감 능력이 떨어진다는 얘기도 나왔고 인간관계의 폭이 좁다
는 말도 나왔어요. 그리고 시답잖은 얘기로 수다 떠는 것을 싫어하고요.
주제가 있는 이야기를 하는 걸 무척 좋아해요.

황상민 ─ 좋고 싫은 것이 명확하고 깔끔해요. 그래서 인정머리 없
어 보여요.

에이전트3 ─ 기준이 좀 높고요. 자녀나 부하직원이 기준에 미치지 못

하면 어떻게든 맞추게 만들려고 합니다. 그렇지만 다른 사람에게는 별로 관심이 없어요. 대부분의 인간관계에는 분명한 목적이 있어야 해요. 여러 사람과 어울려 이리저리 돌아다니는 걸 싫어하고요. 친구도 친한 경우만 교류하고 공적인 일과 사적인 일을 명확히 구분합니다. 회사에서 사적인 것을 물어보는 것도 싫어합니다.

황상민—— 에이전트 성향을 한마디로 표현하면 깍쟁이에요. 깍쟁이는 자기 일을 깔끔하게 처리하고 다른 사람의 이야기에 관심이 없는 것처럼 보이려고 노력해요. 그렇다고 진짜 다른 사람에게 관심이 없느냐 하면 그렇지는 않아요. 누군가가 어려움에 처하면 앞에 나서진 않지만 도와주는 것을 거부하지는 않아요. 하지만 자신에게 다른 사람을 도와줄 마음이 있고 도와줄 능력도 있다는 조건이 맞아야 해요. 에이전트는 주어진 일을 잘 처리하기 때문에 스스로를 상당히 괜찮은 사람이라고 생각해요. 그래서 누군가가 자기가 한 일을 인정해줘야 해요. 만일 인정해주지 않으면 딱 자기가 맡은 만큼만 해야 한다는 식의 강박증을 보여요. 그래서 이기적으로 보여요.

에이전트3—— 일에 대한 감각이 있고요. 마무리를 못 했을 경우 스스로 찝찝하게 생각해서 자주 체크합니다. 우리도 이야기하면서 신기해했던 게 있는데요. 어떤 분은 여행을 떠날 때 모든 일정을 시간 단위로 맞춰 짠다고 했어요.

황상민—— 여행 계획도 일처럼 처리하고 있네요.

에이전트3—— 그런가 하면 어떤 분은 비행기

일에 몰두하면서도 역설적이게 한량 같은 삶을 지향

**에이전트를
죽이는 방법은
일하는 걸 매일매일
체크하는 거예요**

티켓만 들고 책 한 권과 함께 마음 내키는 대로 돌아다닌다고 했어요.

황상민___ 에이전트는 일하는 기계라고 말하지만 재미있게도 컬처를 중요하게 생각해요. 자기에게 주어진 과제를 중요시하고 일에 몰두하면서 역설적이게도 한량 같은 삶을 지향해요. 여행가고 싶을 때는 훌쩍 떠나고 자기 일 외에는 세상일에 관심이 없고 자기만의 삶을 누리려는 현대판 한량이지요. 어딘가에 꽂히면 마니아 성향을 보이기도 해요. 하지만 에이전트는 숫자에 능하고 일을 꼼꼼하게 잘하는 게 기본 특성이에요. 에이전트 성향의 연구원에게 일을 맡기면 걱정할 필요가 없어요. 기대한 만큼 반드시 해내거든요. 혹시라도 그 친구가 마음에 들지 않으면 죽이는 방법은 간단해요. 그가 일하는 걸 매일 체크하면 거의 돌기 시작해요. 더 확 죽이는 방법은 이번 주에 이렇게 하자고 해놓고, 다음 주에 없었던 걸로 하고 또 새로운 걸로 하자고 하는 거예요. 그럼 완전히 돌아버려요. 이런 방법을 쓰면 안 된다는 거 아시죠? 에이전트 친구와 일할 때는 절대로 간섭하지 말고 믿고 맡겨야 해요.

[고민1] 왜 나한테 화를 내나요

고민남___ 저는 에이전트고요, 그냥 저한테 주어진 일을 하면서 저답게 사는 것 같아요. 근데 저한테 느닷없이 화를 내는 분들이 있어요. "너는 도대체 어떤 인간인지 모르겠다"면서 화를 내는 거예요.

황상민___ 왜 화를 내는지 아세요?

고민남___ 그들이 요구하는 걸 제가 해주지 않아서…….

황상민— 본인을 상당히 깍쟁이라고 생각하기 때문에 그래요.

고민남— 그런 면도 있는 것 같고…….

황상민— 네, 그게 그분들에게 뭔가 '정당하지 못하다'는 느낌을 줘요. 근데 본인은 "그게 법적으로 문제가 되는 것도 아니고 인간적으로 문제될 것도 없는데 왜 그러세요?" 이렇거든요.

고민남— 맞춰주기도 했어요. 그런데 맞춰줘도 요구 조건이 끝이 없더라고요.

황상민— 그분이 원하는 게 뭔지 그분도 잘 모르지 않을까 싶네요.

고민남— 그런데 왜 자꾸 요구를 하는지…….

황상민— 본인도 모르니까.

고민남— 아, 그런 것 같아요.

황상민— 황당한 상황인데…… 로맨티스트나 휴머니스트와의 사이에 그런 문제가 많이 있거든요.

고민남— 네, 제가 학교에서 가장 어려움을 겪는 게 휴머니스트인 것 같아요.

황상민— 휴머니스트의 입장에서는 뭔지 모르게 잔머리를 굴려 저만 챙긴다는 느낌을 받을 수도 있어요.

고민남— 그럼 어떡해요? 저는 오지랖 넓게 여기저기 껴드는 게 정말 싫거든요.

황상민— 사실 본인 입장에서는 억울한데요. 그래도 본인이 손해를 본다는 심정으로 모든 사람을 대해야 해요. 그러면 다른 사람은 그냥 보통이다 정도로 생각해요. 상당히 억울하죠? 그래도 그렇게 하세요.

[고민2] 유학하고 왔는데 취직이 안 돼요

고민녀___ 　제가 서른다섯 살인데 아직 취업을 못 했어요. 작년에 졸업했는데 한국에 와 보니 아무데서도 사람을 뽑지 않는 거예요.

황상민___ 　뭘 전공했어요?

고민녀___ 　도시계획이요.

황상민___ 　도시계획은 지난 정권 때 다 끝났는데…… 일단 결혼을 직업이라 생각하고 결혼부터 하세요. 에이전트 성향이 높아 일을 잘하니까 일은 찾아보면 얼마든지 있을 거예요. 걱정하지 않아도 돼요.

고민녀___ 　하긴 아이 낳는 걸 미룰 수도 없는 나인데…….

황상민___ 　절대 미루지 마세요.

고민녀___ 　근데 일을 먼저 해야겠다는 생각에 결혼을 자꾸 미루게 돼요.

황상민___ 　아이를 낳고 키우는 것이 가장 큰 일이고 직장을 찾는 것은 두 번째 일이라고 생각하세요. 그걸 분명하게 정해야 해요. 그걸 헷갈리면 큰일 나요. 우리 연구소 박사 과정에 에이전트 친구가 있는데 30대 후반에도 박사를 끝내지 않았어요. 결혼을 좀 일찍 해서 박사 중간에 애가 생겼거든요. 그 친구의 첫 번째 일은 뭐겠어요? 애 보는 게 첫 번째 일이에요. 그래서 논문 쓰는 데 거의 10년이 걸렸어요. 남학생 이야기예요. 그 친구는 제 나름대로 완벽하게 계획을 세워 애를 키워요. 그럼 돈은 누가 벌죠? 당연히 능력 있는 부인이 벌죠. 무슨 말인지 알겠죠? 각자 잘하는 걸 하면 돼요.

고민녀___ 　이렇게 오래 공부하고도 직업을 못 구하니까 면목이 없고…… 점점 주눅이 들어요. 공부할 때보다 시간은 많은데 맘 놓고 뭘 즐기지를 못해요.

황상민__　　　아, 에이전트가 여유로우면 한량으로 지내요. 그러면 본인의 역량을 발휘하는 데 한계가 생겨요. 무슨 말인지 알겠죠? 에이전트는 시간이 빡빡할 정도로 바쁘게 자기 일을 하면서 성취감을 느끼거든요. 물론 에이전트는 여유롭게 시간을 보내는 걸 좋아하기도 해요. 에이전트의 극단적인 모습이 한량이라서 컬처가 있는 거예요. 만일 여유로운 시간에 몰두할 만한 취미를 개발했으면 그걸 하면 돼요. 취미생활을 통해서도 만족을 얻거든요. 근데 지금처럼 시간만 많으면 능력을 낭비하는 것 같아 스스로가 상당히 쪼그라들어요.

고민녀__　　　그럼 하루라도 빨리 뭔가를 시작해야겠네요.

황상민__　　　왜 지금 직업을 구하기가 힘드냐 하면요, 사람들의 네트워크를 거의 활용하지 않아서 그래요. 맞죠?

고민녀__　　　이리저리 돌아다니긴 하는데 일자리를 달라고 하는 게 자존심이 상하고요. 그러니까 누굴 만나는 게 힘들어요.

황상민__　　　한국에서 구직 활동의 핵심은 '내게 어떤 능력이 있느냐'가 아니라 '내가 얼마나 많은 사람을 아느냐'에 있어요. 본인이 아는 모든 사람에게 '내가 구직 활동 중입니다'라는 것을 열심히 알리세요. 어떤 회사에 원서를 냈으니 그 회사가 내 능력을 알아보고 나를 써 주겠지……, 그런 일은 거의 없어요. 사람들과의 네트워크를 활용해서 일자리를 찾는 것도 내게 주어진 일이라 생각하고 네트워크를 활용하세요. 에이전트는 뭐든 일이라고 생각하면 열심히 잘해내요.

[고민3] 걱정 많은 남편, 들어주기 싫은 아내

고민녀 —— 안녕하세요? 저는 에이전트고요, 남편은 리얼리스트예요. 남편은 걱정이 너무 많아요. 저는 그런 걸 들어주는 게 힘들어서 자꾸 무시해요.

황상민 —— 충분히 고민할 만해요. 리얼리스트 남편과 에이전트 아내가 같이 살면 누가 괴로울까요? 리얼리스트 남편이 괴로울까요? 에이전트 아내가 괴로울까요? 이럴 땐 역할 분담이 필요해요. 리얼리스트는 본래 잔걱정이 많아요. 그건 남편의 성향이라 어쩔 수 없어요. 에이전트 아내는 어떤 과제든 수행할 능력이 있어요. 그럴 때 에이전트 아내는 남편의 잔걱정까지 수행할 과제로 받아들여요. 그리고 그 순간 돌아버려요. 차라리 남편과 아내의 성향이 바뀌었으면 이렇게까지 괴롭지는 않았을 텐데…… 그 괴로움을 남편에게 조금 설명해주는 건 어때요?

고민녀 —— 무슨 말을 해도 끊임없이 걱정을 해요. 집안 걱정을 하는 게 아니라 사무실 일을 갖고 와서 걱정하고…….

황상민 —— 부인이 해줄 수 있는 게 없잖아요.

고민녀 —— 같은 일에 종사하거든요. 그러니까…….

황상민 —— 부인이 대신 일해주기를 바라는 것 같으세요?

고민녀 —— 그건 아니고 자꾸 조언을 바라는 것 같아요.

황상민 —— 조언을 해주면 그 조언을 잘 따르나요?

고민녀 —— 아뇨, 그보다도 저는 조언을 해주기가 싫어요. 스스로 해결했으면 좋겠어요.

황상민 —— 안 돼요. 남편 스스로 못 해요. 에이전트 부인은 남편에게 조언해주는 것도 본인이 수행해야 할 일로 만들어야 해요. 그럼 할 수 있어요. 내가 왜 해야 하느냐고 생각하는데 남편에게 월급을 받으면 되잖아요. 조언해주는 것에 대해 월급을 더 받으세요.

고민녀 —— 월급을 받아도 별로 남는 게 없어서요.

황상민 —— 에이전트 부인이 왜 남편에게 조언해주기가 싫은 거냐면 본인이 조언해주는 것에 의미가 없다고 생각하기 때문이에요. 조언에 대해 월급을 더 받으라는 건 스스로 조언에 가치를 부여하라는 거예요. 사실 에이전트 부인이 조언을 해주면 남편의 입장에서는 상당히 도움이 돼요. 남편한테 없는 게 아내에게 있거든요. 조언을 받으면 남편의 입장에서는 의사한테 처방전을 받은 느낌이 들어요. 남편이 에이전트 아내의 능력을 인정하기 때문에 조언을 원하는 거예요. 남편에게 인정받는 것이 그렇게 싫으세요?

고민녀 —— 싫다기보다는…… 좀 스스로 했으면 좋겠어요.

황상민 —— 남편이 아직 스스로 해결할 능력이 되지 않으니까 좀 더 키우세요.

고민녀 —— 14년이나 키웠는데…….

황상민 —— 남자라는 족속은 성장 속도가 느려요. 제가 이만큼 자라는 데 25년이나 걸렸어요. 앞으로 10년은 더 키워야 해요. 말이나 개는 엄마 뱃속에서 나오자마자 서너 시간 만에 뛰어다녀요. 그런데 인간은 뛰어다니려면 몇 년이 걸려요. 대신 훨씬 더 큰일을 하죠. 그러니까 남편이 아주 큰일을 하려나 보다, 이렇게 기대하고 사세요.

> 남자들은 성장 속도가 느려요. 제가 이만큼 자라는 데 25년 걸렸어요

고민녀—   그것밖에는 방법이 없는 건가요?

황상민—   확실한 방법이 하나라도 있는 게 어디예요. 아니면 이혼해야 하는데…… 에이전트는 이혼하는 것도 싫어해요. 영양가도 없이 귀찮기만 하거든요.

[고민4] 일도 육아도 완벽하게 하고 싶지만

고민녀—   친정에서 작은 회사를 경영하는데 얼마 전에 지방으로 이전했어요. 저는 아이가 둘이나 있어서 일주일에 두 번만 출근하고 있어요.

황상민—   가족경영을 하나 봐요?

고민녀—   네, 집에서 일처리를 하다 보니 회사 일도 소홀해지고 또 멀리 출퇴근을 하느라 아이들에게도 제대로 못 하는 것 같아 힘들어요.

황상민—   남들이 보기엔 부러운 상황인데 본인은…… 에이전트라 일을 대충한다는 게 편치 않을 거예요.

고민녀—   결혼 전에는 회사에 올인해서 밤늦도록 일하고도 새벽에 부족한 것을 배우러 다녔거든요. 이제는 많은 걸 포기하게 되네요. 애들에게도 잘하고 회사일도 완벽하게 하고 싶은데 쉽지 않아요.

황상민—   왜 두 가지 일을 완벽하게 잘해야 해요? 하나만 잘해도 되고 두 가지 모두 대충 해도 돼요. 아무런 지장 없어요. 왜 완벽하게 잘해야 한다고 생각하는지 저는 알 수가 없네요.

고민녀—   저한테는 그게 중요해요. 그러다 보니 일과 육아가 부딪쳐서 참 힘듭니다.

황상민—   왜 일과 육아가 부딪쳐요? 꿈의 직장에 다니는데…….

고민녀___ 이런 질문을 하면서도 누가 해결해줄 거라는 기대는 하지 않아요.

황상민___ 그럼 지금까지 답변한 저는 뭐가 돼요? 완전히 삽질을 했잖아요. 이래서 사람의 마음에 상처를 내는 분이 에이전트예요. 본인의 프로파일 좀 보실래요? 셀프가 엄청 높지요? 에이전트인데 컬처는 바닥이고…… 엉뚱한 데 신경 쓰고 있다는 거예요. 재택근무하는 분이 릴레이션은 왜 이리 높아요? 남들처럼 주5일 출근해야 하는데 이틀만 나가니 불안해서 오버하는 거예요. 에이전트가 릴레이션에 에너지를 쏟으면 완전히 밑 빠진 독에 물 붓기고 삽질이에요. 세상에 완벽은 없어요. 게다가 두 가지 일에 완벽이라뇨? 지금 이미 잘하고 있어요. 더 잘하려고 걱정할 필요 없어요. 그보다는 본인이 보고 배울 만한 사람을 찾으세요.

두 가지 일에 완벽이라뇨? 이미 잘하고 있어요. 더 잘하려고 애쓸 필요 없어요.

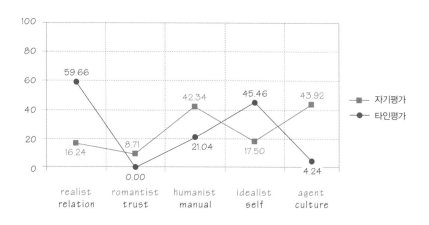

고민녀___ 제가 오너의 입장이라 릴레이션을 높일 수밖에 없거든요.

황상민___ 에이전트는 과제 지향적이라 한편으로 늘 '내가 사람에게 더 관심을 가져야지. 사람에게 에너지를 쏟아야지'라는 생각을 해요. 그게 잘못된 건 아닌데 에이전트가 과도하게 릴레이션을 높이면 에센스가 떨어질 수 있어요. 그러면 본인이 잘하려고 할수록 점점 일이 꼬이는 힘든 상황이 되고 말아요.

고민녀___ 그럼 어떻게 해야 하죠?

황상민___ 에이전트는 자기가 한 일에 대해 긍정적인 피드백이 없으면 심리적인 부담감이 몇 배로 커져요. 에이전트는 자판기와 비슷해요. 넣은 만큼 결과가 있고 피드백이 있어야 더 잘 작동하거든요. 그런데 에이전트가 자신의 전공이 아닌 릴레이션에 에너지를 쏟고 원하는 결과를 얻지 못하면 점점 더 수렁으로 빠지겠죠? 에이전트는 자기

넣은 만큼 결과가
있어야 더 잘
작동하는 종족

대신 릴레이션을 커버할 사람을 찾아내야 해요. 그리고 그 비용을 지불하는 방식으로 조직을 관리해야 해요. 본인은 두 가지 일을 다 못 한다고 하지만 지금 이미 잘하고 있어요. 더 잘하려고 애쓸 필요 없어요. 그보다는 본인의 삶에서 본받을 만한 분을 찾아 모델로 삼으세요.

[고민5] 직장도 삶도 왜 이렇게 힘들까요

고민녀___ 직장생활도 그렇고 사는 게 왜 이리 힘든지 모르겠어요.

황상민___ 직장생활도 힘들고 사는 것도 힘들다고 하지만 프로파일을 보면 그다지 힘들 게 없어요. 기본적으로는 에이전트인데 릴레이션에

과도하게 신경 쓰고 있어요. 그런데 리얼리스트와 갭이 크지요? 이 경우 현실적으로 공허해져요. 그렇지만 다른 데 갭이 없어서 남들 보기엔 문제가 뭐지? 할 것 같아요. 구체적인 고민은 없죠?

고민녀— 네, 남들은 잘 산다고 해요. 그럴 때마다 속을 내보일 수도 없고…….

황상민— 힘들 수 있어요. 기본 성향인 에이전트가 엄청 높은데 컬처가 바닥이잖아요? 그럼 심리적으로 문제가 있다고 볼 수 있어요. 직장에서는 자기 나름대로 성과를 올리고 잘나가는데 사는 건 상당히 찌질하다고 느끼는 거예요. 그렇죠? 직장생활 외에 자기 삶을 풍요롭게 하는 것이 없어서 그럴 수도 있어요.

고민녀— 제 안에 무엇을 채워 넣어야 할까요?

황상민— 직장생활을 잘한다고 해서 본인의 삶이 풍요로워지는 건 아니에요. 본인이 하는 일에 의미를 부여하고 '즐긴다'는 생각을 못 하기 때문에 성과를 아무리 올려도 공허해요. 일을 하면 할수록 다람쥐 쳇바퀴를 돌리는 것 같이 느껴져요. 그런데서 오는 막연한 공허함에 빠져버린 거예요. 혹시 남자친구 있으세요?

고민녀— 아뇨, 아직 결혼할 생각도 없어요.

황상민— 그럼 차라리 잘됐어요. 결혼한다고 그런 삶이 갑자기 달라지지는 않아요. 결혼을 서두르지 말고 본인을 잘 받아주는 남자친구와 연애를 하면서 지내세요. 남자친구는 연하가 더 좋아요. 어린 남자친구를 키우고요. 그 남자친구가 결혼하자고 매달리면 '그래, 어린 녀석 하나 인간으로 키운다' 이런 생각으로 지내면 잘 살 수 있어요.

고민녀___   제 프로파일이 전체적으로 낮게 비슷하거든요. 이게 혹시 우울증이 아닌가 걱정이 돼서요.

황상민___   아! 이건 우울증이 아니에요. 본인이 조금 힘들어하는 상황이긴 한데 우울증은 아니에요. 그런데 지금 컬처가 상당히 높거든요. 사실 본인의 상황은 조금 힘들지만 다른 사람에게는 꽤 괜찮게 사는 걸로 보여요. 조금 힘들긴 하네요. 그렇죠?

고민녀___   네, 진로를 바꾸는 중이라 다시 공부를 하고 있거든요.

황상민___   뭘 하다가 뭐로 바꾸려고 하세요?

고민녀___   전에는 일반 회사에서 경리로 일했어요. 그런데 전공이 원래 서양화라서 다시 디자인 공부를 하고 있어요.

황상민___   디자인이요? 하던 거 계속해도 되는데…….

고민녀___   회계나 경리가 더 잘 맞을까요?

황상민___   그렇기도 하고요, 만일 디자인을 꼭 하겠다면 제품 디자인 쪽으로 가면 괜찮아요.

고민녀___   인테리어나 시각디자인 쪽을 하려고요.

황상민___   시각디자인을 해도 괜찮긴 한데 상당히 기계적인 시각디자인이 될 거예요. 인테리어도 남들보다 세련되거나 우아하다고 인정받기는 힘들어요.

고민녀___   교수님 정말…… 그걸 어떻게 알아보셨어요? 저는 미술 공부를 그렇게 오래 하고도 잘 몰랐어요. 서양화과 졸업반이 되니까 제가 감이 부족하다는 게 느껴지더라고요.

황상민 — 그렇군요. 본인도 감이 약하다는 걸 느끼죠?

고민녀 — 네, 그래서 서양화를 접고 디자인으로 가려는 거예요.

황상민 — 아뇨. 웬만하면 그렇게 바꾸지 말고 하던 일을 계속하세요. 아이디얼리스트 성향과 에이전트가 높은 분은 남들이 하지 않거나 새로운 것을 해보고 싶은 욕심이 있어서 이것저것 해봐요. 그런데 디자인을 할 때도 감이 필요하잖아요? 세련되고 우아한 감은 로맨티스트 성향이 높아야 생겨요. 그런 성향이라야 감각이 잘 드러나요. 아이디얼리스트와 에이전트 성향이 높은 사람은 예전에 도안하듯 하는 것은 깔끔하게 잘해요. 반면 새로운 콘셉트를 만들거나 세련된 것을 뽑아내는 데는 약해요. 차라리 회계가 나은데 왜 굳이…….

웬만하면 하던 일
계속하세요

고민녀 — 원래 전공이 미술이니까요. 공부를 끝마쳐야겠다는 생각이 들어서…….

황상민 — 계속 디자인 쪽으로 가서 남다르게 하려면 본인의 셀프가 상당히 높고 아이디얼리스트 성향도 지금보다 더 높아야 해요. 그러고도 앞으로 5년 정도 완전히 또라이 소리를 듣겠다는 확실한 각오가 있어야 해요. 그런데 그렇게 하기엔 본인의 셀프가 조금 낮아요. "쟤는 왜 저런 희한한 짓을 하냐?"는 소리를 들으면서까지 할 것 같지는 않아요.

고민녀 — 저는 여럿이 일할 때 꼭 남는 일을 하거든요. 디자인도 그룹으로 하는 과제나 일이 많아요. 그럴 때 저는 남들이 하고 싶어 하는 일을 피해서 남는 일을 해요.

황상민 — 남는 일이 뭘까요? 남들이 귀찮아하는 거겠죠? 기계처럼 반복하거나 정리하는 일이 남잖아요. 본인은 그런 일을 잘하는 거예요.

고민녀── 그래서 디자인 기획이나 마케팅 쪽으로 가볼까 하는데 괜찮을까요?

황상민── 좋은 생각이에요. 디자인 회사에서 회계를 맡아 견적을 내고 어떻게 제품으로 만드는지 찾아내면 좋겠네요.

[고민7] 모든 게 불만스러워요

황상민── 시간이 너무 늦어서요, 마지막으로 질문 하나만 더 받겠습니다.

고민남── 교수님, 짧게 한마디만 여쭙겠습니다.

황상민── 네, 말씀하세요.

고민남── 저는 매사에 만족을 못 하겠어요. 모든 게 불만스러워요.

황상민── 프로파일을 보니 리얼리스트와 에이전트네요. 리얼리스트와 에이전트는 분명히 정해진 틀에서 모든 것이 익숙하게 돌아갈 때는 상당히 만족스러워요. 그런데 변동이 심하면 본인이 어떻게 해야 하는지 엄청 당혹스럽고 힘들어해요.

고민남── 그럼 제 불만이 성격 때문이란 말씀인가요?

황상민── 프로파일 좀 보세요. 트러스트와 셀프가 높잖아요? 이건 자기 일에 대해 제 나름대로 역할을 잘해내고 또 본인이 어떤 사람이라는 게 뚜렷하다는 얘기거든요. 문제는 지금의 상황에 변화가 많고 혼란스러운 거예요. 아닌가요?

고민남── 네, 맞습니다. 제가 원하는 상황이 아니에요.

황상민__ 　본인의 성향은 그런 상황에 재빨리 적응하지 못하고 무기력에 빠져버려요. 혼란스런 상황에 함께 섞여버리죠. 그리고 그런 자신이 불만스러워져요.

고민남__ 　그럼 헤어날 방법이 없는 건가요?

황상민__ 　왜 없겠어요? 주위에서 현명한 사람의 이야기를 들으세요. 그 사람의 방법이나 태도를 본인의 문제에 대입해보세요. 어떻게든 해결하려 노력해야 해요. 세상이 바뀌고 달라졌음을 인정하면서 어떻게 다른 방식으로 해법을 찾을지 고민하세요. 세상은 언제나 변화를 멈추지 않는 답니다.

[고민8] 자기평가와 타인평가가 정확히 반대예요. 정상인가요

황상민__ 　질문은 그만 받으려고 하는데요. 에이전트세요?

고민남__ 　그게 문제가 아니라 교수님, 제 프로파일 좀 꼭 봐주세요. 저는 자기평가와 타인평가가 정확히 반대에 있어요. 이런 사람이 또 있겠지 하고 워크숍 내내 기다렸는데 어디서도 얘기가 나오지 않아서요. 이대로 워크숍이 끝나버릴까 봐 급히 여쭤보는 거예요. 죄송합니다.

황상민__ 　프로파일을 보는 제 가슴이 짠하네요. 본인은 로맨티스트와 아이디얼리스트 성향이 나란히 있는 M자형의 좋은 성향을 가졌어요. 그런데 여기에 W자형의 타인평가가 겹치면 본인의 장점을 버리고 단점을 메우려고 엄청나게 노력한다는 의미예요. 지금 본인은 나름대로 미친 듯이 노력하는데 결과를 얻지 못하는 상황이어요. 그렇죠? 진짜 울고 싶네요. 지금 무슨 일을 하세요?

고민남—   디자인을 하고 있습니다.

황상민—   그래서 컬처가 높군요. 앞으로 직업적으로 성공하고 싶으세요? 아니면 지금 이 상태로 대충 만족하고 살 건가요?

고민남—   물론 직업적으로 성공하고 싶지요.

황상민—   그럼 본인 속에 있는 '당연히 이래야 한다'는 틀을 깨야 해요. 그 틀을 깨려면 자기를 고집할 힘이 있어야 하지요. 그런데 셀프가 떨어져 있으니 남이 다 하는 방식을 쫓아가는 수밖에 없어요. 물론 본인한테 만족스럽지 못하고요.

고민남—   네, 지금까지 늘 그래왔어요.

황상민—   지금처럼 살면 남들이 하는 뻔한 디자인을 하지, 진짜 나만의 느낌이 나는 디자인은 평생 못 해요. 그리고 인정도 못 받아요. 지금까지 디자인을 가르쳐준 선생, 학교에서 배운 것을 모두 무시하세요. 지금까지는 그냥 연습했다고 생각하고 진짜 내 마음이 울리는 방식대로 해보

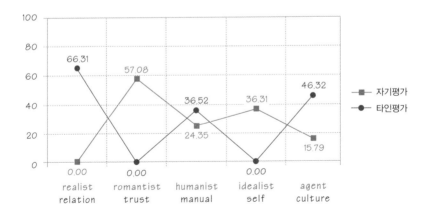

세요. 처음에는 '야, 이게 디자인이냐?' 하는 소리를 들을 각오를 하고요. 지금 당장 굶어 죽을 정도가 아니면 내 필살기를 만드는 데 집중하세요. 그렇게 최소한 4~5년을 하면 자기 캐릭터가 나와요.

당장 굶어 죽을 정도가 아니면 내 필살기를 만드는 데 집중

고민남___   휴…… 4~5년이요.

황상민___   금방은 되지 않아요. 사실은 대학을 다니는 동안 그걸 연습해야 해요. 그런데 대학교 때 이런 이야기를 한 번도 들어보지 못했을 거예요. 제가 가르치는 학생들에게 이 이야기를 하면 '저 인간 지금 무슨 소리를 하나.' 하고 심드렁한 표정을 지어요. 이건 단순히 취직을 하네 마네 하는 문제가 아니에요. 자기 길을 갈 힘을 기르는 것이 무엇보다 중요해요.

고민남___   지금은 너무 늦었나요?

황상민___   세상의 어느 때도 시작하기에 늦은 때는 없답니다. 지금 시작해도 상관없어요. 일단 지금 본인이 바닥 상황이라는 것을 인식하세요. 하느님은 본인에게 엄청나게 좋은 다이아몬드를 주었는데, 본인은 그것을 돌멩이로 쓰고 있었다는 걸 알고 자기만의 길을 걸어가 보세요. 아시겠죠?

에이전트를 위하여

:: 리얼리스트와 에이전트, 둘 다 있대요. 어떻게 살아야 하나요?

리얼리스트와 에이전트는 정해진 틀에서 익숙하게 돌아갈 때는 상당히 만족해요. 그런데 일의 변화가 심하면 엄청 당혹스럽고 힘들어서 무기력한 상태에 빠지기 쉬워요. 그럴 땐 주위의 현명한 분에게 조언을 청하세요.

:: 에이전트, 휴머니스트, 아이디얼리스트가 모두 제 안에 있어요. 정상인가요?

네, 정상이고요. 이런 분은 본인이 좋아하는 것을 다 해야 한다는 특성이 있어요. 회사에서는 비교적 유능하게 보여요. 실제로 유능하기도 해요. 그런데 자신의 에센스를 최대한 발휘하지 않아요. 웬만큼 욕먹지 않을 정도까지만 맞추고 간을 봐요. 맞죠?

:: 약간의 강박증에 완벽주의를 지향하고 걱정이 많아 방어하느라 준비를 해요.

에이전트란 고백이에요.

:: 에이전트는 어떤 성향의 사람과 사랑하는 게 좋은가요?

에이전트는 자신을 사랑하는 사람과 사랑하는 게 좋아요. 진짜예요. 에이전트를 사랑하는 사람은 왜 그 에이전트를 사랑할까요? 좋아서도 사랑하겠지만 그 에이전트가 유능하기 때문이에요. 남자나 여자나 마찬가지예요.

:: 상사가 에이전트래요. 저는 휴머니스트인데…….

에이전트 상사가 구박하든 칭찬하든 무조건 웃으세요. 에이전트 상사를 모시는 휴머니스트는 좋은 이야기를 듣기가 쉽지 않기 때문에 인간성으로 극복해야 해요. 하지만 에이전트 상사는 휴머니스트 부하직원을 미워하기가 힘들어요. 그러니 자꾸 웃으세요.

:: 일하는 데 에너지를 다 빼앗기는 거 같아요.

에이전트의 숙명이에요.

:: 모든 사람과의 관계에서 마음이 편치 않아요. 특별히 구체적으로 고민스러운 일은 없네요.

지금 관계에 신경 쓰지 않는다는 거죠? 에이전트가 "관계에 문제가 있어요." 하는 건 액세서리 정도의 얘기지 별 의미가 없어요.

:: 아랫사람과의 인간관계는 어떻게 해야 하나요?

에이전트 상사는 쉽지 않아요. 무조건 잘해주세요.

:: 개인 사업을 해도 되나요?

에이전트는 자기 사업을 하면 잘하는데 한 가지 조건이 있어요. 본인은 사업의 에센스만 담당하고 사람을 관리하거나 외부와 관계하는 일은 반드시 다른 조력자를 두어야 해요. 마음에 들지 않더라도 말이죠.

:: 인간관계가 일로만 이어져 고민이에요.

에이전트는 일을 위해 태어나 일을 위해 살고 일을 위해 죽어요. 고민하지 마세요.

:: 내 성향의 일부인 나머지 성향은 어떤 영향을 미치나요?

별로 영향을 미치지 못해요.

:: 공감이 뭐죠?

에이전트가 "공감이 뭐죠?"라고 물을 때 이건 열대지방에 사는 사람이 "눈이 뭐죠?"라고 묻거나 북극에 사는 아이가 "펭귄이 뭐죠?"라고 묻는 것과 비슷해요.

:: 저는 남보다 목표치가 높습니다. 그래서 팀 프로젝트가 제 수준에 이르지 못하면 화가 나서 제 나름대로 체크리스트를 작성해 피드백을 합니다.

세상에나? 이런 분은 진짜 인간관계를 맺기가 힘들어요. 프로젝트가 끝났으면 잊는 게 좋아요. 피드백은 자기 마음에게만 하세요.

:: 화가 날 때는 욱해서 제대로 풀지 못하고, 좋을 때는 말하지 않아도 알아주겠지 하다가 때를 놓치고……. 에휴!

에이전트들의 일반적인 고민인데요. 그렇다고 고민을 해결하기 위해 노력을 하느냐? 하지 않아요. 그저 그렇다고 칭얼거릴 뿐이죠.

: : 종종 예의가 없다거나 차갑다는 소리를 들어요.

에이전트는 언제나 홍보가 부족해요. 심하다 싶을 정도로 자기 자랑을 하세요. 그래 봤자 에이전트가 얼마나 하겠어요?

: : 오너입니다. 직원들의 다양한 성격을 잘 아우르며 리더십을 발휘하고 싶습니다.

일단 직원 전체가 WPI 검사를 받게 하세요. 그리고 그들 모두의 성향에 대해 설명을 듣고 어떤 관계를 맺을지 컨설팅을 받으세요.

: : 저는 회사일과 사생활을 구분하고 싶은데 팀장님은 팀워크를 강조해요. 일을 하다가도 "밥 먹으러 가자"고 하면 밥 먹으러 가야 하고…… 싫은데 어떡해요?

따라줘야죠. 팀장은 성과를 내는 것보다 '나를 따르라!' 하는 팀장으로서의 특성을 인정받아야 해요. 밥 먹으러 가세요.

: : 남자친구가 로맨티스트예요. 쓸데없이 분위기만 잡고…… 프러포즈하는데 제가 졸아서 마음이 상한 것 같은데 어쩌면 좋죠?

빨리 결혼하세요. 절대로 길게 가면 안 돼요. 로맨티스트는 결혼하면 자기 감성을 버리고 일을 사랑하기 시작해요. 그러면 결혼생활이 잘 유지되니 걱정하지 마세요.

: : 에이전트한테 어울리는 이성과 직업을 알고 싶어요.

에이전트는 어떤 이성이냐에 상관없이 본인에게 효율적인 이성을 만나면 돼요. 또 어떤 직업을 택하느냐에 상관없이 본인이 효율적으로 잘하면 돼요.

:: 저보고 자꾸 이기적이래요.

에이전트는 기본적으로 깍쟁이에요. 그럴 때는 속으로 '그래, 나 이기적이다. 그래서 네가 뭐 보태준 거 있냐!'라고 생각하며 살면 돼요.

:: 연애를 어떻게 해요? 고민이에요.

연애는 그냥 하는 거예요. 에이전트는 연애를 고민하지 말아요. 에이전트가 연애를 통해 뭘 얻겠어요? 결혼밖에.

:: 에이전트인데 요즘 너무 멜랑콜리해요. 왜 그러죠?

지금 배째라 정신이 충만할 때예요. 본인이 충분히 인정받지 못하거나 위축되었다는 얘기예요.

:: 에이전트 여자와 아이디얼리스트 남자가 잘 사는 방법 좀 알려주세요.

에이전트 여자를 무조건 인정해주면 돼요. 에이전트는 어디서나 주어진 임무를 잘 처리하는 사람들인데 유일하게 아이디얼리스트를 만나는 순간 얼어버려요. 아이디얼리스트는 에이전트의 장점을 인정하기보다 약점을 귀신같이 잡아채 눌러버려요. 에이전트는 엄청 유능함에도 불구하고 아이디얼리스트 앞에만 서면 무기력하고 게으른 인간이 되어버려요.

7

WPI는
내 마음의 레시피

지금까지 여러분은 다섯 가지 성격유형을 알아봤습니다. 다 알고 나니 어떤가요? 마이크를 돌려가며 한마디씩 짧게 해주세요.

- 딴 세상 사람들 같았어요.
- 정말 이상한 사람들 많다 싶었어요.
- 제가 왜 그렇게 신경질을 잘 내는지 알게 되었어요. 아이디얼리스트인데 상태가 안 좋더라고요. 좀 슬펐습니다.
- 아이하고 갈등이 많았는데 아이를 이해하게 됐습니다.
- 어려서 집안이 어려웠어요. 저는 그 상황이 굉장히 힘들었는데 동

생은 태평하게 잘 지내더라고요. 제가 로맨티스트 공주라 그렇게 힘들었다는 걸 알고 부끄러웠어요. 전 동생이 좀 모자란다고 무시했거든요. 제가 웃긴 거였어요.

- 딸이 전문직인데 남자도 사귀지 않고…… 지금 보니 에이전트 같아요. 이젠 선보라고 하지 말고 일 열심히 하며 살게 내버려두려고요.
- 여자친구가 왜 저에게 불만인지 알 것 같네요. 지금껏 잘해준다고 한 것이 모두 헛짓이었다는 걸 알고 나니 허무했습니다.
- 교수님처럼 프로파일을 읽고 싶어요. 정말 신기해요.
- 저는 아이디얼리스트인데요. 리얼리스트 아내를 이해하기 위해 일부러 리얼리스트 테이블에 앉아서 그들의 이야기를 들었어요.

황상민___ 리얼리스트의 이야기를 듣고 나니 어땠어요?

아이디얼리스트___ 잘 들었지만 이해하기는 어려웠습니다.

황상민___ 이제 그 성격을 알고 나니 아내를 좀 이해하게 됐나요?

아이디얼리스트___ 아뇨, 여전히 이해할 수 없어요.

황상민___ 그럼 어떻게 하시겠어요?

아이디얼리스트___ 그냥 받아들여야죠. '그 사람은 그런 성격이고 나는 이런 성격이다'라고 생각하며 살아야죠.

황상민___ 오늘 정말 잘 오셨어요. 아내를 이해할 수는 없어도 아내가 왜 그러는지 알고 나면 전처럼 갈등을 일으키지는 않아요. 지금까지는 아내가 왜 그러는지 몰라 내 입장에 서서 아내를 저울질했을 거예요. 그렇죠?

아이디얼리스트 ― 네, 생각해보니 아내 입장에서는 제 모든 것이 기가 막혔을 것 같아요. 지금이라도 성격에 따라 사람이 얼마나 다른지 알게 되어 다행입니다. 정말 충격적이라고밖에 달리 말하기가 어렵네요. 교수님, 고맙습니다.

벌써 하루가 지나 새벽 한 시가 넘었네요. 저녁식사도 제대로 못 해 다들 배고프실 텐데 끝까지 자리를 지켜주셔서 고맙고요. 그건 그만큼 WPI 워크숍이 재미있었단 거죠? 이미 지하철도 끊겼을 테니 아예 맘 놓고 WPI 이야기를 좀 더 해볼게요.

'나는 착하게 살 거야'라고 말할 때 로맨티스트는 다정하고 섬세하게 살겠다는 거예요. 휴머니스트는 오지랖 넓게 이 사람 저 사람하고 친하게 지내겠다는 거고요. 리얼리스트는 다른 사람들에게 잘 맞춰주며 살겠다는 거죠. 에이전트는 뭐겠어요? 당연히 일을 잘하겠다는 거예요. 아이디얼리스트는 착하게 살라고 하면 돌아버려요. '날 보고 멍텅구리로 살란 말이야?' 하고 화를 내요.

기분 나쁠 때 하는 욕도 달라요. 리얼리스트는 '에이, 나쁜 놈!' 하면 욕이에요. 로맨티스트는 '또 삐쳤군. 변덕스럽더라니!' 하면 욕이에요. 아이디얼리스트를 죽이려면 '찌질한 놈, 도무지 뭔 소리를 하는지 모르겠군!' 하면 끝이에요. 에이전트는 '일을 그렇게밖에 못 하냐?' 하면 쓰러져요. 휴머니스트는 '싸가지 없이 건방진 놈!' 하면 기절해요.

이렇게 우리는 같은 말을 서로 다르게 하며 살고 있어요. 말이 다르다는 건 엄청난 차이예요. 말이 다르면 서로 통하지 않고 그럼 곧바로 전쟁이 나는 거잖아요? 그 미묘한 뉘앙스의 차이가 어디에서 나오죠? 성격이에요. 세상엔 마음이나 성격을 알려주는 책이 많이 있습니다. 그 마음이나 성격은 사람들이 갖고 있는 일반적인 특성이죠. 여러분의 마음, 여러분의 성격이 아니라 호모사피엔스의 특성이에요. 여러분의 성격을 콕 짚어내 '이거야.' 하고 알려주는 책은 없어요. 그래서 심리학책을 읽고 자신을 알아보려던 사람은 실망을 많이 했을 거예요.

신기하게도 사람의 성격은 그가 흔히 쓰는 단어를 통해 드러나요. 여러분이 워크숍에 오기 위해 체크한 단어는 오랜 시간 동안의 실험을 통해 특정 성격을 나타내는 단어로 정리한 것이에요. 심리학에서는 사람의 성격을 형성하는 다섯 가지 요인이 있다고 해요. 그걸 '빅 파이브 성격 요인'이라고 하는데 표현력(외향성), 정서안정(신경과민), 붙임성(공감성), 개방성, 작업(성실성), 이렇게 다섯 가지예요. 이러한 요인의 조합으로 자기만의 성격이 만들어져요.

WPI는 이 다섯 가지 성격 요인이 특정인의 성격을 표현할 때, 어떻게 조합이 이뤄지는지를 연구해서 만든 것이지요. 실제로 개개인의 성격은 빅 파이브 요인의 조합으로 나타나는 것이거든요. 그것이 바로 리얼리스트, 로맨티스트, 휴머니스트, 아이디얼리스트, 에이전트 유형이지요. 여기에다 단순히 성격 특성뿐 아니라 그 사람이 추구하는 삶의 방식, 즉 지향하는 가치를 구체적인 행동 특성으로 확인할 수 있도록 했지요. 즉 WPI는 성격을 개인의 특성에 국한한 것이 아니라, 한국 사회에서 각자가 추구하는 자기 삶의 방식이 어떻게 나타나는지와 통합해 구분하도록 한 겁니다. 누가요? 황 모 교수가요.

사실 개인의 성격을 읽는 건 생각보다 훨씬 복잡해요. 한 개인의 성격을 빅 파이브 성격 요인으로 표현한다고 해서 그 사람의 성격을 다 아는 건 아니지요. 예를 들어 어떤 사람이 개방성 20퍼센트, 표현력 30퍼센트, 정서안정 10퍼센트, 붙임성 30퍼센트, 작업 10퍼센트라면 그가 어떤 사람인지 알 수 있겠어요? 이런 방식의 성격검사 결과표로는 특정 개인이 어떤 성격인지 또는 그가 어떤 상황에서 어떻게 살고 있는지 절대 알 수 없어요.

한 개인의 성격을 알려면 그가 자신이 속한 환경과 어울려 어떤 모습을 보이는지 알 수 있어야 해요. 이런 측면에서 WPI는 한국 사회에 살고 있는 한 개인이 현재 어떤 심리적 특성을 보이는가를 나타냅니다. 즉, 한국인을 대상으로 한국 사람에게 맞춘 검사라고 할 수 있어요.

문화가 다른 외국인의 경우 이 검사 결과가 다르게 나타날 수 있을까요? 앞으로 확인해볼 필요가 있겠지요. 하지만 빅 파이브 성격 요인이 다양한 문화에 걸쳐 안정적으로 존재한다는 수많은 연구 결과를 고려하면 여기에 기초한 WPI 성격유형은 거의 그대로 다양한 문화권에 적용될 겁니다. 실제로 제가 학회에서 만난 외국 친구들에게 WPI를 해보면 "어, 신기하네! 나랑 정말 잘 맞아!" 하는 경우가 많거든요.

WPI는 개개인에게 성격이 어떻게 생겨났는지 알려주는 레시피라고 할 수 있어요. 여러분이 제빵사라고 해봅시다. 밀가루, 계란, 우유, 이스트, 버터를 어느 정도로 섞어서 몇 도에 얼마 동안 구울지 생각해야겠지요? 재료와 오븐의 온도, 시간이 모두 어우러져야 여러분이 기대하는 빵이 만들어지죠. 크루아상이나 바게트 같은 것은 빵을 만드는 레시피에 적혀 있어요. 다시 말해 레시피만 있으면 밀가루 반죽이 크루아상이 될지, 바게트가 될지 알 수 있죠.

달라서
힘들겠지만,
그 사람을
인정할 수는 있어

마찬가지로 WPI 프로파일은 여러분 성격의 레시피예요. 빵 맛을 바꾸려면 어떻게 해야 하죠? 레시피를 살짝 바꾸면 되죠? 성격이 너무 이상하다, 이렇게는 도저히 못 살겠다 싶으면 레시피를 살짝 바꾸세요. 눈치를 보는 게 싫으면 셀프를 조금 올리고, 자신감이 지나쳐 도도해 보인다면 셀프를 낮추세요. 오지랖이 넓다는 소리를 들으면 릴레이션을 줄이고, 사람들에게 너무 시시해 보인다면 자기가 잘하는 어떤 것을 확실하게 해서 매뉴얼을 높이세요. 그럼 그럴듯한 사람으로 느껴져요.

여러분의 엉덩이가 자꾸만 들썩거리는데 가장 중요한 것 하나만 더 얘기하고 끝낼게요. 나와 똑같은 인간은 없다는 것, 즉 아무도 나와 같을 수 없으며 다른 사람은 나와 다른 특성을 갖고 있다는 것을 있는 그대로 받아들이세요. 나와 많이 달라서 도저히 이해할 수는 없겠지만 그래도 그 사람을 인정할 수는 있어요. 그럼 서로 다른 종족끼리 평화롭게 공존할 수 있죠.

시간이 너무 늦었네요. WPI만 하면 시간 가는 줄 모르는 저를 용서해 주실 수 있죠? 제가 아이디얼리스트라 한 번 시작하면 끝장을 보거든요.

오늘밤 WPI 워크숍에 참석해주신 여러분은 정말 훌륭한 분들이에요. 내가 누구인지 아는 것보다 더 중요한 일은 없어요. 여러분은 자신이 '도그'나 '카우'가 아니란 걸 확실히 보여주었어요. 참, 오늘밤에 제가 작두 타는 걸 보셨나요? 못 보셨다고요? 이런 안타깝네요. 저는 줄곧 작두를 타고 있었는데 말이죠. 제 작두는 WPI 프로파일이랍니다. 오늘 수고 많이 하셨습니다. 감사합니다.

마음 읽기의 역사와
WPI 의 탄생

성격,
마음 읽기의 역사

인간의 마음에 대한 호기심, 특히 마음을 읽으려는 노력은 인간의 역사만큼이나 오래되었다. 동서양을 막론하고 인간의 마음을 읽는다는 것은 곧 인간의 운명을 이해하는 일로 받아들여졌다. 즉 마음을 읽는 것을 인간의 일이 아닌 신의 영역이라 믿었다. 서양의 경우, 신전에서 사제가 사람들의 운명을 알려주었고, 동양에는 점을 치는 사람들이 있었다. '너 자신을 알라'나 '팔자소관'이라는 말은 이런 마음 읽기에서 비롯된 것이었다.

중세암흑기를 지나 르네상스 시대가 열리면서, 인간을 새롭게 발견하려는 움직임이 있었다. 이런 변화의 움직임을 가장 잘 보여준 인간들이 '마음을 읽는 사람들'이었다. 머리의 형상을 통해 사람의 특성을 설명하려는 골상학자, 최면 상태에서 마음을 엿본다는 최면술사 등 여러 종류의 인간들이 등장했다. 그러나 이들의 작업도 신에 기대어 운명을 점치는 이전의 비과학적인 방식과 크게 다르지 않았다.

인간의 마음을 과학적으로 연구하려 했던 시도는 19세기 중반 이후에 시작됐다. 당시 인간을 가장 과학적으로 연구한다고 믿었던 생리학은 마음에 대한 구체적이며 생물학적인 근거를 제공해주었다. 하지만 생리학이 알려주는 인간의 마음은 사람들이 궁금해 하는 것과는 거리가 멀었다. 많은 사람들이 간절히 알고 싶었던 것은 '나는 어떤 사람인가'에 대한 답이었다. 즉 보편적이고 일반적인 인류를 상징하는 마음이 아닌, 자신의 마음을 알고자 했던 것이다. 자신의 마음이란 곧 개인마다 각기 다른 자신의 '성격'이었다.

19세기 후반, 과학의 틀에서 인간의 마음을 연구한 선구자들은 지그문트 프로이트Sigmund Freud나 카를 융Carl Jung 같은 정신의학자이거나 미국의 윌리엄 제임스Wlliam James 같은 심리학자들이었다. 이들은 '정신역동psychodynamic'이나 '자아self'라는 개념을 통해 각기 다른 사람의 마음에 대한 다양한 추론을 내놓았다. 특히 '정신의학'이라는 새로운 영역을 만드는데 기여했던 프로이트나 융의 경우, 비정상적인 마음의 병을 앓는 환자들의 특성을 살펴봄으로써 인간의 마음을 이해하려 했다. 그것은 일상생활에서 정신병적 특성으로 나타나는 인간의 마음에 대한 탐색이었다. 따라서 '성격'을 과학적으로 탐색한 것이라기보다 정상 범위 밖에 있는 다양한 환자들의 임상 사례를 통해 성격의 단편적인 모습을 그려낸 것이라고 할 수 있다.

심리검사의 등장

심리학이 인간의 성격을 본격적으로 탐구하기 시작한 데에는 비극적인 계기가 있었다. 인류 최대의 전쟁이라 불리는 1차 세계대전이 발발하면서 이전과는 완전히 다른 이유로 인간의 성격에 관심을 기울이게 됐다. '전쟁에서의 승리'라는 공통의 목표를 달성하기 위해 각기 다른 사람들의 기질적 차이를 알고, 이를 통제할 필요가 있었던 것이다.

1917년에야 비로소 1차 세계대전에 참전한 미국은 엄청난 숫자의 신병을 모았다. 각지에서 모인 사람들은 모두 제각각이었다. 미 군부는 이들을 제대로 활용할 방안을 찾고자 했다. 정서적으로 혼란한 병사부터 글을 모르는 병사까지, 상황이 모두 다른 신병을 군인으로 활동할 수 있게 만들어야 했던 것이다. 당시 콜롬비아대학의 심리학 교수였던 로버트 우드워스Robert S. Woodworth는 군대를 위한 심리검사를 만들어, 정서적으로 불안정한 신병들을 추려낼 수 있다고 주장했다. 그 결과, 최초의 성격검사라고 할 수 있는 '신상정보지Personal Data Sheet'가 탄생했다. 성격검사라고 하기에는 매우 초보적인 수준이었지만, 최소한 당시의 사람들이 정상이라고 믿는 기준에 따라 사람들을 구분할 수는 있었다.

1차 세계대전 이후, 일반인을 대상으로 하는 성격검사들이 유행처럼 쏟아졌다. 당시 미국에서 가장 유명했던 검사는 1931년 심리학자 로버트 베른로이터Robert Bernreuter가 만든 것이었다. 성격을 지배성dominance, 자기충족감self-sufficiency, 내향성introversion, 신경성neuroticism의 네 영역으로 구분한 이 검사는 모두 125문항으로 이뤄져 있었다. 당시만 해도 검사는 각 문항에 대한 응답자의 반응에 따라 점수를 매기는 방식이었다. 예를 들어 "당신은 가끔 비참하다는 생각을 합니까?"라는 문항에 대해 '잘 모르겠다'는 응답을 하면, 내향성에 3점, 지배성에 1점, 신경성과 자기충족감에 0점을 부여했다. 그러나 이 점수는 베른로이터가 전문가로서 자기 나름대로 판단한 '추측'에 따른 것일 뿐이었다. 즉 검사를 구성하는 네 개 영역의 특성과 사람들의 반응 사이에 어떤 경험적 관계가 있다는 증거 자료가 없는 상태에서 검사가 만들어졌고 또 활용되었다. 그럼에도 불구하고 이 검사는 엄청난 인기를 끌었다.

심리검사를 통해, 각기 다른 사람을 구분하고 그들 각자의 특성을 설명할 수 있다는 것만으로도 사람들은 열광했다. 유사한 많은 검사들이 물밀듯이 쏟아져 나왔다. 자신이 어떤 사람인지를 알고 싶다는 대중의 반응은 20세기 중반 미국 사회에 가장 뚜렷한 현상이었다. 이런 트렌드 속에서 '성격검사'는 '자신이 누구인지를 알고 싶은' 욕구를 지닌 사람들이 마치 햄버거를 사먹듯 손쉽게 선택하는 방법이었다. 이런 검사들 중 여전히 '재미삼아' 할 수 있는 대표적인 것이 'MBTI'이다.

성격 연구와 'Big'한 'Five'의 발견

대중적으로 인기를 끌었던 성격검사의 등장과 심리학자들이 '성격personality'을 연구하는 것은 별개의 일이었다. 심리학자들의 성격 연구는 사회의 필요성이나 대중의 관심과는 상관없이 이뤄져 왔다. 과학의 틀에서 '성격'이라는 인간의 마음을 확인하려는 것이 심리학자들의 목적이었다. 이들에게 성격은 '개인 간의 차이'라기보다 한 사람의 고정적이고 안정적인 특성을 의미했다.

1940년 이후, 심리학자들은 성격 연구를 위해 다양한 형용사를 사용하는 방법을 썼다. 당시 새롭게 발전한 통계 분석, 특히 '요인 분석'은 각기 다른 형용사에 대한 사람들의 다채로운 반응을 몇 가지 요인으로 구분할 수 있게 했다. 실제로 '형용사'는 각기 다른 특성을 나타내는 유용한 개념이었다. 이런 이유로 형용사를 활용해 성격을 연구한 결과물이 수없이 쏟아져 나왔다. 흥미롭게도 많은 연구 결과들은 사람들이 일관성 있게 세 개의 주요 형용사를 중심으로 반응한다는 것을 밝혀냈다. 그것은 '좋은-나쁜', '차가운-따뜻한',

'능동적인-소심한' 같은 형용사 쌍이었다. 수없이 다양한 사람들의 반응을 몇 개의 핵심 형용사로 정리할 수 있다는 사실만으로 심리학자들은 성격의 속성을 발견한 것 같은 성취감을 느끼게 되었다.

이후 형용사를 활용해 사람들이 특정 주제나 환경에 어떻게 반응하는지를 연구하는 것은 '성격 탐구'의 기본이 되었다. 수천 개 이상의 연구 논문들은 수없이 다양한 주제에 대해 사람들이 보이는 반응을 몇 가지 핵심 형용사 요인으로 포괄할 수 있다는 사실을 밝혀냈다. 그 결과 1990년대 후반 이후, 대다수의 심리학자들은 인간의 성격이 '빅 파이브Big Five 성격 요인', 즉 다섯 가지 핵심 형용사로 구분될 수 있다는 사실에 어느 정도 동의하게 되었다. 이것은 마치 생리학자들이 사람의 신체는 '살, 피, 뼈, 신경, 피부'로 이뤄져 있다는 사실을 발견한 정도의 놀라운 과학적 진전이었다. 하지만 자신의 마음을 알고 싶은 대중들에게는 이러한 발견이 큰 의미를 가져다주지 못했다. 어찌 보면 너무나 당연한, 즉 이미 막연히 알고 있는 것을 끄집어낸 정도의 업적이었다.

빅 파이브의 정체

인간의 성격을 대표하는 다섯 요인(빅 파이브 성격 요인)을 구체적인 형용사로 표현하는 방식은 연구자마다 조금씩 다르다. 그런데 보통 '표현력(외향성)', '정서 안정(신경과민)', '붙임성(공감성)', '개방성', '작업(성실성)'으로 구분한다. 문제는 심리학자가 성격의 핵심 요인을 알고 있더라도 특정 개인의 성격을 파악하기 힘들다는 데 있다. 분명 '성격'을 구성하는 기본적인 요인을 알아냈지만, 정작 이것이 어떻게 작동하는지는 쉽게 설명하지 못한다. 또 사람들이 가장 궁금해 하는 것, '내 마음이 지금 어떤지'를 알려주지 못한다.

빅 파이브 성격 요인은 마치 물에 대해 산소분자 한 개와 수소분자 두 개로 이루어져 있다며 'H_2O'라는 화학분자식으로 설명하는 것과 같다. 이것은 물의 물리적 특성을 나타내지만, 실생활에서 내가 마시는 물의 느낌을 알려주지는 못한다. 과학을 지향하는 심리학의 연구 패러다임이 특정 개인의 마음을 파악하는 데 그리 효과적이지 못했던 이유도 이러한 괴리감에서 기인한다.

고전적인 물리학이나 화학의 패러다임을 그대로 적용한 심리학은 그 자체로 특정 조건(환경) 속에서 살아가는 인간의 다양한 마음을 설명하는 데 한계를 지닌다. 예를 들어 '빅 파이브 성격 요인'을 기초로 구성한 성격검사는 한 개인의 마음을 다섯 요인별 점수로 보여준다. 이를테면 "당신은 표현력은 높으나(표현력 85점) 정서적으로 신경과민 상태입니다(정서안정 40점). 붙임성은 평균 이하(붙임성 40점)지만 개방성은 높군요(개방성 75점). 성실성은 평균적으로 나옵니다(성실성 55점)." 하는 식이다. 그런데 이런 정보는 그 사람이 일상생활에서 어떻게 행동하는지에 대해 알려주지는 않는다. 요인의 특성에 따라 사람을 구분하는 것 같지만, 특정 상황에서 그 사람이 어떻게 행동할지에 대해 추론하기란 쉽지 않다. 특히 개별 성격 특성을 점수로 구분할 수는 있지만, 이들 요인의 합이 곧 그 사람의 성격이 되는 것도 아니다. 한 사람의 성격은 성적표의 과목별 점수처럼 구분해서 나타낼 수 없다. 그럼에도 지금까지 대다수 심리학자에게 익숙한 성격유형 분석법, 성격 연구 패러다임은 이런 방식뿐이었다.

심리학자들이 '빅 파이브'라는 성격 요인을 잘못 파악해서 그런 것은 아니다. 다만 일반적으로 탐색하는 성격 연구 방식이 한 개인의 전체적인 특성을 알려주기에 충분치 않을 뿐이다. 현재 심리학의 성격 연구는 맛있는 크루아상을 먹고 싶은 사람에게 밀가루, 설탕, 버터, 계란, 베이킹파우더 같은 재료를 주는 수준에서 이뤄졌다. 이런 재료로 빵을 만들 수는 있지만 빵을 먹는 사람이 그것을 만들어 먹기란 쉽지 않다. 빅 파이브 성격 요인은 즉, 빵의 재료와 같다. 그런데 한 개인의 성격이란 마치 우리가 바로 먹을 수 있는 곰보

빵이나 크루아상이다. 제빵사가 아닌 다음에야 빵의 재료를 받으면서 그것을 '빵'이라고 생각하고 받아들이는 사람은 거의 없다. 이처럼 '내 마음이 어떠한지, 내가 남과 어떻게 다른지'를 알고 싶은 사람들에게 성격을 연구해온 심리학자들이 그동안 제공한 것은 빵의 원료를 제공하는 정도였다.

빅 파이브와 상황 이론: 빵의 재료와 레시피

성격이란 한 개인의 특성만을 반영하는 것은 아니다. 그 사람이 속한 환경에서 보여주는 다양한 행동이나 심리 반응도 성격으로 나타난다. 빵을 만들려면 '밀가루', '설탕', '버터', '계란', '베이킹파우더'라는 다섯 가지 기본 재료가 공통적으로 필요하다. 그런데 빵 맛은 모두 같지 않다. 즉 똑같은 재료라도 어떤 제빵사가 어떤 방식으로 조합해 어느 정도의 온도로 구워내느냐에 따라 각기 다른 맛을 낸다. 마찬가지로 인간의 성격도 각기 다른 상황에 속하는 개인에 따라 다섯 가지 요인이 제각각 다른 모습으로 나타난다.

심리학자가 개인의 성격을 다룰 때 기본적인 성격 특성과 함께 설명하는 것이 '상황 이론'이다. 반면 빅 파이브 성격 요인을 활용한 성격검사는 성격의 '특성 이론'에 기초한 연구 결과를 반영한다. 과거에는 주로 특성 이론을 중심으로 성격을 설명했지만, 1980년 이후에는 상황 이론이 성격을 설명하는 대세로 자리 잡았다.

"인간의 성격은 다섯 가지 요인으로 이뤄져 있다"는 말은 "필수 영양소는 다섯 가지다"라고 말하는 것과 같다. 5대 영양소가 무엇인지 알고 그것을 섭취하면 건강에 도움이 된다. 하지만 건강하고 행복한 성격의 인간으로 살기 위해 빅 파이브 성격 요인을 골고루 갖추거나 높은 수준을 유지해야 하는 것은 아니다. 개인이 자신이 속한 환경이나 관계에 잘 적응하거나 활용하기 위해 다섯 가지 요인을 모두 계발해야 하는 것도 아니다. 그보다는 자신이 어떤 환경 아래에 있고 또 자신의 두드러진 특성이 무엇인지 아는 것이 더 중요하다.

예를 들어 모든 성격 요인에서 80점 이상인 사람을 가정해보자. 그는 표현력이 상당히 높고 정서적으로 안정되어 있으며 붙임성과 개방성이 높다. 게다가 성실하기까지 하다. 이는 다섯 과목의 시험에서 모두 80점 이상을 받은 경우로 볼 수 있다. 시험 결과로 보면 나쁘지 않지만, 정작 그가 어떤 사람인가에 대해 별로 알려주지는 못한다. 표현력이 있으면서 정서가 안정적이고 개방성과 붙임성에다 성실성까지 갖춘 사람이 실제로 내 옆에 있다고 생각해보자. 그의 높은 표현력과 붙임성, 개방성은 주위 사람들을 불안하게 만들 가능성이 크다. 그런 상태에서 그를 정서적으로 안정된 사람으로 보기는 힘들다.

성격검사 점수 그 자체는 '현실 속에서 살아 있는 사람', '우리 곁의 정상적인 사람'을 제대로 나타내지 못한다. 빅 파이브 성격 요인의 점수가 살아 있는 인간의 특성 속에서 드러나는 성격을 잘 나타내지 못한다는 얘기다. 따라서 성격 진단은 빅 파이브 성격 요인이 어떻게 결합되어 나타나는가를 해석하는 데 초점을 맞춰야 한다.

요즘 몇몇 성격심리학 논문이나 책은 '빅 파이브 성격 요인' 그 자체를 다섯 가지 성격유형으로 구분하기도 한다. 특정 성향 하나가 뚜렷이 나타날 때 그것을 개인의 성격으로 일컫는 것이다. 예를 들어 다른 요인보다 표현력이 높게 나온 사람을 '표현력형 인간'이라 부르는 식이다. '정서안정형 인간', '붙임성형 인간' 등으로 구분하기도 한다. 이것이 틀렸다고 할 수는 없지만 단순히 빅 파이브 성격 요인을 기준으로 다섯 가지 종류의 인간이 있다고 설명하는 것은 '서툰 제빵사가 만든 빵'이나 다름없다.

모든 심리적 특성은 어떤 환경에 놓이느냐에 따라 완전히 다른 모습으로 나타난다. 기름진 밭에 씨앗을 뿌리면 훌륭한 곡식으로 자라지만, 메마른 땅에서는 싹도 틔우지 못하고 죽어버린다. 씨앗의 발아는 씨앗 자체뿐 아니라 토양과도 관련이 있다. 심리학의 성격 탐색이 과학의 영역에서 이뤄졌음에도 불구하고 충분히 정상 과학으로 발전하지 못한 이유도 여기에 있다.

이것은 필수 영양소가 무엇인지 파악하고도 내 몸에서 그 영양소가 어떻게 작용하는지 모르는 상황과 같다. 이런 문제를 해결하기 위해 그동안 내가 배우고 또 당연하게 생각해온 심리학 연구의 패러다임을 바꿔야 했다. 우선 인간을 분석하는 기존의 틀에서 과감하게 벗어났다. 그리고 환경에 따라 다른 방식으로 반응하는 다양한 인간을 통해, 제각각의 유형으로 구분되는 전체적인 인간의 모습을 보려 했다.

WPI 성격검사의 개발

심리학자들은 성격의 기본 요인을 발견했다. 하지만 성격 요인을 안다는 것과 특정한 개인의 마음의 상태를 파악한다는 것은 다른 일이었다. 심리검사란 '정상-비정상' 정도로 구분되는 기준에 의해 한 사람의 상태를 진단하는 수준으로 활용될 뿐이었다. 한 환경 속에서 개인이 겪고 있는 문제에 대한 이해, 또는 이런 정보를 활용하여 삶의 변화를 이루어내기 위한 통찰을 찾아내는 것은 더욱 어려웠다.

지난 50년간 성격 연구의 핵심적 성취라 할 수 있는 빅 파이브 성격 요인

또한 이런 상황을 잘 알려준다. 제빵사는 기본 재료들을 활용해 다양한 빵을 만들어 낼 수 있다. 뿐만 아니라 유능한 제빵사일수록 빵의 맛을 보면, 그 빵이 어떤 재료를 가지고 어떻게 배합되었는지, 어떤 온도에서 얼마의 동안 구워낸 것인지에 대해 파악할 수 있다. 즉, 빵을 보고 그것이 만들어진 레시피를 어느 정도 파악할 수 있는 것이 유능한 제빵사의 능력이다. 다양한 재료로 만들어진 빵을 마치 사람에 비유한다면, 심리학자는 마치 제빵사처럼 그 빵의 레시피를 나름 파악해야 한다. 하지만 이런 비유로 보면 일반적인 성격 연구를 하는 심리학자는 빵의 기본 재료는 알아도, 빵 맛을 보고도 제대로 레시피를 이야기할 수 없는 제빵사와 유사하다.

'과학자'를 자처하는 심리학자에게 사람의 심리와 성격은 '탐구 대상'이다. 그러나 여전히 대다수의 심리학자는 마치 중세의 연금술사처럼 마음이라는 물질의 '핵심 성분'만 찾으려 한다. 시대가 변하고 요구가 바뀌었는데도, 다양한 사람들의 마음을 이루는 각기 다른 레시피에 크게 관심을 기울이지 않고 있다. 성격의 기본 요인을 발견했지만, 그것이 사람의 마음 속에서 어떤 형태로 조합되어 있는지를 파악하는 수준으로 넘어가지는 못했다. 즉, 빵의 맛을 알고 만들어내는 제빵사라기보다 빵의 재료를 파악하고, 공급하는 배달부 수준에서 마음을 탐색해온 것이다.

WPI 성격, 어떻게 찾아냈는가

WPI는 일종의 리버스 엔지니어링reverse engineering 기법을 통해 만들어졌다. 다양한 성격을 가진 사람들은 이미 세상에 존재한다. 리버스 엔지니어링 기법이란 사람을 마치 만들어진 제품이라 생각하고, 이 제품이 어떤 특성으로 구성되어 있는지를 다시 하나하나 확인하는 방법이다. WPI는 자동차를 해체하면 다양한 부품들이 어떻게 결합되어 특정 자동차의 형태로 나타나는지를 정확하게 알 수 있는 것처럼, 다섯 가지 기본 성격 요인들이 각 사람들마다 어떻게 다르게 조합되어 있는지를 확인하는 방법으로 만들어졌다.

예를 들어 자동차를 '성격'이라고 가정하자. 애초에 자동차를 이루고 있던 부품들, 즉 엔진, 본네트, 도어, 펜더, 대시보드 등을 사람의 성격에 대입하면 '표현력', '정서안정', '붙임성', '개방성', '성실성' 등의 요인이라고 할 수 있다. 이 부품들은 다시 자잘한 강판, 나사, 볼트, 고무, 플라스틱 등의 부속품으로 이뤄져 있다. 하나의 빅 파이브 성격 요인을 나타내기 위해 수십 가지 성격 문항들이 존재하는 것과 같다. 사람마다 성격이 모두 다르다는 것은 다양한 부품들이 새롭게 결합할 때마다 다른 모습의 자동차가 되는 것과 유사한 의미다. 자동차가 여러 가지 부품들의 다양한 조합으로 만들어지듯, 개인의 성격이란 자신이 속한 환경 속에서 부각되는 특성의 결합이다.

리버스 엔지니어링 기법으로 성격을 분석한다는 것은 마치 새로운 형태나 기능의 자동차가 출시되었을 때, 그것을 모두 분해한 뒤 다시 조립하는 방법을 사용하여 핵심 특성이 무엇인지를 알아내는 것과 같다. 이렇게 하면 새 자동차가 기존의 것과 어떻게 다른지, 어떤 면에서 성능이 더 뛰어난지 등을 파악할 수도 있다.

WPI를 통한 성격의 재발견

일반적인 성격 연구에서는 다양한 사람들을 통해 빅 파이브 성격 요인을 찾아냈지만, WPI를 만들면서 적용한 방법은 그와 다르다. WPI의 기초적인 성격 연구는 기존의 성격 연구와 다른 패러다임에서 출발했다. 우선 빅 파이브 성격 요인에 해당하는 다양한 문항을 각기 다른 개인에게 제시한 뒤, 그들이 보이는 반응을 통해 성격이 어떻게 나타나는지 확인했다. 사람들은 각자의 성향에 따라 여러 가지 방식으로 반응하는데, 그 결과를 보고 유사한 형태로 반응한 사람들을 묶어 분류했다.

여기에서 중요한 것은 서로 비슷한 방식으로 반응하는 사람들이 어떠한지 또 어떤 문항으로 구분할 수 있는지 파악하는 일이다. 이 경우, 비슷한 방식으로 반응하는 사람들은 각기 다른 성격유형을 대표한다. 이러한 작업을 통해 몇 가지 대표적인 성격유형을 찾아내는 것은 물론, 그 유형에 속하는 개인이 가장 전형적인 유형과 어떤 차이가 있는지 알 수 있다. 이때 전형적인 모습과 일치하는 정도를 통해 개인의 특성을 파악한다. 다시 말해 'WPI 유형'을 토대로 성격유형을 확인하고, 이것이 얼마나 부합하는지를 통해 개인의 성격 특성을 분석한다. 이는 전형적인 범주와 어울리는 개별 사례 프로파일을 바탕으로 그 특성을 전형적인 범주의 속성으로 해석하는 방법이다.

사람들은 WPI 성격 시스템을 활용해 자신이 전형적인 성격유형에서 어떤 패턴에 속하는지 알 수 있다. 자신의 성격을 잘 나타내는 '자잘한 부속품' 같은 특성이 무엇인지 아는 수준을 넘어, 다양한 부품의 결합으로 이뤄진 하나의 '자동차'처럼 자신의 전체적인 모습을 파악하는 것이다. 각기 다른 전형적인 성격유형과 자신의 프로파일을 대비해보면 자기 마음의 주요 특성이 무엇인지, 어떤 모습으로 나타나고 있는지 확인할 수 있다.

사람의 성격은 태어나 자라는 과정과 각자의 생활환경 속에서 드러난다. 그 성격은 이미 빅 파이브 성격 요인이 배합된 결과다. 결국 '나는 어떤 사람인가'를 아는 것은 각자의 환경에 따라 기본 성격 재료가 어떻게 결합되었는지 아는 것과 같다. 이것은 우리가 빵집에 진열된 빵을 맛본 뒤 그 레시피를 알아내는 것이나 마찬가지다. 이것은 70년 이상 성격 심리 연구를 해온 심리학자들도 거의 파악하지 못한 내용이다.

WPI 성격검사의 정체

WPI 시스템은 인간의 성격유형을 '자기평가'와 '타인평가'로 구분한다. 그리고 진단은 특정 개인이 각각의 유형에 얼마나 부합하는지, 성격 문항 목록 중 몇 가지 항목이 자신을 가장 잘 나타내는지를 선택하는 것으로 이뤄진다. 각 문항은 유형별 특성을 대표하는 정도가 다른 개별 알고리듬으로 구성되어 있다. 자기평가 유형은 리얼리스트, 로맨티스트, 휴머니스트, 아이디얼리스트, 에이전트로 나뉜다. 타인평가는 릴레이션, 트러스트, 매뉴얼, 셀프, 컬처로 구분한다. 개인의 성격은 이 두 가지를 축으로 나타나는데, 이것이 바로 'WPI 프로파일'이다.

자기평가가 개인의 기본적인 성격을 나타낸다면, 타인평가는 그 특성이 특정 환경에서 어떤 모습으로 나타나는가를 표현한다. 다시 말해 WPI 자기평가는 한 개인의 심리와 행동방식에 대한 이미지, 즉 '나는 이런 사람이다'라고 믿는 자신의 모습이다. WPI 타인평가는 '다른 사람이 보는 나는 이런 사람이다'라고 스스로 믿는 모습이다. 이것은 개인의 삶에서 두드러지는 특정 가치나 라이프스타일을 반영한다. "성격은 자기평가와 타인평가의 결합으로 나타난다"고 규정하는 WPI 시스템은 이를 쉽게 해석하도록 만들었다.

WPI 자기평가는 사람들을 다섯 가지 유형으로 구분한다. 상대적으로 표현력이 강한 리얼리스트, 정서안정이 중요한 로맨티스트, 붙임성이 발달한 휴머니스트, 개방성이 높은 아이디얼리스트 그리고 작업 성실성이 뛰어난 에이전트가 그것이다. 여기서 중요한 것은 각 유형이 자기 유형과 매칭되는 빅 파이브 성격 요인 그 자체를 설명하는 게 아니라는 사실이다. 각각의 WPI 유형마다 다섯 가지 요인은 서로 다른 방식으로 혼재되어 있다. 설명이 어려운가? 그럼 요즘 젊은이들이 즐기는 게임에 비유해보자.

게임 공간에는 다양한 캐릭터가 존재한다. 하지만 어떤 게임 공간에도 단일 특성만 탑재한 캐릭터는 존재하지 않는다. 예를 들어 캐릭터 A는 파워가 강한 반면 지능과 지구력은 보통이다. 캐릭터 B는 파워가 약하지만 지능이 강하고 지구력은 중간 정도일 수 있다. 그 다양한 캐릭터들이 실제로 어떤 모습으로 활동하는지는 게임 테마 공간에 따라 다르다. 즉, 해당 캐릭터의 능력이나 특성은 고정 값을 갖기보다 특정 게임 공간에서 어떤 게임을 하는지, 그 캐릭터가 어떤 형태로 나타나는지에 따라 다르게 나타난다.

WPI 프로파일은 빵의 다섯 가지 재료가 얼마나 들어갔는지 알려주는 수준을 넘어, 어떤 레시피로 어떤 맛의 빵을 만들었는지 알 수 있게 했다. 이런 프로파일이 특정 지역이나 사회, 문화에 따라 공통적으로 나타나는 개인의 성격 특성을 반영하는지는 분명하지 않다. 이 말은 WPI 프로파일은 특정 집단의 평균적인 특성을 나타내는 것이 일차적인 목적은 아니라는 의미다. 단지 동일한 재료로 같은 이름의 빵을 만든다고 하더라도, 빵집에 따라 빵 맛이 다르듯이, 각기 다른 풍토나 사회, 문화에 따라 개인에게서 각 성격유형별 의미가 다르게 나올 수 있다는 뜻이다.

똑같은 자극, 다섯 가지 전혀 다른 리액션

WPI 자기평가 유형에는 빅 파이브 성격 요인이 서로 다른 수준으로 다양하게 혼재되어 있다. 예를 들어 리얼리스트를 빅 파이브 성격 요인으로 설명하면 '표현력 중, 정서안정 하(신경과민 상태), 붙임성 중상, 개방성 중하, 성실성 중상'으로 나타난다고 할 수 있다. 다섯 가지 성격 특성이 어중간하게 결합되어 나타난 성격이 바로 리얼리스트의 모습이다. 이런 사람은 자신이 속한 조직의 논리와 틀에 충실하면서 대세를 찾고 거기에 맞춰 살아간다. 로맨티스트는 '표현력 중상, 정서안정 중, 붙임성 하, 개방성 하, 성실성 하'로 말할 수 있다. 로맨티스트는 누군가가 먼저 다가오기를 기대하고 자기감정을 표출하는 데만 초점을 둔다. 따라서 상대방에 대한 공감성이 오히려 떨어질 수 있다. 본인이 다른 사람에게 공감하기보다 다른 사람이 본인에게 공감해주기를 원하기 때문이다.

똑같은 상황이 주어졌을 때, WPI 자기평가 유형에 따라 사람들이 반응하는 방식은 다르다. 예를 들어 '착하다'라는 말을 들었을 때 다섯 가지 유형은 다르게 받아들인다. 리얼리스트 성향이 높은 사람에게 '착하다'라는 말의 의미는 다른 사람의 기대에 부응했다는 뜻이다. 다른 사람에게 좋은 사람으로 비춰지는 모습이 착해 보이는 것이다. 착하다는 말을 들으면 리얼리스트는 '내가 잘 살고 있구나'라고 생각한다. 하지만 로맨티스트는 '왜 나한테 착하다고 하지?'라고 반응하며 부담스러워한다. 로맨티스트는 감성적이고 섬세하기 때문에 대체로 자신의 섬세하고 다정스러운 부분을 칭찬한 것으로 받아들인다. 휴머니스트에게 '착하다'는 말은 의리 있고 배려심 깊은 사람이라는 뜻이다. 그래서 누군가 자기더러 '착하다'고 이야기하면, 스스로 '나는 된 사람, 의리 있는 사람'이라고 여겨 좋아한다. 아이디얼리스트 성향이 높은 사람은 '착하다'는 말을 순수하고 순진하다는 의미로 이해한다. 정작 본인이 '착하다'는 말을 들으면 '바보 아냐?'라는 뜻으로 받아들이고 언짢아한다. 작업 성실성이 높은 에이전트는 '착하다'는 말을 일을 잘한다는 뜻으로 여긴다. 그래서 착하다는 말을 들으면 반사적으로 '나한테 또 무슨 일을 시키려고?'라고 생각한다.

WPI가 한국에서 살아가는 사람들의 성격을 잘 반영하기에, 한국 사회와 문화의 영향을 받은 부분을 드러낸다고 이해하는 것이 좋다. 한국인의 응답을 토대로 개발한 WPI 성격검사 유형과 설명이 외국인에게도 그대로 적용될지는 아직 확실치 않다. 검사지의 문항을 영어로 바꿔 미국인을 상대로 검사할 경우 문화권에 따라 문항에 대한 민감성에 차이가 있을 것이다. 전체 모집단에 따라 각 유형의 비율이 다르게 나올 수도 있다. 각 유형의 설명에 대한 의미를 다른 가치로 받아들일지도 모른다. 그래도 WPI 성격검사 시스템의 전체 패턴이 크게 다를 것 같지는 않다. 한국 사회에 리얼리스트가 절대적으로 많듯 문화의 성격에 따라 로맨티스트나 아이디얼리스트가 더 많이 나올 수도 있지만 말이다. 앞으로 각기 다른 문화적 맥락 속에서 각각의 성격유형이 어떤 비율로 혹은 지배적인 성향으로 나타나는지를 계속 연구하는 것도 흥미로운 과제다.

성격에도 '엔지NG'가 있다

프로이트 이후의 심리 분석법과 심리 치료는 비정상적으로 작동하는 사람의 마음을 의사나 심리 상담사가 나서서 고치는 것이 일반적이었다. 그러다가 1960년대를 지나면서 심리 치료에 새로운 방법을 적용하기 시작했다. 그것은 신경활동이나 호르몬 기능을 조절하는 '약'을 처방하는 것이었다. 그 이후로 약물의 통제와 관리를 받는 망가진 기계의 모습이 정신과 환자의 전형적인 모습이 되었다.

성격검사는 인간의 부적응적 마음인 신경증 또는 비정상적인 정신병리적 행동의 임상에서 잘 활용된다. 그렇지만 이때, 인간의 마음은 개인의 심리 특성뿐 아니라 그가 처한 환경의 영향도 받는다는 것을 고려해야 한다. 비정상적인 행동을 보이는 인간은 고장 난 기계가 아니라 자신이 속한 환경에 제대로 적응을 하지 못하는 상황일 뿐이다. 군대에서 부적응적인 행동을 보이는 군인은 정신병에 걸리거나 인성의 문제가 있는 것이 아니다. 군대라는 환경에 적응을 하지 못한 그가 나름대로 적응하기 위해 극단적인 행동을 보이는 상황이다. 즉, 인간의 수많은 부적응적인 행동은 단지 정신병이 아니라, 본인이 적응하지 못한 정상적이지 않은 상황에 처했다는 것이다.

사람은 늘 정상적으로 작동하는 기계가 아니다

인간은 자신이 속한 환경이나 맥락에 따라 각자의 삶이 다르게 나타난다. 비록 유사한 성격 성향을 가지고 있다고 하더라도 각자의 삶의 방식에 따라 살아가는 모습이나 행동 패턴은 달라진다. 각자 스스로 중요하다고 믿는 것, 또는 자신이 '이렇게 살고 싶다'거나 '저렇게 행동하고 싶다'라는 지향점에 따라 유사한 성향의 사람이라도 다르게 행동하거나 관계를 맺는다. 자신의 성격을 나타내는 자기평가로 개인의 기본적인 성향을 확인할 수 있지만, 그 사람이 지향하는 삶의 방식까지는 알 수 없다. 따라서 한 개인이 자신의 삶에서 지향하는 주요한 가치가 무엇인가를 확인하기 위해 기본 성향과 조금 다른 방식으로 이를 파악해야 한다.

WPI 자기평가를 통한 성격 진단은 정상적이고 적응적인 상황에서 드러나는 다섯 가지 유형에 초점을 둔다. 하지만 인간은 늘 정상적으로 작동하는 기계가 아니다. 인간은 좋지 않은 상황에 처했을 때, 평소에 하던 행동을 기계적으로 하기보다 자기 나름의 방식으로 대처하려 한다. 그러나 역설적이게도 자기 나름의 방식은 그가 처한 환경에 잘 적응할 수 있는 행동이 아니기 쉽다.

변화된 환경, 좋지 않은 환경, 힘든 환경에 처했을 때 보이는 대표적인 적응 행동이 그렇다. 부모와의 관계에서 어느 순간부터 이상하게 행동하거나 학교에서 선생이나 급우들에게 공격적인 행동을 하는 아이, 조직에서 갑자기 성질을 부리는 사람, 군대에서 엉뚱하게 사건·사고를 일으키고 또는 왕따나 괴롭힘의 희생자나 가해자의 역할을 하는 사람, 이들 모두가 긍정적이지 않은 환경에서 나름 적응적이라 생각하는 행동을 스스로 취한다는 것이다. 하지만 안타깝게도 이들의 노력은 전혀 적응적이거나 적절하지 않은, 엉뚱한 행동이 되는 경우가 많다. 개인의 특성이 환경에 부합하여 적절하게 기능하지 못하고 마치 고장 난 기계처럼 보이는 경우이다. 이러면 계속 작동하기는 하되, 정상적으로 작동하지 않는다. 이런 상태는 고장 난 기계처럼 보일 수도 있지만, 인간은 기계가 아니다. 마음의 병을 정신병으로 보고 치료하려는 정신과 의사의 경우, 인간의 이런 행동을 고장 난 기계처럼 치료하려 하지만, 심리학은 왜 인간이 자신의 환경에 적절한 행동을 하지 못하는가, 비정상적인 행동을 하고도 그것을 적절하고 믿는 이유가 무엇인가를 알아내야 한다.

성격에 엔지가 날 가능성을 안다는 것

사람은 때로 본인에게 전혀 정상적이지 않은 상황이나 관계에 직면하곤 한다. 스트레스가 매우 심한 인간관계나 환경에 놓일 수도 있다. 이때 그 사람의 성격이 평소의 정상적인 상황과 같은 방식으로 작동하기는 어렵다. 이 경우 인간은 주어진 상황과 맥락이 기대하는 행동이 아니라 마치 드라마 제작 현장에서 '엔지NG'를 내는 것 같은 행동을 한다. 실수를 하거나 부적응적인 행동을 보이는 것이다. '본래 가진 성향'이 현재의 생활 방식이나 삶의 가치의 측면에서 발현되지 않는 이런 상태를 프로파일 상에서는 '갭gap'이라고 한다.

'엔지'는 개인의 성격이 정상적인 상황이 아닌, 즉 부정적이거나 어려운 환경에서 나타난다. 이것은 미국 스탠포드대학의 필립 짐바르도Philip G. Zimbardo

교수가 진행한 '교도소 실험'에서 정상적이고 일반적인 사람들이 쉽게 이상하고 폭력적인 행동을 한 변화와 유사하다. 성격이 바뀐 듯한 그 비정상적인 행동은 환경의 부정적 영향으로 엔지가 난 상황이다.

누군가 이상 행동을 보일 때, 고장 난 기계를 고치겠다는 생각으로 접근해서는 안 된다. 정상적이거나 기대되는 역할을 잘 할 수 있도록 하기 위해서는 개인이 처한 환경에서 적응적인 행동이 무엇인지, 그 개인의 환경이 어떻게 비적응적인 행동에 작용하는지를 먼저 알아야 한다. WPI는 비정상적인 인간을 변별하려는 성격검사가 아니다. 특정 개인을 선별하여, 특정한 기준을 중심으로 정상과 비정상이라 구분하지도 않는다. WPI 성격 진단은 본인이 현재 어떤 상황에서 어떤 적응적 행동을 하고 있는지를 스스로 파악할 수 있도록 한다. 특히 현재 자신이 보이는 부적응적 행동이 무엇이며, 이것이 자신의 기본적인 성향에 비추어 어떤 부적절한 삶의 방식을 추구하는지를 알게 한다. 이것이 WPI 성격검사와 다른 성격검사의 차이점이다.

부정적 상황에서의 성격 표현: 엔지 가능성에서의 특성

WPI는 비정상적인 상황에서 엔지를 내는 인간의 성격 특성이 어디에서 나오는지 확인해준다. WPI 프로파일에서 비정상적으로 보이는 인간의 심리적 특성과 행동은 자신의 특성이 주위 환경과 부합하지 않는 상황일 뿐이다. 대다수는 자신이 그처럼 비정상적인 모습을 보인다는 사실을 인정하려 하지 않는다. 아니, 스스로 자기 행동을 성찰하기 힘들어한다.

인간은 비정상적인 상황에 놓이면 비정상적인 성향을 드러내기 마련이다. 비정상적인 상황에서 보이는 각기 다른 모습은 정상적이고 일반적인 상황에서 나타나는 성격유형과 서로 쌍을 이뤄 설명할 수 있다.

'리얼리스트'가 비정상적인 상황에서 엔지를 내는 모습은 '나르시시스트'다. 다시 말해 누구의 인정이 중요한지, 대세가 무엇인지 불분명한 까닭에 리얼리스트가 제 나름대로 혼란을 겪는 상태다. 이때 리얼리스트는 쉽게 감정적인 행동을 한다. 리얼리스트가 나르시시스트의 모습을 보일 때의 심리는 술을 마시고 심하게 주사를 부린 사람이 깨어났을 때 자신의 주사를 인정하지 않는 상태와 유사하다.

'로맨티스트'의 엔지 모습은 '도도변덕'이다. 자신이 믿음직스럽고 안정적으로 보이기를 포기한 상황이다. 그렇기에 주위 사람들에게 도도하면서도 변덕스러운 이미지로 보인다. 이 경우 자신의 사회적 역할이나 책임을 방기하면서 주변 사람들에게 매우 과시적이며 오버하는 느낌으로 다가온다. 타인에게 그렇게 보이지만 본인은 결코 인정하지 않으려 한다.

'휴머니스트'가 비정상적일 때 엔지 모습은 '고시촌 좀비'다. 이것은 자신의 에너지가 떨어졌고 주변과도 고립되어 힘들다고 느끼는 상황에서 보이는 모습이다. 이 경우 평소의 자기 성향이나 생활패턴을 유지하지 못한 채 완전히 다른 모드로 행동한다. 무엇보다 사람들과의 적극적인 상호작용에서 물러선 채 보이지 않는 막연한 문제에 혼자 맞서면서 고집 센 사춘기 청소년 같은 모습을 보인다.

'아이디얼리스트'의 엔지 모드는 '시지프스'다. 창의적이고 열정적으로 새로운 활동을 하며 생각의 자유와 상상을 즐기는 아이디얼리스트가 뭔가를 무기력하고 무의미하게 반복하는 모습이다. 한마디로 자기 정체성이나 차별성을 부각시키지 못하는 상황이다. 영화 〈모던 타임스〉의 찰리 채플린이 보여주듯 자기 삶이나 일에서 소외된 모습이다.

'에이전트'가 비정상적인 상황에서 엔지를 내면 '꺾인 날개'가 되어버린다. 이것은 자신이 일하는 조직이나 인간관계에서 더 이상 자기 능력을 발휘할 수 없는 상태다. 잘 날아가던 새가 추락한 상황과 같다. 과거처럼 조직에서 잘한다고 느끼지 못하는 이유는 능력이 부족해서라기보다 자신을 인정해주던 존재와의 관계가 바뀌었기 때문일 가능성이 크다. 이 경우 스스로를 쓸모없다거나 떠나야 할지도 모른다고 생각하면서 '세상아 돌아가라. 나는 나대로 살련다'라는 식으로 방관자적이고 현상 유지적인 태도를 보인다.

인정하기 두려운, 고장 난 내 모습

문제에 부딪치거나 괴로운 고민에 빠진 사람은 정상성을 유지하기 힘들다. 따라서 비정상적인 상황인 경우가 많다. 하지만 누구도 비정상적인 상황에서 자신의 성격이 부정적으로 나타날 수 있다는 것을 쉽게 인정하지 않는다. 주변 사람들이 이미 그의 심리나 행동에 뭔가 문제가 있음을 어렴풋이나마 눈치 챈 상황에서도 본인만 자신의 엔지 모습을 인정하지 않으려 한다. 물론 각 유형마다 반응 방식에 다소 차이가 있다.

리얼리스트는 본인이 나르시시스트 상황에 있다는 것을 인정하길 두려워하고 싫어한다. 자기가 인정하고 싶지 않은 자기 모습을 증명하는 것에 대한 두려움이다. 로맨티스트는 도도변덕의 모습에 죄책감까지 느끼며 자신이 왕따처럼 보이는 것을 결코 인정하려 하지 않는다. 휴머니스트는 고시촌 좀비라고 하면 겉으로는 웃지만 속으로는 그런 상황을 스스로 강하게 거부한다. 아이디얼리스트는 시지프스 상태라는 것을 두려워하면서도 인정하긴 한다. 에이전트는 꺾인 날개라는 것을 주위 사람들에게 드러내지 않으려고 애쓴다.

심리 치료나 상담의 효과는 사람들이 자신의 현재 모습을 인정하느냐, 하지 않느냐 하는 지점에서 갈라진다. 사람들은 일상적 맥락에서도 자신에게 그런 모습이 있다는 것을 스스로 받아들이지 않으려 하며, 심지어 임상적 장면에서 자신의 성격검사 결과를 받아보고도 자기 모습을 인정하기 힘들어한다. 중요한 것은 자기 문제를 인식하고 받아들여 바꾸려 하는 사람과 오히려 부정하거나 회피하는 사람에게 적용하는 상담 및 심리 치료 효과는 동일한 전문가가 동일한 치료법을 시도해도 달라질 수밖에 없다는 점이다.

WPI 자기평가 유형에 따라 각 개인이 경험하는 엔지 상황은 빵집 안의 환경과 조건에 따라 빵의 상태가 달라지는 것과 마찬가지로 이해할 수 있다. 자기평가 유형은 레시피를 적용해 만든 빵을 빵집에 잘 진열한 상태다. 그 빵집의 온도와 습도가 적당해 환경이 쾌적할 경우에는 리얼리스트, 로맨티스트, 휴머니스트, 아이디얼리스트, 에이전트의 빵으로 유지된다. 반면 전혀 쾌적하지 않은 비정상적인 환경에서는 나르시시스트, 도도변덕, 고시촌 좀비, 시지프스, 꺾인 날개의 빵이 되어버리고 만다. 모든 빵의 유통기한이 똑같지는 않다. 어떤 빵은 그날 먹어야 하고 또 어떤 빵은 사흘을 간다. 옛날에 러시아 군인들이 갖고 다닌 흑빵은 유통기한이 한 달이 넘었다. 마찬가지로 같은 상황과 조건이 주어져도 WPI의 각 유형에 속하는 사람들이 반응하는 방식은 모두 다르다. 이로써 WPI 자기평가를 통해 나올 수 있는 모습은 엔지 유형까지 포함해 모두 열 가지다.

WPI 프로파일,
어떻게 읽을까?

WPI 프로파일은 특정 개인의 심리적 상태와 행동방식, 즉 '마음'을 자기평가와 타인평가라는 씨줄과 날줄로 엮어낸다. 씨줄과 날줄이 만들어내는 패턴이 바로 마음의 모습이다. 따라서 WPI 프로파일은 현재 두드러지게 드러내는 성향이 무엇인지, 어디에 마음을 쏟고 있는지를 알려준다. 이와 동시에 현재 마음을 쏟는 것이 자신의 기본적인 특성과 부합하는지, 아니면 어긋나는 상황인지도 알려준다. 이런 해석이 가능한 이유는 특정 개인의 프로파일이 각기 다른 성향의 기본 패턴과 매칭되는지를 바로 확인할 수 있기 때문이다. 여기에서 가장 중요한 것은 각 유형별 기본 특성을 정확하게 아는 것이다. WPI 프로파일은 이런 유형과 특성이 어떻게 조합되어 나타나는지를 알려준다.

WPI 프로파일은 성적표가 아니다. 모든 항목의 점수가 높다고 좋아할 필요도 없고, 낮다고 실망할 이유가 없다. WPI 프로파일은 한 사람의 특성은 무엇이며, 현재 어떤 상황에 있는지를 알려줄 뿐이다. 이때 중요하게 살펴야 할 점은 자신을 대표하는 '자기평가'의 유형과 '타인평가'의 특성이 어느 정도 서로 일치하느냐다. 프로파일 상에서 자기평가와 타인평가가 비슷하게 일치한다면 주어진 환경 속에서 자신의 특성을 어느 정도 발휘하면서 만족스럽게 살아간다고 해석할 수 있다. 즉 삶의 방식(라이프스타일) 또는 가치가 성향과 잘 부합한다는 뜻이다. 자기평가와 타인평가의 그래프가 서로 근접하지 않은 상황, 앞에서 엔지 상황이라고 한 프로파일의 경우가 된다. 심리적으로 혼란스럽거나 어려운 상황이다.

WPI 프로파일의 해석이란 다섯 가지 자기평가 유형과 타인평가 특성을 전형적인 프레임으로 활용해 이것을 읽는 것이다. 각 개인의 특성은 이 전형적인 성격 모형에서 얼마나 잘 부합하는지, 각기 다른 특성들이 조합하여 나타날 때 어떤 심리적 상황이 벌어지는지에 대한 추론을 통해 해석된다.

WPI 자기평가
유형별 설명

리얼리스트

타인의 인정을 통해 존재감 획득
- 타인의 시선을 의식, 너무 튀지 않게 남과 비슷하게 행동.
- 착한 사람 콤플렉스.
- 공감이나 자기 성찰은 부족.
- 키워드: 배려, 순응, 모범.

소속감을 통한 안정
- 한국 사회에 적합한 '조직형 인간'의 기본적인 정서와 성격.
- 인생의 목표는 가정의 화목, 행복, 건강.
- 기존 틀에 충실, 큰 변화 거부, 새로운 시도 회피.
- 카멜레온적인 상황 적응, 부화뇌동처럼 비춰지기도 함.

리얼리스트인 당신은 타인의 존재를 통해 자기 존재를 확인하려 듭니다. 그래서 다른 사람들이 자신을 어떻게 보는가가 가장 중요합니다. 다른 사람들의 인정을 통해서 자신의 존재감을 느끼기 때문이지요. 카멜레온처럼 다양한 상황에 따른 변화에 아주 뛰어납니다. 당신에게는 '어느 직장에 다니느냐.' 하는 따위의 소속과 스펙이 중요합니다. 사람들과의 대화 속에서 유명한 사람을 안다든지, 높은 자리에 있는 사람을 안다는 이야기를 쉽게 합니다.

당신은 또 남이 나를 믿는지 믿지 못하는지에 무척이나 신경을 씁니다. 당신에게는 내 편인지 아닌지가 중요합니다. 다른 사람에게 믿음직스럽게 보이기 위해 뭔가를 할 수 있다는 것을 끊임없이 보여주려 하지만, 정작 자신은 다른 사람을 잘 믿지 못합니다. 다른 사람이 하는 일에 대해서도 잘 믿지 않습니다. 그보다는 인간관계나 일에서 정해진 관습이나 규범에 충실하려 합니다. 특히 다른 사람들이 살아가는 방식을 궁금해하고 어떻게 살아가는지를 알고 싶어합니다. 그리고 당신과 비슷하게 살아가는 모습을 확인하고 안도합니다.

당신은 주어진 상황과 주위 사람들에게 자신을 맞추려 애씁니다. 그리고 타인의 마음에 잘 맞추어 주는 착한 사람이 되려고 합니다. '착한 사람 콤플렉스'가 있다고 할 정도로 타인의 감정을 배려하고 불편하게 하지 않으려 하며 남을 돕는 것에 큰 의미를 부여합니다. 당신은 보람을 느껴서 한 일에 대해 다른 사람이 좋지 않은 평가를 하면 쉽게 상처를 받고 서운해합니다. 비록 사소한 일일지라도 다른 사람에게 그럴 듯해 보이는 게 중요합니다.

현실의 지배적인 상황에 자신을 맞추려 합니다. 타인의 감정을 수용하는 듯 하나 사실은 상대의 눈치를 보면서 남의 의견에 따라가는 경우가 많습니다. 남들보다 튀는 것을 좋아하지 않으며, 왕따가 되는 것을 두려워합니다. 당신은 특정 인물이나 과제에 강한 열정이나 확신을 느끼며 빠져들지는 않습니다. 또 그런 행동에 큰 가치를 부여하지도 않습니다. 가능한 한 현실을 유지하고, 정해진 틀이나 규범 속에서 정답을 찾으려 합니다. 일상적이며 규범에 맞는 일은 무리 없이 수행하지만, 급작스러운 변화는 당신을 힘들게 하므로 새로운 시도는 피해갑니다.

현실적인 삶의 논리에 충실하며, 성실하게 살아가고 있는 대다수의 직장인에게서 쉽게 찾아볼 수 있는 성향입니다. 자신이 속한 조직의 틀에 충실하면서 대세를 찾고, 또 그것에 맞추려 합니다. 자신의 일이나 인간관계를 항상 상황의 논리에 맞추어 풀어냅니다. 리얼리스트인 당신은 어떻게 보면 세상을 유지하는 빛과 소금과 같은 존재들입니다.

리얼리스트인 당신이 릴레이션과 갭이 크게 벌어졌다면 지금 '나르시시스트'의 모습으로 살고 있습니다. 누군가 당신에게 무조건 공감하고 말 걸어주기를 바라며 관심을 갈구하는 상황입니다. '아픈 것이 청춘입니다', '잠시 멈추면 보이는 것들' 등과 같은 이야기가 마치 당신을 위한 것처럼 느껴지고, 그것으로 '힐링'이 되었다고 믿습니다.

리얼리스트인 당신에게는 관계가 전부이고, 사회생활의 핵심이기에 다양한 관계를 맺으려 합니다. 그러나 조직이나 주위 사람들에게 잘 받아들여지지 않아 상황이 좋지 못할 때 오히려 관계에 더 신경을 씁니다. 하지만 이것은 진정한 관계라기보다는 타인의 관심이나 애정, 인정을 얻으려는 호소처럼 보일 뿐입니다. 타인에 대한 과도한 기대는 오히려 실망과 불쾌감, 낙담을 안겨줍니다. 이럴 때 당신은 누군가 특정인을 통하기만 하면 문제가 해결될 것처럼 생각하면서 백마 탄 영웅을 기대합니다.

로맨티스트

타인과의 교감을 통해 존재감 획득
- 예민하고 불안정함, 소녀적이고 예술적인 감성, 멜랑콜리.
- 세상 경험이 적은 사춘기 소녀가 미지의 세계를 바라보는 듯한 두려움과 기대, 그리고 걱정.

완벽주의
- 강한 자기 확신.
- 외적인 아름다움, 경제적 부유함을 추구.
- 일에 있어서 완결을 추구하고 결과 지향적.

로맨티스트인 당신에겐 자신의 감정이 가장 중요합니다. 그래서 타인에게 감정을 발산하고 그 감정을 공유하면서 존재감을 획득하려고 합니다. 세심하고 겸손하지만 의외로 비非사교적입니다. 가슴 속에 다양한 색깔의 감정들이 끓어오르지만, 그 감정을 바깥으로 표현하는 데는 서툽니다. 주위 사람들에게 정서적으로 수용된다는 느낌을 좋아하고 자신의 감정을 고려해주지 않는 사람에게 쉽게 상처를 받습니다.

민감하고 불안정한 정서를 지닌 당신은 마치 10대 사춘기 소녀처럼 세상에 대한 두려움과 기대, 걱정에 휩싸여 있습니다. 이런 성향은 세상에 대한 경험 부족이나 미숙함으로 보이기도 하지만, 한편으로는 소녀 같은 순수한 느낌으로 작용해 이성적인 매력을 느끼게도 합니다.

감성적이고 소심한 당신은 많은 사람과 함께 할 때면 정서적으로 긴장합니다. 경험이 부족하고 숙련되지 않았다는 걸 지나치게 의식하기도 합니다. 예술적인 감각이 뛰어난 당신은 아름다움이나 명성, 경제적 부를 성취하기 위해 아낌없이 노력합니다. 또한 남들이 갖지 못한 꿈을 꿀 줄 알고 자기만의 세계에 대한 강한 고집도 지니고 있습니다.

로맨티스트인 당신은 바람에 흔들리는 코스모스처럼 감성적이지만 일을 시작하면 완벽을 추구합니다. 당신의 마음에 들지 않는 작업은 옆에서 아무리 칭찬을 늘어놓아도 용납하지 않습니다. 당신은 때로 추진력이 있고 고집이 센 남성의 느낌을 줍니다. 결과 중심적이고 자기 확신이 강해서 다른 사람의 말을 잘 듣지 않습니다. 당신이 부하직원이라면 성실하고 유능하다는 평가를 받지만 규범이나 틀이 정해진 일이 아니라 창의적이거나 모호한 일을 할 때는 몹시 힘들어합니다.

만일 로맨티스트인 자기평가와 타인평가인 트러스트 사이에 갭이 크게 벌어졌다면 당신은 주위 사람들에게 '도도하면서도 변덕스러운' 이미지로 보일 수 있습니다. 당신의 사회적 역할이나 책임을 방기하는 모습으로, 매우 과시적이며 오버하는 느낌을 주지요. 이런 심리를 가장 잘 보여주는 캐릭터가 드라마 〈엄마가 뿔났다〉에 등장하는 '장미희'입니다. 여유로운 집안의 시어머니의 역할을 하는 여사님 캐릭터입니다.

로맨티스트가 남들에게 믿음직스럽게 보이는 걸 포기하고 '도도변덕'이 되면 주위 사람에게 과도한 관심을 표하거나 개입하는 모습으로 나타나기도 합니다. 관심이라기보다는 쓸데없는 오지랖이나 참견, 또는 당신의 잘남을 과시하는 행동일 뿐이지요. 이런 모습은 타인의 라이프스타일이나 개성을 인정하지 않는 독단적인 행위처럼 보이기도 합니다. 그리고 당신에겐 알게 모르게 사람을 수준이나 등급을 매겨 평가하는 경향이 있습니다. 당신은 남들에게 수용되고자 하나 지속적으로 좋은 관계를 유지하지는 못합니다. 타인과 친밀하지도, 공감을 받지도 못하기에 은근히 왕따를 당하는 상황이 발생할 수도 있습니다.

휴머니스트

사람들과의 좋은 관계를 통해서 존재감 획득
- 사교적, 타인에 대한 관심이 높고 표현력과 순발력 좋음.
- 넓은 인간관계 네트워킹 형성.
- 마음 맞는 사람과 함께 일할 때 성과가 좋음.

외향적이고 긍정적
- 복잡 미묘한 감정을 읽는 일에 서툶.
- 부정인인 감정을 잘 잊으나 뒤끝이 오래감.
- 카리스마가 있으나 권위적.

휴머니스트인 당신은 타인에게 관심이 많고 자신의 감정을 비교적 잘 표현합니다. 인생에 대해서도 비교적 긍정적이고 다른 사람들과 공감을 잘하는 편입니다. 사교적이고 성격 좋다는 소리, 친구가 많다는 소리를 들으며, 낙천적이고 개방적이어서 주변에 늘 사람이 꼬입니다. 당신이 속한 집단이나 조직을 통해서 자기 정체성을 확인하려는 마음이 큽니다. 인적 네트워크 형성에 재능이 탁월하고, 표현력과 순발력이 뛰어나서 남들의 호감을 삽니다. 나름의 카리스마를 발휘해서 아랫사람들에게 보스로 대우 받기도 합니다.

휴머니스트인 당신은 지나치게 많은 사람들과 어울리는 것에 초점을 둡니다. 그래서 일 자체에 대한 관심이 크지 않고, 꼼꼼하지 못하다는 인상을 주기도 합니다. 당신은 정교함이 요구되는 일을 어려워합니다. 그리고 주어진 일 자체보다는 인간관계를 통한 해결을 훨씬 중요하게 여깁니다. 사람들과 잘 어울리고 자신의 감정을 쉽게 표현하는 반면 정작 상대방의 복잡 미묘한 감정을 파악하는 데는 서툴러서 남들이 다 알고 있는 것을 당신 혼자만 모르는 경우도 있습니다. 인간관계의 달인처럼 보이지만 사실상 인간의 섬세한 특성에 대해서는 민감도가 낮기 때문이죠.

당신은 동창회나 동호회 등 각종 모임을 즐깁니다. 뭐든 남들보다 번듯하게 보이기를 좋아합니다. 비교적 많은 사람들과 인간관계를 맺고, 그와 관련된 다양한 이벤트를 벌입니다. 휴머니스트인 당신은 감정이든 선물이든 잘 주고받지만 영양가가 별로 없는 안 좋은 기억은 빨리 잊어버리기도 합니다. 가족적인 것과 끈끈함에 대해 많은 의미를 부여하기 때문에, 특별한 목적이나 이해관계가 있는 만남보다는 사람들 자체가 연결되는 상황을 더 편하게 생각합니다.

에너지가 떨어졌다고 느끼거나 주변과 고립되어 힘들다고 느낄 때, 휴머니스트인 당신은 '고시촌 좀비'로 변합니다. 타인의 인정을 받지 못한다고 느끼는 당신은 본래 성향이나 생활 패턴을 유지하지 못하고 완전히 다른 사람처럼 행동합니다. 무엇보다 사람들과 적극적인 상호작용을 하지 않습니다. 그리고 당신의 문제가 무엇인지 알려고도 하지 않습니다. 이런 당신은 보이지 않는 문제와의 싸움에 나선 고집 센 사춘기 청소년의 모습처럼 보입니다. 세상으로부터 숨어버리려는 자폐적 특성도 엿보입니다. 다른 사람들이 당신을 어떻게 보는지를 신경 쓰면서도 겉으로는 전혀 영향을 받지 않는 척하며, 고시촌 좀비처럼 주위나 세상으로부터 잠수를 타기도 합니다.

아이디얼리스트

세상에 대한 이해를 통해 자유를 느끼고 존재감 획득

- 이상주의적, 창의적.
- 에고이스트 성향, 고집.
- 전문성과 탁월성 중시, 자뻑 성향.

독립적이고, 관계에 무심하고 탈권위적

- 관행이나 의무 방어를 거부하고 조직관리에 취약.
- 정체성을 무궁무진하게 확장.
- 세상에 대해 자신이 이해한 바를 공유하고자 함.

나름의 생각이나 믿음이 유난히 강한 당신은 아이디얼리스트입니다. 때로는 당신의 의견만을 너무 강하게 주장해서, 다른 사람의 말이나 의견을 무시한다는 인상을 주기도 하죠. 이런 특성은 무엇보다 '자기 자신'을 가장 중요하게 여기는 성향 때문입니다. 아이디얼리스트는 자신의 생각이 옳다는 확신만 들면 서슴없이 행동에 옮깁니다.

자기 자신의 생각대로 살아가면서 자신의 믿음이 옳다는 확신이 들 때, 당신은 삶의 자유를 느낍니다. 이것이 아이디얼리스트인 당신이 세상에서 스스로의 존재감을 획득하는 방식입니다. 당신은 때로 지나치게 자기중심적이라 고집이 세다는 평을 듣습니다. 자신에 대한 관심이 큰 만큼 타인에게는 관심이 적어서 냉정하고 쌀쌀맞아 보이기도 합니다.

당신은 조직 관리에 취약하고 사회생활에서 요구되는 관행이나 의무를 거부합니다. 그래서 직장에서 아이디얼리스트인 당신을 바라보는 눈길은 그다지 곱지 않습니다. 무엇보다 일을 할 때 주도권을 갖지 못하면 일 자체에 흥미를 잃어버립니다. 당신은 남들이 힘들어하는 도전적인 과제를 상상력과 창의력으로 돌파하려고 합니다.

만일 당신이 회사를 그만두려 한다면, 그 이유는 매일 반복되는 업무를 수행하는 게 다른 사람들과 달리 너무 고통스럽기 때문입니다. 하루 일과가 매우 비생산적이고, 늘 타인의 욕구에 맞춰야 하고 구태의연한 작업을 반복한다면 당신은 견디기가 쉽지 않습니다. 아이디얼리스트인 당신은 창의력이 넘쳐나는 일, 자신만만한 자유로운 영혼으로 해결할 수 있는 일을 꿈꿉니다. 늘 새로운 것을 시도하는 당신은 리더로서 남들이 보지 못하는 곳을 보고, 획기적인 방향을 제시합니다. 그러나 당신 밑에서 정리를 잘해주는 부하직원이 꼭 필요합니다. 당신은 벤처 기업의 사장이 될 수도 있고 창의성이 있고 자유로운 성향의 일을 하는 것도 어울립니다.

아이디얼리스트인 당신은 사람이나 세상에 대한 호기심은 많지만 남들과 같다고 느껴지는 것은 좋아하지 않습니다. 당신은 새로운 것에 관심이 많고 독립적인 사람입니다. 늘 당신의 정체성을 확인하고 그것을 확장하려고 합니다. 아이디얼리스트인 당신의 생각을 공유할 수 있으면 즐겁지만 공유하지 못할 경우에는 그것이 공허하게 될 가능성이 높습니다.

당신의 프로파일이 셀프와 커다란 갭을 보인다면 당신은 본래 창의적이고 열정적이며 자유와 상상을 즐기는 아이디얼리스트의 모습을 잃고 무기력한 좀비의 모습을 보입니다. 무의미하며 반복되는 일을 선호하며 자기의 정체성이나 차별성을 부각시키지 못합니다. 영화 〈모던 타임즈〉의 찰리 채플린이 보여주듯 자기 삶이나 일에서 소외된 인간의 모습을 보입니다. 이렇게 무의미한 날들을 반복하는 '시지프스' 상태가 된 것입니다. 시지프스가 된 당신은 일상의 단순한 생활을 유지하는 것조차 힘들 정도로 심한 무기력감을 느끼며 때로 자학적인 상황을 연출하기도 합니다.

시지프스가 된 당신은 조직 내에서 왕따를 당하거나 소외되었다고 느끼면서 자신을 방어하기 위해 열심히 눈치를 봅니다. 우울하고 게으르면서 까칠한 모습을 보이기도 합니다. 하루 종일 아무 것도 안 하거나 만화, 비디오, 게임 등으로 무료한 일상을 날려버리는 관성적인 행동에 몰두합니다. 당신은 마치 늪에 빠진 듯 자신을 끊임없이 유예시킵니다.

무기력한 시지프스로서 당신은 생활 속에서 '현실 동조'나 '대세 추종'의 모습을 보이기도 합니다. 심지어 자기기만의 함정을 파고 스스로 빠져들어 스스로를 부정하고 막연히 정답이라고 믿는 외부의 지시를 기다립니다. 때로는 자기계발서를 읽고 문제에 대한 답을 찾고자 합니다. 하지만 이것은 아이디얼리스트인 당신이 자기 자신을 계속 유예시키며 막연히 파랑새를 찾는 행동일 뿐입니다.

에이전트

일을 통한 성취감에서 존재감 획득
- 업무가 인간관계에 우선.
- 결과 지향적, 과제 중심적.
- 유능함, 일에 대한 본인의 스타일이 분명하고 성과를 낼 수 있다는 확신이 강함.
- 오타쿠이자 현대판 한량.
- 일이든 취미든 강박적으로 집착.

에이전트인 당신은 자신에게 주어진 과제를 수행하는 것에 능합니다. 당신은 마치 자신에게 주어진 일을 하기 위해 태어난 사람 같습니다. 당신에게는 일이 곧 생활이고, 생활이 곧 일입니다. 맡은 바 임무를 완벽하게 해내는 것에 대해 뿌듯한 자부심을 느낍니다. 일밖에 모르고 일을 통한 성취감에서 존재감을 획득하는 당신은 직장 내에서도 인간관계보다 업무를 우선시합니다. 주어진 과제를 확실히 수행해야 두 발 뻗고 자는, 책임감으로 똘똘 뭉친 성격입니다.

에이전트인 당신은 항상 계획적으로 움직입니다. 주어진 과제를 철저히 분석하여 정확하게 완수하고, 결과물의 우수한 품질을 보증하기 위해 불철주야 노력합니다. 당신에겐 유능해야 한다는 강박증이 있습니다. 프로젝트 보고서를 마치고 출력할 때 가장 만족감을 느낍니다. 간섭을 싫어하는 당신은 일임해서 일을 하는 것을 좋아합니다. 그래서 가끔 당신은 인간미가 느껴지지 않아 차갑고 과제중심적인 인간으로 보이기도 합니다. 지나치게 추진력을 발휘하다 보면 독선적이라는 평가도 듣습니다. 에이전트인 당신은 동료나 친구로서는 인기가 없습니다. 당신 자신에게 엄격하다 보니 타인에게도 같은 잣대를 들이대기 때문입니다. 직장 상사인 당신은 나태한 부하를 두고 보지 못합니다. 일에 목숨을 거는 당신은 내공이 있는 선수끼리 일하는 것을 좋아합니다.

에이전트인 당신은 변화가 생기는 것을 좋아하지 않습니다. 당신은 어느 정도 프레임이 정해진 상황에서 자기 나름의 스타일대로 수행하는 상황을 좋아할 뿐, 프레임을 짜는 데에는 익숙하지 않습니다. 그리고 처음에 그려 놓은 판이 바뀌는 것을 힘들어 합니다. 당신은 계획이 바뀔까 봐 노심초사합니다. 방향이나 비전에 대해 공유하고 공감하는 리더가 아니라면 에이전트인 당신과 함께 일하기가 쉽지 않습니다. 복잡한 상황 속에서, 다양한 인간관계 속에서, 당신 스타일대로 일을 진행할 수 없을 때 에이전트로서 좌절하기도 합니다. 업무 계획이 자주 수정되면 당신은 일을 놓아버리고 완전히 포기하는 모습을 보이기도 합니다.

당신은 취미 생활을 할 때에도 전문가 뺨칠 정도로 몰두합니다. 에이전트인 당신에겐 취미 역시 해결해야 할 과제이기 때문입니다. 만약 당신의 취미가 프라모델 조립이라면 몇 시에 집에 들어가든 반드시 두세 시간씩 건담을 조립하고서야 잠이 듭니다. 에이전트인 당신은 인간관계에서도 성실, 그 자체입니다. 때로 지나치게 비판적이거나 타인에 대해 날카롭게 지적하는 경향도 있지만, 그건 나쁜 감정에서 나오는 행동이라기보다는 표현 방식이 무디고 미숙하기 때문입니다. 에이전트의 경우, 일을 하듯이 자신의 삶을 살아가려 합니다. 아이를 키우는 일이든 취미 생활이든 뭐든 강박적으로 하고, 일단 꽂히면 오타쿠 성향을 보입니다. 그렇다고 당신이 인간에 대한 관심이 없는 건 아니고, 에이전트로서 일이나 과제를 인간보다 우선시하는 것뿐입니다.

에이전트로서 컬처가 바닥이라면 당신은 지금 '꺾인 날개' 상황입니다. 당신은 자신이 일하는 조직이나 인간관계에서 에이전트로서의 능력을 발휘하지 못하고 잘 날아가던 새가 추락한 상황과 같습니다. 분명히 과거에는 업무를 잘 수행하고 능력도 인정받았지만 이제 더 이상 조직에서 잘 나가고 있다고 느끼지 못합니다. 이것은 당신의 능력이 모자라서라기보다 당신을 인정해주는 사람이 있느냐 없느냐의 차이일 뿐입니다. 날개가 꺾인 당신은 스스로 쓸모없다고 느끼거나 떠나야 할지 모른다고 느낍니다. 동시에 막연히 '세상아 돌아가라, 나는 나대로 살련다'라는 식으로 관조적인 태도를 보이기도 합니다.

마음껏 날고 싶지만 날개가 꺾인 당신은, 당신에게 뭐라고 하는 인간을 가만두지 않겠다는 마음을 품습니다. '어떻게 하나 보자.' 하고 벼르기도 하고, 반대로 '누가 뭐라 해도 나는 참고 견딜 거야.' 하는 수동 공격적인 성향도 보입니다. 꺾인 날개 상태인 당신을 건드리면 금방이라도 터질 수 있습니다. 이런 상황에서 누군가 당신에게 무엇을 강제하거나 간섭하기라도 하면, 엄청난 고문처럼 받아들입니다. 남이 시키는 일을 거부하면서 현재 당신이 처한 상황을 그저 유지하겠다는 '배째라' 심리로 겨우 버티고 있습니다.

WPI 타인평가
특성별 설명

릴레이션이 높으면

당신은 사회나 조직 속에서 사교적이며 외향적인 성향을 드러냅니다. 유쾌하고 활동적입니다. 응원단장이나 교회의 청년부 회장, 문화센터 노래 강사, 치어리더 느낌으로 보이기도 하는데, 이것은 억지로 하는 행동이 아니라 자기 특성이 그대로 드러나는 것입니다. 사람에게서 에너지를 받고 사람으로 인해 행복해하는 만큼, 사람 때문에 상처도 많이 받습니다. 사람들 사이의 침묵을 견디지 못하고, 혼자 지내는 것을 어려워하며 홀로 성과를 만드는 업무도 하기 힘들어 합니다. 당신은 끊임없이 전화하고 SNS에 접속하며 모임을 가집니다.

당신은 해야 하는 과제와 인간관계를 뚜렷이 구분하지 않습니다. 오히려 사람들과의 관계를 통해 업무를 원활하게 처리하고자 합니다. 릴레이션이 높은 당신은 다른 사람에게 도움을 청하는 일에 크게 부담을 느끼지 않으며, 상대방도 당신이 부탁하면 거부감을 느끼지 않습니다. 이런 성향으로 인해 당신은 때로 공적인 것을 사적으로 처리한다는 평가를 받을 수도 있습니다.

친화력이 높고 사람들과의 관계를 중시하다 보니 자신의 감정을 세련되게 표현하는 스킬은 점점 늘어갑니다. 다른 사람의 이야기나 연예 가십에는 통달한 듯 보이지만 정작 실속은 없습니다. 연애할 때는 상대방보다 당신의 패를 먼저 보여주는 스타일이기에, 정작 제대로 된 연애 대상은 없기 십상입니다. 깊이 있는 감정적 교류에 약한 당신은 '아직까지 진정한 사랑을 만나지는 못했어!' 같은 말을 하기도 합니다.

인내력이나 지속성이 높지 않은 당신은 관계를 맺으려면 긴장을 하고, 힘든 상황이 벌어지면 쉽게 포기하기도 합니다. 당신은 누구를 만나느냐에 많이 좌우됩니다. 창의적인 사람을 만날수록 개방적이 됩니다.

릴레이션이 높은 당신은 다른 사람에게 자신이 어떻게 보이는지를 끊임없이 확인하려 합니다. 그래서 '나 어때?', '나 예뻐?'라는 식으로 당신에 대한 친밀감이나 호감을 확인하는 질문을 자주 합니다.

- 리얼리스트나 휴머니스트가 릴레이션 성향이 높으면, 본능적으로 타인을 파악하는 능력이 탁월합니다.

- 휴머니스트가 아니면서 릴레이션 성향이 높으면, 자기 존재에 대한 인식이나 가치 판단이 떨어진 상태입니다. 그래서 더욱 관계 지향적으로 행동하는 겁니다.

- 아이디얼리스트인데 릴레이션이 적당히 높으면, 겉으로는 비교적 인간관계를 잘 하고 새로운 사람들을 만나는 것에 거리낌이 없습니다. 그러나 아이디얼리스트가 릴레이션이 과도하게 높으면 주위의 눈치를 많이 보고 있다는 뜻입니다.

트러스트가 높으면

트러스트가 높은 당신은 주위 사람들에게 믿음직스럽고 책임감 있는 모습을 보이고 싶어 합니다. 감정기복이 심하지 않고 정서적으로도 안정되어 있어 말이나 행동이 비교적 느리며 자기주장이나 의견을 강하게 드러내지 않습니다. 내성적이든 외향적이든 일관되고 꾸준하며 강한 고집이 있습니다.

다른 사람에게 믿음직하게 보이고자 노력하기 때문에 성실하게 비춰지기도 합니다. 그러나 다양한 선택지나 상황 변화에 대해서는 부담스러워하고, 지적 개방성은 떨어집니다. 새로운 방식으로 일하는 것이나 변화를 좋아하지 않고, 긴박한 상황에 대한 대처가 떨어집니다. 주변 사람들로부터 '사람은 좋지……'라는 묘한 뉘앙스의 평가를 받을 수도 있습니다. 주변 사람들이 보기에 당신은 그다지 재미있는 사람은 아닙니다.

트러스트 성향이 높은 사람들은 조직 안에서 '덕장형 리더십'을 보입니다. 당신은 마치 '큰 바위 얼굴'과 같은 든든한 존재감을 줍니다. 트러스트가 높은 당신을 따르는 후배가 많습니다. 아랫사람들을 멘토링 하거나, 도움이나 조언을 주는 일이 많습니다.

당신은 번잡하고 폭넓은 인간관계보다는 소수와의 친밀함을 더 소중히 생각합니다. 자기 의견을 직설적으로 드러내지 않기에 의뭉스럽다는 평가도 받을 수 있습니다. 사람들의 이야기를 잘 들어주고 조언도 잘 해주는데 정작 당신의 속마음은 알 수 없기 때문입니다.

트러스트가 높은 당신은 사막을 숲으로 바꾸는 등 인내와 끈기가 필요한 일을 잘 해냅니다. 혁신적이고 새로운 일에 도전하기보다는 성실하고 보수적인 라이프스타일로 살아가며, 정해진 원칙과 사회적 규범을 잘 따릅니다. 집단 안에서 성실성과 규범, 지속성으로 어필하는 것이 당신에게 큰 자산이 됩니다.

- 로맨티스트인데 트러스트 성향이 높으면, 당신의 감성적 매력이 사람들과 원활하게 공감, 공유되고 있다는 뜻입니다. 감성적 매력이 높을수록 예민하고 까칠하게 행동하기 쉽지만 주변 사람들로부터 긍정적인 피드백을 받고자 노력하는 트러스트 성향이 로맨티스트의 예술적 감수성이나 정서적 매력을 잘 뒷받침해줍니다.

- 휴머니스트가 트러스트 성향이 높으면, 본인의 휴머니스트 성향에 적합한 다양한 관계를 추구하는 성향이 약화되고 오히려 사람들에 구속 받고 있다는 뜻일 수 있습니다.

매뉴얼이 높으면

관리하고 통제하고자 하는 속성이 매뉴얼입니다. 매뉴얼 성향이 높은 당신은 기존에 있던 틀이나 규범을 준수하려는 성향이 강합니다. 외부에서 정해진 스케줄이나 데드라인에 칼같이 맞춰 움직입니다. 관리나 통제가 안 된다고 느끼면 안절부절못하고 안달합니다. 그러면서도 그 마음을 드러내지 않으려고 애씁니다. 매뉴얼 성향이 높으면 당신의 생각이나 스타일을 찾기보다는 막연하게 '이래야 한다'는 정답을 쫓고 있는 건 아닌지 확인해 볼 필요가 있습니다. 사람의 생각이 얼마나 다양할 수 있는지, 타인이 보는 세상은 어떻게 다른지 시선을 돌려볼 필요가 있습니다.

매뉴얼 성향이 높은 당신은 일의 방식이나 규범을 정해놓고 삽니다. 그래서 스스로 믿음직해 하고 일을 철저하게 수행한다고 생각합니다. 그러나 그것은 당신만의 생각일 뿐, 남들도 당신을 그렇게 볼 것이라고는 기대하지 않는 편이 좋습니다. 매뉴얼이 높은 성향의 당신은 업무에 있어 불필요한 고집을 강하게 부리는 경우가 많아 일에 대한 유연성이 떨어지고 특정한 규범이나 틀에 맞추려고 합니다. 새로운 일을 시작할 때 통제 욕구와 불안감은 더욱 높아집니다. 주어진 과제가 익숙하지 않은 경우, 당신만의 스타일을 찾지 못하고 외부의 규범이나 통념적 해법에 의존하려 합니다.

- 자신이 속한 조직이 자기 정체성을 규정한다고 믿는 휴머니스트에게 매뉴얼 성향은 매우 중요합니다. 휴머니스트는 조직이나 사람들을 통제하고 관리하려 합니다. 그러나 외부의 규범이나 질서에 과도하게 의존할 경우, 주어지는 정보나 주변 사람에게 휘둘릴 수 있습니다.

- 아이디얼리스트인데 매뉴얼 성향이 높으면 자기에 대한 믿음이 너무 확고하고, 자기 생각만 하는 타입입니다. 매뉴얼 성향이 높은 아이디얼리스트 상사 밑에서 일하는 휴머니스트 부하는 끊임없이 정답 맞추기를 해야 합니다. 그러면서 상사가 예측불가이고 통제가 안 된다고 느껴져 상사에게 분노를 느낄 수도 있습니다.

셀프가 높으면

셀프 성향이 높은 당신은 자기 스타일이 강합니다. 남들에게 '잘났어, 정말!', '그래, 너 잘났다!' 등의 반응을 불러일으킵니다. 당신이 원하지 않아도 어딜 가나 튀는 스타일입니다. 그런데 정작 자신은 남들의 이목을 신경 쓰지 않습니다. 남에게 자신을 이해시키려는 노력도 별로 하지 않고, 혼자서도 잘 지냅니다. 당신에게는 무엇보다 자기 자신이 중요합니다. 남의 인정보다 자기 자신의 인정이 중요합니다. 독립성과 차별성이 중요하기에 무언가를 남들과 공유하고 이해받는 데에는 어려움이 있을 수 있습니다. 그러나 무언가 '다르다'는 것이 당신의 존재 이유이자 내공이 된다는 것을 잊지 마세요. 당신의 개성이 표현되지 않으면 있는 듯 없는 듯 아무 존재감도 주지 못하는 전형적인 모범생이 될 뿐입니다.

셀프 성향이 높으면 결과 자체를 지향하지는 않지만 남들에게 번듯하게 보여주는 결과물을 잘 만들어내기 때문에 능력을 쉽게 인정받습니다. 일을 똑 부러지게 수행하는 경우라면 인간관계에서도 문제될 게 없습니다. 하지만 대개 타인에 대한 관심과 몰입은 떨어집니다.

일과 관련되지 않는 사람들과 관계를 맺으려면 반드시 공통되는 지적 관심사가 있어야 합니다. 사람들 간의 교감이나 관계 자체를 더 중시하는 사람이 보기에는 마치 일 때문에 자신을 만나는 것처럼 여겨질 수도 있습니다. 그래서 의도하거나 계산된 행동이 아님에도 오해를 사기도 합니다. 셀프 성향이 높으면 조직 내 관행적 절차를 거부하기 때문에 조직생활은 힘들 수 있습니다. 그래서 프리랜서나 컨설턴트 등 자신을 중심으로 움직일 수 있는 업무가 적합합니다.

- 아이디얼리스트가 셀프 성향이 높으면 바람직합니다. 자신만의 이상과 가치를 추구하며 자유로운 상상과 창의력을 발휘하고자 할 때 셀프가 중심을 잡아주지 않는다면 추진력을 얻기 어려워지기 때문입니다.
- 셀프 성향이 높은데 매뉴얼 성향까지 높으면, 지나치게 자기 규범에 충실합니다. 한마디로 '똥고집'입니다. 답답하고 권위적으로 보일 가능성이 농후합니다.
- 셀프 성향이 높은데 릴레이션 성향까지 높으면 매우 갈등적인 상황입니다. 자기 자신뿐 아니라 주변 사람들과의 관계까지 동시에 신경 쓰다 보면 정작 자기 정체성을 잃을 수도 있습니다.

컬처가 높으면

컬처 성향이 높으면 좋은 환경에서 여유롭게 멋진 삶을 살고 있을 가능성이 높습니다. 당신이 처한 환경에서 삶의 경험이 비교적 풍부하며 트렌디한 삶을 살고 있습니다. 자신이 지향하고 관심을 가지는 것에 몰입할 수 있는 지적, 물질적 자원이 풍부한 편입니다. 품격 있는 일상생활을 영위하는 것이 트렌디드라마 속 주인공처럼 자연스러우며, 새로운 문화나 신상품, 쿨한 라이프스타일을 접하는 데 익숙합니다. 자기만의 취향이 분명하며 그 취향이 잘 맞으면 처음 만나는 사람들과도 스스럼없이 잘 어울릴 타입입니다. 컬처 성향이 높으면 세련되게 자신을 잘 노출할 수 있으며, 인생을 있는 그대로 수용할 줄도 압니다. 지적으로, 문화적으로 높은 개방성을 갖고 있으며 자기 성찰의 시선도 갖고 있습니다.

컬처 성향이 높은 사람이 자율성을 강조하는 조직에 속해 있다면 파트너십을 발휘하면서 즐겁게 일할 수 있습니다. 컬처가 높은 사람은 일을 할 때 생산성과 효율성, 문제 해결, 성과보다는 자기 자신이 그 업무나 상황을 얼마나 즐기는가를 중요하게 생각합니다. 컬처가 높은 당신은 생존이나 성공의 문제에는 그다지 관심이 없습니다. 자기 취향을 표현하고 다양한 문화생활을 즐기는 모습 때문에 주위 사람들의 부러움을 사기도 합니다.

- 일이 곧 삶이라고 생각하는 에이전트가 컬처 성향이 높으면 자신이 하는 업무나 과제 속에서 보람을 느끼면서 자기 정체감을 확인 받고 있다는 뜻입니다. 컬처 성향이 매우 낮은 에이전트는 마치 다람쥐 쳇바퀴 돌 듯 영혼 없이 일을 해나가고 있다는 뜻입니다.
- 컬처 성향이 높은 로맨티스트 여성은 매우 매력적으로 보입니다. 자신의 예술적 감수성을 마음껏 발휘하며 향유하고 있는 상태입니다.

WPI 성격검사
체크리스트

● 내가 생각하는 나

다음은 우리가 일반적으로 자신의 성격에 대해 이야기할 때 사용하는 표현들입니다.
문항을 모두 끝까지 읽고 응답하세요.

1. 주로 다른 사람들 얘기를 조용히 듣는 편이다.

2. 때때로 수줍어하며 내성적이다.

3. 외향적이며 사교성도 풍부하다.

4. 상상력이 풍부하다.

5. 다른 사람들이 떠들어도 내 일에 몰두할 수 있다.

6. 다른 사람들과 협력하기를 좋아한다.

7. 잘 모르는 사람들 앞에서는 긴장하는 경향이 있다.

8. 새로운 사람을 만나면 그 사람에게 관심을 갖는 편이다.

9. 예술, 음악, 문학 분야에 나름 조예가 깊다.

10. 계획에 변동이 생기면 초조해진다.

11. 혼자보다는 다른 사람과 같이 일하는 것이 더 좋다.

12. 걱정이 많다.

13. 자주 미소 짓는다.

14. 창의력이 풍부하다.

15. 어디에 몰입하면 여간해서 주의가 흐트러지지 않는다.

16. 일을 하거나 시킬 때 세세한 사항들을 다 체크하는 편이다.

17. 쉽게 긴장하곤 한다.

18. 사려깊고 거의 모든 이들에게 친절한 사람이다.

19. 다양하고 새로운 의견들이 창출되는 모임을 선호한다.

20. 하던 일을 끝마칠 때까지 계속 해서 한다.

21. 냉담하고 쌀쌀하기도 하다.

22. 자연경관에 감탄하거나 그 속에 빠진 나 자신을 상상하곤 한다.

23. 새로운 사람들을 만나는 것을 즐기는 편이다.

24. 대체로 행복하다.

25. 에너지가 넘친다.

26. 정서적으로 안정적이며 쉽게 언짢아하지 않는다.

27. 말수가 적으며 수줍음이 있는 편이다.

28. 효율적으로 일한다.

29. 하루에도 기분이 여러 번 바뀐다.

30. 쉽게 신경질을 낸다.

1. 위의 30개의 문항 중 **자신의 성격을 가장 잘 나타내는 문항 3가지**를 골라 1순위에 적어주세요.

2. 남은 27개의 문항 중 **자신의 성격을 가장 잘 나타내는 문항 4가지**를 골라 2순위에 적어주세요.

3. 남은 23개의 문항 중 **자신의 성격을 가장 잘 나타내는 문항 5가지**를 골라 3순위에 적어주세요.

- **1순위** _____, _____, _____

- **2순위** _____, _____, _____, _____

- **3순위** _____, _____, _____, _____, _____

● 주변 사람이 생각하는 나

다음은 우리가 일반적으로 다른 사람의 성격에 대해 이야기할 때 사용하는 표현들입니다. 문항을 모두 끝까지 읽고 응답하세요.

1. 외향적이며 사교성도 풍부하다.

2. 대체로 조용하다.

3. 냉담하고 쌀쌀하기도 하다.

4. 효율적으로 일한다.

5. 내가 어떤 사람인지 다른 사람은 쉽게 파악하기 힘들 것이다.

6. 에너지가 넘친다.

7. 주로 다른 사람들 얘기를 조용히 듣는 편이다.

8. 걱정이 많다.

9. 다른 사람이 떠들어도 내 일에 몰두할 수 있다.

10. 다른 사람의 피드백과 상관없이 내가 뜻한 대로 일을 진행하는 편이다.

11. 의욕이 넘친다.

12. 다른 사람을 너그러이 용서하는 편이다.

13. 쉽게 긴장하곤 한다.

14. 창의력이 풍부하다.

15. 예술적, 미적 경험에 가치를 둔다.

16. 새로운 사람들을 만나는 것을 즐기는 편이다.

17. 하던 일을 끝마칠 때까지 계속 해서 한다.

18. 비교적 일이 잘못되지 않을까 걱정하는 편이다.

19. 쉬지 않고 계속 움직이는 편이다.

20. 상상력이 풍부하다.

21. 자주 미소 짓는다.

22. 다른 사람들과 협력하기를 좋아한다.

23. 다른 사람과 논쟁을 할 때 쉽게 흥분하는 편이다.

24. 어디에 몰입하면 여간해서 주의가 흐트러지지 않는다.

25. 예술, 음악, 문학 분야에 나름 조예가 깊다.

26. 새로운 사람을 만나면 그 사람에게 관심을 갖는 편이다.

27. 정서적으로 안정적이며 쉽게 언짢아하지 않는다.

28. 타인의 결점을 찾아내는 경향이 있다.

29. 어떤 것에 한 번 관심을 가지면 모든 정보를 탐독한다.

30. 간혹 체계적이지 못하다.

1. 위의 30개의 문항 중 **주변 사람들이 나를 생각할 때, 나의 성격을 가장 잘 나타내는 문항 3가지**를 골라 1순위에 적어주세요.

2. 남은 27개의 문항 중 **주변 사람들이 나를 생각할 때, 나의 성격을 가장 잘 나타내는 문항 4가지**를 골라 2순위에 적어주세요.

3. 남은 23개의 문항 중 **주변 사람들이 나를 생각할 때, 나의 성격을 가장 잘 나타내는 문항 5가지**를 골라 3순위에 적어주세요.

- 1순위 _____, _____, _____
- 2순위 _____, _____, _____, _____
- 3순위 _____, _____, _____, _____, _____

• 자세한 검사 결과는 WPI 자가 진단 웹사이트 http://check.wisdomcenter.co.kr에 접속하시면 확인할 수 있습니다.(유료)

나란인간

첫판 1쇄 펴낸날 2014년 10월 30일
　11쇄 펴낸날 2021년 6월 15일

지은이 황상민
발행인 김혜경
편집인 김수진
편집기획 김교석 조한나 이지은 유예림 유승연 임지원
디자인 한승연 성윤정
경영지원국 안정숙
마케팅 문창운 박소현
회계 임옥희 양여진 김주연

펴낸곳 (주)도서출판 푸른숲
출판등록 2003년 12월 17일 제 406-2003-0000032호
주소 경기도 파주시 회동길 57-9, 우편번호 10881
전화 031)955-1400(마케팅부), 031)955-1410(편집부)
팩스 031)955-1406(마케팅부), 031)955-1424(편집부)
홈페이지 www.prunsoop.co.kr
페이스북 www.facebook.com/prunsoop　　인스타그램 @prunsoop

ⓒ황상민, 2014
ISBN 979-11-5675-526-5(03180)